本书主要为国家级和省级一流本科专业建设点“广东外语外贸大学南国商学院国际经济与贸易专业”、广东省教育厅本科高校课程思政改革示范项目“国际经济与贸易专业课程思政示范团队”、广东省教育厅本科高校教学质量与教学改革工程建设项目“国际商务教学团队”（SJ-JXTD2020-002）及广东省教育厅质量工程项目“应用型本科高校经管类专业学科竞赛与创新创业教育融合研究”（GDJG202201）、“‘经法双向协同’的经济学专业教学改革研究”（GDJG202203）、“产教融合视角跨境电子商务创新创业研究——以广外南国商学院为例”（GDJG202206）等项目的研究成果。

新时代经济学教学改革问题研究

主编 高洁
副主编 姚晓垠 夏海霞 党雪

Research on the Reform of ECONOMICS TEACHING in the New Era

中国财经出版传媒集团
经济科学出版社
Economic Science Press

代序

浅谈青年人才培养

周文贵

一、如何准确把握青年的历史定位？

国之命运与前途系于青年，乃亘古不变之定律。回望近现代中华民族在内忧外患中不断觉醒、抗争、奋进、崛起的历程，在各个关键的历史节点上，人们无不对青年一代寄予了无限期许。

1900年初春，梁启超先生曾以《少年中国说》为题直抒胸臆，曰“使举国之少年而果为少年也，则吾中国为未来之国，其进步未可量也”。在梁任公看来，“今日之责任，不在他人，而全在我少年”。“少年智则国智，少年富则国富；少年强则国强，少年独立则国独立；少年自由则国自由，少年进步则国进步；少年胜于欧洲，则国胜于欧洲；少年雄于地球，则国雄于地球。”他更自心底里发出了“美哉，我少年中国，与天不老！壮哉，我中国少年，与国无疆！”的呐喊。

十五年后，中国新文化运动的旗手陈独秀先生在《青年杂志》（后改名为《新青年》）创刊号上撰写《敬告青年》一文，将青年喻为“初春”“朝日”“百卉之萌动”“利刃之新发于硎”，认为“青年之于社会，犹新鲜活泼细胞之在人身”。呼吁处在“人生最可宝贵之时期”的青年要刻意追求自主、进步、进取、世界、实利、科学。仲甫先生将中华民族未来的国运全然系于青年，感慨“吾国之社会，其隆盛耶？抑将亡耶？惟属望于新鲜活泼之青年，有以自觉而奋斗耳”！进而鼓励青年要“自觉其新鲜活泼之价值与责任，而自视不可卑也”。

1957 年 11 月，毛泽东访苏期间，于百忙之中专门安排时间，在莫斯科大学礼堂接见了中国留苏学生代表，发表了热情洋溢的演讲。毛泽东以他特有的豪放气魄和风格对青年们说：“世界是你们的，也是我们的，但是归根结底是你们的。你们青年人朝气蓬勃，正在兴旺时期，好像早晨八九点钟的太阳。希望寄托在你们身上。”他还教导同学们“青年人应具备两点，一是朝气蓬勃，二是谦虚谨慎”。毛泽东不仅对青年提出了“身体好”“学习好”“工作好”的三点希望，还特别嘱咐青年，办任何事情都要认真，提出了“世界上怕就怕认真二字，共产党就最讲认真”的名言。

进入新时代，习近平总书记同样将实现中华民族伟大复兴的事业寄望于青年。他教导青年说：“青年兴则国家兴，青年强则国家强”；“青年最富有朝气、最富有梦想。近代以来，我国青年不懈追求的美好梦想，始终与振兴中华的历史进程紧密相连。”“青年是祖国的未来、民族的希望，也是我们党的未来和希望。”“历史和现实都告诉我们，青年一代有理想、有担当，国家就有前途，民族就有希望，实现我们的发展目标就有源源不断的强大力量。”“青年人正处于学习的黄金时期，应该把学习作为首要任务，作为一种责任、一种精神追求、一种生活方式，树立梦想从学习开始、事业靠本领成就的观念，让勤奋学习成为青春远航的动力，让增长本领成为青春搏击的能量。”

在和平与发展已经成为了时代进步主旋律的当今世界，要维护世界和平，要推动世界范围内的社会进步和经济发展，当代青年正面临着一场没有硝烟的战争——世界各国在政治、经济、军事、文化，尤其是科学技术领域里的激烈竞争。只有不忘初心，砥砺前行，青年一代才可以勇当时代的“弄潮儿”，将自己的人生奋斗融入国家发展、民族振兴的伟大事业。

各国经济发展主要依靠科学技术的进步，而科学技术的进步又主要依靠教育事业（特别是高等教育）的发展和人才素质的提高，已经在世界范围内形成高度共识。基于这样一种共识，各国都不遗余力地调整高等学校人才培养目标，以造就出能够适应新时代要求的“创造型”“综合型”优秀人才。可以认为，当今世界范围内各国间的全面竞争，看起来是综合国力的竞争，实质上是民族素质的竞争，是青年一代之间的竞争，是教育的竞争。谁在教育思想、教育观念、教育体制改革、教育基础设施建设、各层级教育普及程度、教育的实际成效等方面占得了先机，谁就赢得了青年，谁就能在国际竞争中牢牢占据战略主动位置。中国能否完成全面建设小康社会，基本实现现代化的伟业，实现中华民族伟大复兴的“中国梦”，关键就在于我国的教育事业，尤其是高等教育事业，能否培养造就千百万能够适应国际经济竞争形势和我国经济社会发展需要，又具备现代科学技术文化知识和与之相适应的各方面能力的高质量人才。

我国各级各类高等院校作为人才培养的摇篮，责无旁贷地肩负着培养造就具有较高综合素质人才的历史使命。要经由实施高水平的高等教育赋予学生优良的政治思想素质、完美的社会道德素质、扎实的专业知识素质、广博深厚的文化传统素质、强壮健康的身体素质和坚忍不拔的心理素质，使这几方面素质在学生身上实现完美的和谐统一。

二、如何完成从高中生向大学生的角色转换?

大学一年级新生是一个极为特殊的社会群体。他们要同时完成三大社会角色转换。

(1) 从青少年向成年人的角色转换。这可以视为自然角色的转换。

(2) 从被监护人向有独立行为能力的自然人的角色转换。这可以视为法律角色的转换。

(3) 从高中生向大学生的角色转换。这可以视为社会角色的转换。

基于以上三个方面的角色转换，大学一年级新生要开始学会独立自主地扛起有独立行为能力的自然人不可推卸的“担当”，要承担起成年人相应的社会责任。

那么什么是当代大学生最大的担当？什么是当代大学生最大的社会责任？当代大学生怎样才能扛起这份担当，承担起这份沉甸甸的社会责任呢？

先来看一看以下三首“小诗”。

小诗之一：独坐池塘如虎踞，绿荫树下精神。春来我不先开口，哪个虫儿敢做声！

小诗之二：孩儿立志出乡关，学不成名誓不还。埋骨何须桑梓地，人生无处不青山。

小诗之三：大江歌罢掉头东，邃密群科济世穷。面壁十年图破壁，难酬蹈海亦英雄。

前两首小诗的作者是青年毛泽东，当年十七岁。第三首小诗的作者是青年周恩来，当年十九岁。这三首虽称小诗，但一股豪气、胆气、志气、霸气跃然纸上，读来不得不令人由衷折服。有伟人树立的榜样在前，吾辈后学焉敢碌碌无为，浑耗青春？

当代大学生成功完成三大社会角色转换，遂成为中华人民共和国公民。作为公民，要自觉维护宪法和法律的尊严，遵纪守法；要努力培育和践行社会主义核心价值观，要积极投入中国特色社会主义建设事业；要主动将自己人生价值的实现融入国家兴旺和民族复兴大业；要为祖国的繁荣富强和人民的福祉贡献终生。

经此社会角色转换，当代大学生还要努力实现“两个养成”。

(1) 努力实现品格养成：使自己成为“一个高尚的人，一个纯粹的人，一个有道德的人，一个脱离了低级趣味的人，一个有益于人民的人”。

(2) 努力实现能力养成：学好知识，掌握本领，投身桑梓，建设国家。

接下来要讨论的是大学新生完成社会角色转换的特定场域问题。大学新生是在社会生活，尤其是在大学校园生活中完成自身社会角色转换。说到底，就是大学生要怎样度过大学生活。

大学生的校园生活主要是接受教育和自我教育。

一是要自觉接受爱国主义教育和中国特色社会主义教育，努力形成正确的人生观、价值观、世界观。说到底就是今天的大学生要成为中国特色社会主义事业衷心的拥护者和建设者，而决不能是现行社会经济制度、主流意识形态和核心价值观的质疑人和挑战者。要热爱国家，热爱人民，树立民族自豪感，自觉投身于实现中华民族伟大复兴的事业，并在其中实现自身的价值。

这里要着重聊聊“德”与“才”的关系问题。

司马光在《资治通鉴》中说：“夫才与德异，而世俗莫之能辨，通谓之贤，此其所以失人也。”“夫聪察强毅之谓才，正直中和之谓德。才者，德之资也；德者，才之帅也。”“是故才德全尽谓之圣人，才德兼亡谓之愚人，德胜才谓之君子，才胜德谓之小人。凡取人之术，苟不得圣人，君子而与之，与其得小人，不若得愚人。何则？君子挟才以为善，小人挟才以为恶。挟才以为善者，善无不至矣；挟才以为恶者，恶亦无不至矣。愚者虽欲为不善，智不能周，力不能胜，譬如乳狗搏人，人得而制之。小人智足以遂其奸，勇足以决其暴，是虎而翼者也，其为害岂不多哉！”如此论说，足见古代先贤“立德为先，立德为上”的思想，不能不令当代大学生引为修身之要。

二是要学会用国际化的视野观察世界，观察中国，观察周围发生的一切事物，在国际政治、经济、文化、安全等重大领域里的各种矛盾相互交织，国内经济社会发展成就和困难并存，整个社会经济结构面临重大转型，且客观存在多元化价值取向的当下，善于透过纷繁复杂的国际、国内形势，理出头绪，把握客观世界发展的规律、大势，并且能够将基于国际化视野展开的理性思考与眼下的学业和未来的职业发展有机地结合起来，成为国际化时代适应经济社会发展需要的合格人才。

三是要本着人文主义的理念，做到“诚信”“爱人”，尊重生命，尊重人类的尊严，善于正确处理个人同自然、个人同社会、个人同他人的关系。牢固树立敬畏自然环境和自然规律、敬畏社会规范和伦理道德、敬畏他人权利和他人利益的观念。在市场经济条件下，尤其重要的是要自觉养成“合作共赢”意识。在同自然、社会、他人和谐相处的基础上，合理表达自身的诉求，依法依规谋求实现自身利益最大化，使自己具备良好的人格品行和高尚的道德情操。

四是要有强烈的求知欲，学会求知的方法与手段。人类社会发展到今天，科学意义上的各类知识业已形成了相对完整的体系。既涵盖对已知世界的客观准确描述，更包括对未知世界的探寻与预测。技术意义上的各种研究手段亦日臻完善，既有相对传统的观测、记录、统计、分析，更有艰深复杂的计算机模拟。要努力将自己锻造成为一定意义上的“通才”，在此基础上再成为某一方面的专门家。大学生们非以苦做舟，穷毕生精力，方能遨游无涯学海，非扬高帆，摇强橹，才可以顺利抵达成才的彼岸。

五是要刻意培养批判性思维和创新能力。批判性思维要求打破现有的学科边界，任何涉及智力或想象的论题都可以从批判的视角加以审视，凡事都要“打破砂锅问到底”，努力“知其然”，更要“知其所以然”。一事当前，“可为则为”，“不可为则切勿违规勉力为之”。批判性思维既是一种思维方式，更是一种人格气质；既体现思维水平，更凸显现代人文精神。所以要努力养成批判性思维的习惯，由此培养创新精神和创新能力。

三、大学生在本科阶段主要应该学什么？

简言之有以下五个方面。

一是思维方式。在一个开放多元的时代，面对错综复杂的社会经济形势，置身于纷乱嘈杂的“舆论场”，高校学生尤其需要学会“怀疑”、学会“批判”、学会“思辨”、学会“创新”。

怀疑、批判、思辨、创新是推动科学巨轮破浪前行和人类社会进步发展永不停歇的动力之源。四者相互依存，先后承接，浑然天成，是人类独有的创造性思维活动。其中，怀疑是前提，批判、思辨是手段，创新则是怀疑、批判、思辨的自然结果，表现为人类由“必然王国”向“自由王国”的不断迈进。靠着怀疑、批判、思辨、创新这一“独门绝技”，人类作为高等智慧生物最终在茫茫自然的芸芸众生中脱颖而出，成为我们这个星球的主宰。

任何知识，都是在特定历史条件下，人类在年复一年的生产实践和社会活动实践中，通过详尽观察自然现象、社会现象的变化及其运动，对蕴含其中的客观规律能动的认识、概括与总结。沧海桑田，星移斗转，一旦客观条件和环境发生变化，自然运动和社会运动的规律必当随之改变。这就需要人们经过新的实践，方能获得新的认知，形成新的知识。故世间万事万物“变”是无条件的，绝对的。“不变”是有条件的，相对的。这是自然和社会发展演进的基本法则。

正是基于对这一基本法则的科学认识，马克思将“怀疑一切”作为自己的座右铭①。毛主席也告诫全党同志：“共产党员对任何事情都要问一个为什么，都要经过自己头脑的周密思考，想一想它是否合乎实际，是否真有道理，绝对不应盲从，绝对不应提倡奴隶主义。”② 这里的“问一个为什么”就是“怀疑”。“经过自己头脑的周密思考”，其实是一个经由批判与思辨，完成“证实”与“证伪”的思想认识过程。

建立在合理怀疑基础上的理性批判和缜密思辨必须坚持一个原则，那就是怀疑一切绝不等同于否定一切、推翻一切、打倒一切。人类文明的成果汇聚成为各类知识。举凡知识者，无一不是前辈先贤经千百年实践，穷其毕生智慧和心血，高度概括、总结、提炼而成。故对知识要有发自内心的敬畏与尊重。主张怀疑、批判、思辨、创新，其真谛恰恰在于经由怀疑、批判、思辨，推动“去粗取精”“去伪存真”，实现在前人基础上的能动创新。

二是研究手段。“工欲善其事，必先利其器。”大学生在未来的终生职业发展中必然要遇到各种各样的情况，要处理各种各样的问题。只有对这些情况和问题进行仔细观察，展开深入研究，经过缜密思考，才能做出科学预测和准确判断。在此基础上做出的决定，采取的因应措施，就能够无限贴近实际，不失正确、适当，照此办理，就能够达到预期的目的。

除了要建立科学的思维方式，学会怎样思考以外，大学生还必须学会如何研究问题，掌握必要的研究方法与手段。在相当程度上，是否掌握了必要的研究方法与手段，或所使用的研究方法与手段是否足够科学、足够先进，恰恰是决定研究能否不走弯路，少走弯路，能否取得成功的重要因素。

研究解决涉及自然科学或人文社会科学方面的问题，或者处理某项具体业务，需要用到的研究方法与手段大致可以归为两大类。一类是通用研究方法与手段，包括逻辑思维方法（归纳、演绎、推理）、统计分析方法、

---

① 马克思．马克思的自白［M］．北京：中央编译出版社，1997：175．

② 毛泽东．整顿党的作风［M］//毛泽东选集：第三卷．北京：人民出版社，1991：829．

计量分析方法、计算机模拟分析方法、随机抽样分析方法、问卷调查分析方法等。另一类是某一特定学科、针对特定研究对象需要采取的特殊分析方法与手段。如人类学、考古学、动物学、植物学、农学、气象学等研究需要运用田野作业分析方法；又如经济学前沿研究需要大量采用线性回归分析方法和博弈论；再如大多数自然科学领域的研究都需要用到特殊的实验室，需要配置相应的实验设备，按照严格的操作规程进行一系列科学实验，从中取得数据，发现规律。

大学生要对研习这些研究方法与手段倾注更大的关注，付出更多的努力。既要了解、掌握通用研究方法与手段，更要扎实掌握特定学科专门的研究方法与手段，还要针对所需研究处理问题的学科归属、研究目标、难易程度，科学选取并熟练地综合运用相关研究方法与手段，以完成既定的研究任务。总之，掌握了科学先进的研究方法与手段，就好比一支军队完成了整体换装，只要目标明确，战略正确，战术得当，就能无往而不胜。

三是语言技能。此处所指语言技能是就其广义而言，包括母语、外国语、数学语言、计算机语言和专业语言。

每一个人都生活在特定的社会环境之中，都要就各种事务、各类问题表达各自的观点、意见和诉求，也就是要与他人进行沟通交流。语言是交流的媒介与桥梁。为达与人顺畅交流的目的，大学生必须认真学好母语、外语、计算机语言和数学语言。其中学好母语和外语主要是为了进行人际交往，包括口头交流和书面交流，学好计算机语言和数学语言更多的则是为了针对某些带有学术意义的专门问题精准地陈述观点，交换看法。

所谓人际交流，无论采取口头形式还是书面形式，无非是要“你有来言，我有去语”。实际上是人与人之间，借助语言媒介完成的信息输入、信息输出和信息交换过程。作为人际交流的参与者，在这一过程中使用何种语言，则一是要看与之交流的对象为何人，操何种语言，二是要看自己能够熟练使用何种语言。总之是要能够“对得上”，才能真正交流得起来。否则口头交流就只能是“你敲你的鼓，我吹我的号”，书面交流则必然是不知所云。

对于当下的大学生而言，首要的是学好汉语。既要能够无障碍阅读汉语文献，使用标准的汉语普通话进行口头交流，还要能够正确、规矩地书写汉字，使用规范的汉语书面语体进行写作。至于国际化条件下，为了适应开展对外交流的需要，接受过高等教育的知识群体，当然要学好一至两门外国语，具备能够使用外语交流和沟通的基本能力。

一旦要就某些特定学科领域里的专门问题展开研究和交流，研究对象的特殊性、研究目标的学术指向、研究过程的专业化要求等，都远非一般意义上的口头或书面交流可比。要求秉持严谨科学的研究态度，遵守规范的研究范式，使用学界或业界普遍接受的研究方法。研究得出的结论和成果也必须借助特别的载体（如出版学术著作、发表研究论文、提交研究报告，或在相关会议上作演讲、宣读论文等），示之于人，达到实现交流的目的。在科学技术高度发展的当代，要完成这样的研究交流，研究者必须娴熟地掌握计算机语言和数学语言，并具备将计算机语言和数学语言灵活运用于研究之中的能力，则是自不待言的。

四是知识积累。“知识就是力量”。大学生要成功完成从“青葱少年”向能适应经济社会发展需要的合格人才的嬗变，说到底是要不断用各方面知识充实自己，使自己变得更加丰满厚实。

首先是要根据自身的志趣、条件和需要，广泛涉猎自然科学和人文社会科学的相关领域，尽可能地扩大自己的知识面，努力使自己能够成为一定意义上的“通才”。大学生风华正茂，精力充沛，对新鲜事物反应敏捷，对未来满怀憧憬，且较少陈规，正是勤修苦读的大好时光。除了主修学科外，还应对哲学、史学、文学、艺术、民俗、文化、自然、社会、经济等怀有浓厚的兴趣。中国传统文化对学人的要求是“行万里路，破万卷书”，进入“上通天文，下晓地理”的境界。此处主张的所谓“通才”目标，其实并非是要刻意追求成为这些领域里的“专家”“学问达人”，而是要求大学生基本通晓这些领域的基础知识和基本原理，成为某种意义上的“杂家”。甚或再退一步，所谓“通才”，就是要对这些领域的核心原理、著名学者及其主要观点、这些领域所关注的主要问题及其对这些问题的基本看法等有一个大致的了解。目的就是要冲开现行“过度专业化”人才培养模式下“专业隔离”的藩篱，尝试构筑结构合理且相对完整的知识结构，让自己站上“知识高地”，从那里俯瞰世界，思考人生，制定并实现自我发展规划。

其次是要在博览群书，广泛吸收知识养分的基础上，努力做到兼收并蓄，融会贯通。大学生们所要面对的客观世界纷繁复杂，价值取向日益多元，各种利益诉求看似各不相干，实则相互纠结，各类矛盾层出不穷且紧密缠绕。随便一件事情，尽管看起来稀松平常，平淡无奇，实则牵扯到方方面面，甚至隐含着某些深不可测的背景。一项研究课题，似乎明显属于某一特定学科领域，然而却同其他相关学科密切关联。针对某项工作或特定研究课题，要能够以更加宏观的视野予以观察，从更加微观的角度切入研究，用更加科学规范的手段完成研究任务，就必须调动研究者多年积累的知识储备，仅靠所谓“专业知识”单干者，鲜有成功。即便是某类专业业务上的一项具体事务，要想将其处理得平顺、得体、高效，亦非仅靠所谓“专业知识”就可以完成。基于破解“过度专业化”人才培养模式造成的“专业隔离”困局的目的，大学生要努力做到对各方面知识的兼收并蓄，并在观察客观世界、研究相关问题和处理各类事务中加以融会贯通。一事当前，能够从大处着眼，从小处入手，方可收到“长期积累，偶尔得之”的奇效。

五是专业基础。尽管人们对高等学校“过度专业化”的现行人才模式有诸多诟病，但高等教育改革绝非一蹴而就之举，有待于对改革的认识不断加深，改革的措施逐步到位，改革的进程持续推进。回到现实，至少在一个可以预见的相对较长的时期内，学生进入大学后还是要在某一个专业完成学业，修读相关的专业课程，研习专业知识。况且，接受专业知识的熏陶，养成专业习惯，提高专业修养，锤炼娴熟的专业技能，本来就是青年学子成为高素质人才的题中之义。

人类自身进化发展的轨迹同人类的生产劳动实践息息相关，千万年以来人类对未知世界的不懈探索，凝结成为各方面的专门知识和特定的知识体系，产生了近现代科学意义上的不同学科。无论自然科学，还是人文科学和社会科学，每一个学科都有其相对独立的学术用语、知识要点和理论体系，包括一系列概念、术语、定理、公理、定律、原则、前提假设和结论，每一个学科都有特定的研究目标和研究领域，每一个学科都发展出了特定的研究方法与手段，最终形成了区别于其他学科的专业知识结构和特定话语体系。

基于对人类知识起源与发展的认识，为培养高素质合格人才，大学生要致力于构建相对宽泛广博的知识储备，在广泛涉猎其他相关学科以拓宽知识视野的基础上，还必须紧密结合经济、社会、科技发展进步的实际，进行扎实规范的专业教学与训练，这样才能获得一般综合知识与特定专业知识相互渗透交融的知识结构。

如此一来，学生就能够牢固掌握相关专业的基本概念、基础术语、基本结论，以及整个基础知识体系，能够做到“内行人说内行话”，构建在某一特定专业方向上的基本话语权。具备科学合理知识结构的学生，将被打造成某一学科的“专才”和普遍意义上的“通才”。此二重身份相互促进、相得益彰、互为表里，正是科学先进的高等教育培养高素质合格人才刻意追求的目标。

四、青年成才的路径何在?

概而论之，青年要成才，需要自幼立“鸿鹄之志”，需要有牺牲与奉献之精神，更需要历经艰苦卓绝之磨砺。

下面敬录古今中外的几段名言作为结语。

“故天将降大任于斯人也，必先苦其心志，劳其筋骨，饿其体肤，空乏其身，行拂乱其所为，所以动心忍性，曾益其所不能”（《孟子・告子下》）。

“书山有路勤为径，学海无涯苦作舟”（《古今贤文・劝学篇》）。

“宝剑锋从磨砺出，梅花香自苦寒来”（朱熹《增广贤文・警世贤文》）。

“少壮不努力，老大徒伤悲”（汉乐府《长歌行》）。

“人最宝贵的是生命，生命对于每个人只有一次，人的一生应该这样度过：当回忆往事的时候，他不会因为虚度年华而悔恨，也不会因为碌碌无为而羞愧；在临死的时候，他能够说：‘我的生命和全部精力都献给了世界上最壮丽的事业——为人类的解放事业而斗争’”（尼古拉・奥斯特洛夫斯基：《钢铁是怎样炼成的》）。

“如果我们选择了最能为人类福利而劳动的职业，那么，重担就不能把我们压倒，因为这是为大家而献身；那时我们所感到的就不是可怜的、有限的、自私的乐趣，我们的幸福将属于千百万人，我们的事业将默默地，但是永恒发挥作用地存在下去，面对我们的骨灰，高尚的人们将洒下热泪”（马克思：《青年在选择职业时的考虑》，1835 年 8 月 12 日，时年 17 岁）。

前言

PREFACE

党的二十大报告指出，“教育、科技、人才是全面建设社会主义现代化国家的基础性、战略性支撑”。“我们要坚持教育优先发展、科技自立自强、人才引领驱动，加快建设教育强国、科技强国、人才强国，坚持为党育人、为国育才，全面提高人才自主培养质量，着力造就拔尖创新人才，聚天下英才而用之。”2022年2月，教育部高等教育司吴岩司长提出下一阶段高等教育的主题主线是高质量发展，首要工作是抓基础，具体路径包括实施新时代高等教育育人质量工程，深化高校课程思政建设，推进专业建设和课程教材建设，加强教师教学能力建设，实施高等教育数字化战略行动等。高等教育承载着党和国家的期待和要求比以往任何时候都更为迫切，高等学校应坚持高质量发展，切实增强服务地方经济发展的能力。

广东外语外贸大学南国商学院教育事业发展“十四五”规划明确了全面推行教育教学“高质量发展”战略和大力实施人才培养“质量立校”战略。为推进学校“十四五”规划实施，进一步抓住教育教学质量这个核心做好文章，打好组合拳，进一步调动教师教育教学研究的积极性，经济学院特将教师们在教育教学研究与实践中的成果汇编成书，以期展示各位教师的所思所想所做。本书分为四个专题：专题一聚焦专业建设，探索专业定位、专业数字源转型，以及专业服务于区域经济发展能力、专业课程结构、专业教学团队等；专题二主要探索课程建设，包括线上线下课程建设、课程思政建设等；专题三研究了教学改革热点问题，包括教学模式改革、教学方法改革、过程性评价改革等；专题四关注实践教学与创新创业教育，围绕实践教学体系建设、实践教学方法、学科竞赛与创新创业教育等展开讨论。

在本书得以付梓之际，由衷地感谢每位作者在紧张忙碌的教学工作中仍不断思考、辛勤写作。愿本书能够为全院乃至全校教育教学水平的提升提供经验和帮助，也能服务于同类型本科高校，推进应用型本科教育教学发展改革，全面服务区域社会经济发展。在此，要特别感谢中国财经出版传媒集团经济科学出版社齐伟娜总编的大力支持以及各位编辑的辛勤付出。鉴于各位作者的精力和水平有限，难免存在不足或缺陷，恳请广大读者和业界同仁批评指正。

2023 年 1 月

目录

CONTENTS

专题一　专业建设

专题二　课程建设

专题三　教学改革

专题四 实践教学

专题一
专业建设

数字经济新时代高等教育面临的重大机遇与挑战

▶王向东

习近平总书记站在“百年未有之大变局”的时代高度，深刻地指出“我们比历史上任何时期都更加接近实现中华民族伟大复兴的宏伟目标，也比历史上任何时期都更加渴求人才”，提出要“全方位培养、引进、用好人才”。高等教育处于培养人才的重要环节，是培养人才的中坚力量，必须勇于面对数字经济新时代带来的新机遇、新挑战，高质量地加速推进新时代新型人才的培养。

一、数字经济新时代新型人才的新特征

随着数字经济新时代的到来，人类社会生产演变为以脑力劳动为核心，人才的作用变得比以往任何时代都更加重要。正如软件行业流行的一句话：“人才就是一切，机器无关紧要。”“以物为本”“以资为本”彻底地向“以人为本”转变。

脑力劳动成为数字经济的基本经济活动。人们运用头脑学习、积累的信息和知识，进行智力创造。思考即生产，思想即产出，以“智造”代替了传统的制造。产出的不再是具有固态、液态等物理形态的产品，而是产出虚拟的数字产品或数字化服务。数字经济 GDP 的实现，不再依赖大量的物质原材料投入，地理环境与自然资源禀赋对我国新发展格局的框架性

约束大大降低，数字经济成为“去物质化”的“无重量经济”或“智慧经济”。

知识生产者具备“全要素生产力”。数字经济新时代的新型人才是知识生产者，其头脑中有两类专业知识：一类是生产技能性知识，如计算机编程、图纸设计、文学创作等知识，发挥着生产工具的作用；另一类是“碎片化”的素材性知识，属于劳动对象。加上生产者本身，就具备了生产力的全部三个要素。每个知识生产者都是一个独立的“头脑智造工厂”，可以直接、独立地从事知识生产。

知识生产者作为数字经济新时代的新型人才，具备生产力的全部三个要素，表现为“人力＋（头脑中的）资源”。比农业、工业等传统经济生产者多了头脑中的资源（保存在头脑中的生产工具和劳动对象），是数字经济新型人才的基本特征。

二、数字经济新时代高等教育的新机遇

随着数字经济新时代的到来，高等教育、新型人才与社会生产力之间的联系比以往任何时代都更加密切，高等教育迎来前所未有的新机遇。

人口成为最重要的资源。在数字经济新时代，“头脑智造工厂”把数字经济变成了人口大国的主场，“头脑（人口）”数成为经济实力的根基。我国人口政策由“计划生育”转向鼓励生育，目的就是要拥有更多的“头脑智造工厂”。可是，要使“头脑智造工厂”释放更大的生产力，还必须将人口数量优势转化为人口质量优势，让“人口红利”转换为“人才红利”。毋庸置疑，实现这一转换的关键必然是教育，而高等教育也必将成为推动我国走向人才强国和数字经济强国的最强劲力量。

教育成为生产生产力的生产力。在数字经济新时代，高等教育作为知识产业的中心，它不仅是将科学技术转化为现实生产力的重要中介，而且高等教育本身就是生产力的一部分。这是因为，高等教育可以直接扩充新型人才“人力＋资源”中的资源，即高质量的高等教育可以直接向新型人才头脑中充实、强化高质量的生产要素，极大地提升人力资源这一社会

“第一资源”的禀赋，为经济发展、社会进步提供强劲的引擎。由于新型人才代表着新型生产力，培养新型人才的高等教育便成为“生产生产力的生产力”。

三、数字经济新时代高等教育要主动迎接新挑战

高教系统要抓住数字经济新时代赋予的百年机遇，遵循“四个面向”，落实“八个坚持”，始终以学生为中心，把育人放在第一位，努力培养“深怀爱国之心、砥砺报国之志”的新型优秀人才，积极主动地迎接数字经济新时代新型人才需求对高等教育的挑战。具体来说，要以习近平总书记关于新时代人才工作的一系列重要论述为指导，保持“三个认清”，做到“三个合理”。

（一）认清数字经济前沿，合理布局新兴学科专业

在数字经济新时代，以软件产业、文化创意产业为代表的数字经济新产业、新业态快速崛起；支撑数字经济的信息和通信技术（ICT）产业规模不断扩大；数字经济运行的互联网服务平台、电子商务蓬勃发展。目前，我国数字经济产值占 GDP 的比重已经接近 40%，但与发达国家（有些已达到 65% 以上）相比，还有较大差距，这也预示着我国的数字经济存在着巨大增长空间。因此，高等教育专业设置要紧跟时代变化的节奏，快速布局数字经济、数字技术等相关前沿学科，同步甚至超前培养新经济急需的新型人才。

（二）认清新型人才特征，合理确定人才培养目标

首先，新型人才的专业培养目标应以“精深”为主、兼顾“广博”，多培养“专”家，少培养“杂”家。因为人的精力有限，不可能也没有必要什么都懂，成为一个小领域内的专家即可。我国拥有世界上最精细化的国民经济体系，每个人都会找到自己的位置。分工即“专业的人做专业的事”，协作是“专”家层面的。专业功底深厚的新型人才，独立生产或团

队协作都会释放更大的能量。其次，高等教育为新型人才赋能的重点是“人力（头脑）资源”中的生产工具性的部分，以专业必修课来体现。属于劳动对象（碎片化素材）的部分，通过专业选修课以及自主学习、终身学习来不断充实。工具性知识是促进新型人才生产力“全要素”形成的关键。最后，新型人才应具备再学习能力，能够在未来的工作中实现自身专业素质的修复、更新和升级。

（三）认清人才需求结构，合理调整人才规格配比

行业细分领域的人才结构基本都是金字塔形的，一个公司全部由博士组成未必最有效率，人才的能力、专业等都要合理搭配。高等教育要努力培养适应社会需要的各种规格、类型的人才，以满足金字塔形结构需要。高等院校在确定培养研究型人才与应用型人才、管理型人才与技术型人才、高端人才与中低端人才的基本定位以后，应增强自身对社会人才需求信息的快速接收反应能力，在自主办学权限内及时对人才培养方向进行微调。教育主管部门应充分利用先进的大数据等信息技术，在宏观上把握和引导高校与时俱进地调整人才培养目标。各级政府要积极倡导、大力支持产、学、研结合的新型人才培养模式，以市场手段推进新型人才培养与使用的对接。总之，政产学研各方要加强协作与沟通，增强信息透明度和灵敏度，提高“微观上‘精深化’培养”与“宏观上需求结构”的匹配度，最大限度地避免新型人才培养的缺位与重复，提高教育资源的利用水平。

参考文献

［1］［德］弗里德里希·李斯特．政治经济学国民体系［M］．邱伟立，译．北京：华夏出版社，2013.

［2］王向东，罗勇，曹兰涛．数字经济下税制创新路径研究［J］．税务研究，2021（12）：35－40.

［3］中国信息通信研究院．中国数字经济发展白皮书（2021）［EB/L］．（2021－04－24）［2021－09－10］．http://www.caict.ac.cn/kxyj/qwfb/bps/202104/P020210424737615413306.pdf.

电子商务专业数字化人才培育途径研究

▶郭　烨

一、数字化驱动下的电子商务发展前景

世界正进入数字经济快速发展时期。习近平总书记多次强调，中国高度重视发展数字经济，实施网络强国战略和国家大数据战略，要进一步推动实体经济和数字经济融合发展。[①] 作为数字经济最活跃、最重要的组成部分，电子商务在赋能各行各业数字化转型、带动传统产业优化升级方面，在推动数字经济和实体经济深度融合方面发挥了关键且独特的作用。中国在这一过程中积极推进，并成为全球"电商第一大国"。

国家持续出台系列政策，支持和促进电子商务发展，并将发展电子商务纳入国家经济发展战略。电子商务的繁荣也推动着创新商业模式和新业态的出现。《"十四五"电子商务发展规划》中指出："到2025年，电子商务成为经济社会全面数字化转型的重要引擎，成为居民收入增长的重要来源；到2035年，电子商务成为我国经济实力、科技实力和综合国力大幅跃升的重要驱动力，成为经济全球化的重要动力。"

---

① 新华社. 习近平主持中央政治局第三十四次集体学习：把握数字经济发展趋势和规律 推动我国数字经济健康发展［EB/OL］.（2010－10－19）. https://www.gov.cn/xinwen/2021－10/19/content_5643653.htm.

二、电子商务数字化人才培育面临的挑战

数字化改革已经在社会经济生活等各个方面不断深入。广东省发布《关于加快数字化发展的意见》，围绕数字生态、数字经济、数字社会、数字政府四个方面提出了33项具体措施，全面推进广东经济社会各领域数字化转型发展，以数字化转型重塑广东制造新优势、以数字化推动服务业高端化发展等举措①。在这样一个数字化浪潮的席卷下，技术创新引导的商业模式也在加速迭代，不断涌现出各种电商新业态新模式，跨境电商、社交电商、移动电商、直播电商等层出不穷。这些新经济、新技术和新模式给高校电子商务专业人才培养带来新的挑战，同时也是一个快速发展的机遇，高校电子商务专业建设到底应该如何调整和适应新技术带来的巨变，这给教学工作带来全新的思考，不但需要在教学方法、教学手段、教学评价等方面进行数字化改革，更需要在教学内容和教学理念方面进行全方位、系统性重塑。

我国高校电子商务专业人才的培养工作还存在学校教育与行业发展不相适应的问题，使学校人才培训计划和社会需求产生错位。目前社会上对电商人才的需求从传统单一分工人才到复合人才、综合素质人才转变，特别是能运用数据挖掘和应用方面的复合人才。新技术新模式的涌现和数字经济数字化转型的要求，使得各行各业更需要能为数字化转型服务的人才，要适应新经济下电子商务的行业发展以及赋能各行业数字化转型。比如传统电商模式和希音（Shein）模式相比，希音模式更强调数据分析对电商运营的作用。采用实时数据分析，加上算法推荐，让用户进入希音就像走进了一个充满新鲜感的时尚迷宫，供应链快速有机打通也是建立在数据分析的基础上，从而使其在极短时间内建立了时尚快销品牌的跨境电商平台地位。传统的人才培养速度很难与企业战略迭代速度相匹配，必须快速

① 广东省人民政府．关于加快数字化发展的意见［EB/OL］.（2021－05－13）．http://www.gd.gov.cn/zwgk/wjk/qbwj/yf/content/post_3280668.html.

切入与社会需求相匹配的人才培养模式中。

三、电子商务专业数字化人才培育路径

电子商务专业数字化人才培育既要考虑电子商务行业本身的数字化运用，掌握电子商务数字化运营的体系，也要考虑商业思维和大数据技术的融合。电子商务数字化人才培育要和计算机大数据技术的人才培养相区分，要强调商业思维的构建和训练，即基于商务的理解基础上对数字的运用才是有意义的。同时在教学手段和方法上，引入 1 + X 证书和新型教学资源协同创新平台之类的外部力量助力电子商务人才培育，实现人才与社会需求的快速对接。通过高校内部发力、外部助力，达到应用型本科高校人才培养的双引擎作用。

（一）将电子商务数据分析课程融入电子商务专业人才培养方案

要体现数字化工具在电子商务运营中的运用，通过电子商务数据分析课程，掌握数据分析的思维，培养运用数据分析方法和工具的能力，使学生会用数据说话，用数据发现问题、分析问题、提出解决问题的方案，撰写规范的数据分析报告，为从事供应链、客户关系管理、电子商务运营、精准营销等相关工作奠定良好基础。数据分析能力的建立不是空中楼阁，在人才培养方案中也需要加强数学、统计学、数据分析编程语言等方面的基础课程教学。

数据分析课程在具体教学方法上，可以通过强化实训课程来训练学生的数据分析能力。电子商务数据分析实训课程可以引用成果导向思维（简称 OBE），让学生将他们的学习目标聚焦在学习成果上。在教学具体设计和教学方案方面，通过课程学习后学生所取得的学习成果来进行反馈，从而不断调整整个教学过程。学习成果是指学生通过一定阶段的学习后所能达到的最大能力。成果导向教育的特点和传统教育考核方面是不一样的，传统教育是考核学生知道什么，而成果导向教育以学生为中心，面向产出成果，能够衡量学生能做什么，从而在教学过程中持续改进。数据分析课

程作为实践性特别强的课程，能够做什么，能够解决什么问题是更重要的。所以，在教学过程中要以学生为主体，用成果导向教育方法，同时注重数据分析的职业能力培养，以电子商务运营工作流程为主线，做到“教、学、做”相融合。教学过程可以利用具有可操作性的、与电商业务相关的小任务为驱动，以项目任务式教学方式展开教学。最后以学生提交的各项目式教学任务的作业为教学成果。教学成果要从解决现实问题为出发点，考察学生解决实际问题的能力。这一教学理念将理论与实际业务相结合，有助于学生理解电商不同业务形态下的应用场景。有条件的情况下，引入校企合作平台、平台模拟数据化操作、产业学院等与社会实践相结合的项目，在产教融合下企业的真实运作项目或学生自主创业的项目运用中，进行更具有有效性、针对性的数据分析实践训练。

通过强化数据分析能力的培养，和电商专业知识的结合，有效建立电子商务数据化运营知识体系和能力，利用电商行业的数据优势，大幅提高学生利用数据开展行业分析、店铺分析、消费者分析等各项技能，并能在此基础上撰写数据分析报告（见图1）。

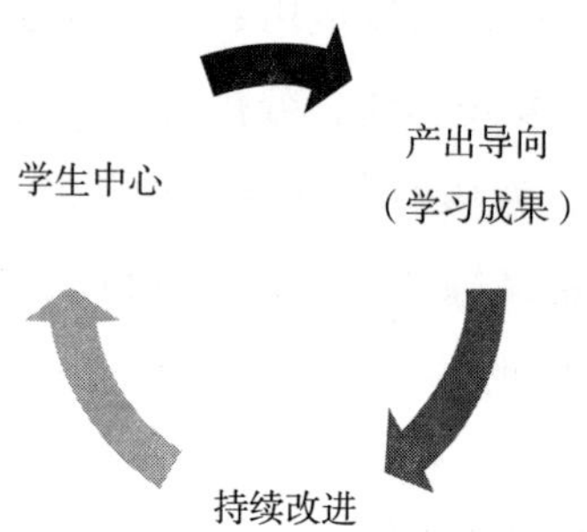

图1　OBE成果导向教育理念框架

（二）推进多学科交叉融合，强化学生的商业思维与大数据技术方面的融合应用能力

在大数据背景和数字经济的发展需求下，数据分析将会融入更多的专业课程，例如电商、经济、管理、金融、物流、网络营销、财务管理等，甚至如中文、新闻等传统的人文社科类课程也将会加入大数据的元素。而

电子商务专业的独特优势是其商业行为从诞生之日起就伴随着数据的积累，电子商务和数据的结合是浑然一体的。更进一步的是，在当今数字经济的迫切发展需求下，电子商务的价值体系和知识体系将被重构，也将对院校人才培养产生深远影响。

首先，数据分析能力并不仅仅是基于数据本身的分析行为，它并不能脱离业务和商业场景，要对商业行为的理解和纵深把握才能进行真正有意义的数据分析行为，所以商业思维的建立和培养对电子商务专业的学生尤其重要。这就需要电子商务专业在人才培养方案中利用新技术推进多学科深度交叉融合的知识体系，而这一体系是可以围绕商业思维的建立和大数据技术这两个方面来建立和完善的。例如把经济学和管理学中对商业思维基础的构建起到重要作用的一些课程纳入人才培养方案中。强调商业思维和技术应用的结合，这正是电子商务数字化人才培养和计算机大数据技术的人才培养区分的重要特点。当然，目前行业边界越来越模糊，学科间的界限也不再泾渭分明，学科的传统知识体系正在不断被打破。教学内容也正在基于社会和学生的成长被重新组织，电子商务也已融入各个专业，因此电子商务专业对学生的知识迁移能力的培养和塑造就更加重要。相应地，商业思维和数据分析能力也可以运用于各行各业，对学生的就业和职业发展起到非常重要的作用。

其次，在传统的教学中，为了让学生更好地懂得行业和专业知识，除了课程的理论学习，还会有相应的实践教学和实习部分。但很多时候由于学生知识积累的有限性及企业运作的复杂性，大量的实践和实习只能停留在浅层次的接触，很少能真正地深入接触到行业企业的运行本质。只有在多学科交叉融合商业思维的建立下，才能更好地贯通理解构建电子商务的各行业数据及运营思路，从而在商务实践中去更好领会商业思维的运用。比如通过行业数据化指标体系和专业知识的学习来更好认识电商行业的商业思维方式和路径。通过夯实数据分析基础的学习，反过来进一步强化与商业实践的结合，可以提高学生行业运营能力、发现问题和解决问题的能力。

（三）在教学手段和教学方法方面，选择更加多元化的、混合式的数字化培育路径

教学方法和教学手段既要内功也要外力，可以选择更加多元化的、混合式的数字化人才培育路径，比如线上线下融合、1 + X 证书、项目式混合教学方法、虚拟仿真实验教学、社会实践等。电子商务专业课程的一个显著特点是知识技能更新快、操作性强。混合式教学模式倡导教师为主导、学生为主体，对课程整体重新进行了设计，同时优化数字化课程资源、创新教学方法与考核方式。通过线上线下融合，将课程内容分解为各个小模块、小目标、小任务，便于学生利用课后时间在线下随时学习和使用，而不是仅仅拘泥于课堂学习和课后习题。

为了更好地体现学生的职业能力和就业竞争力，混合式教学也可以将 1 + X 证书内容融入课程内容中。1 + X 证书是国务院提出的，可以在职业院校和应用型本科院校实施的“学历证书 + 若干职业技能等级证书”。国务院在 2019 年提出《国家职业教育改革实施方案》，意味着除了传统学历证明外，还可以用职业技能等级证明自己的职业水平。这是一项与社会应用、实践实力相对应的学习指导。高校可以将该证书的要求和证书培训内容有机融入学校各专业的人才培养方案中，在人才培养方案中对教学内容进行调整、课程设置进行优化。学校也可以对专业内容或需要强化的实训进行强化培训。根据学生的学习掌握程度，学生考证对应有三个级别：初级、中级和高级。课程综合性、操作性、实践性强，课程内容也有不同等级对应的培养目标。其中电子商务专业方面的证书有电子商务数据分析证书和跨境电子商务平台运营证书等。1 + X 证书使得毕业证书与岗位能力证书相对接，用人单位在用人方面更有把握和更具确定性。1 + X 证书把专业所需的知识、技能和职业素养融入专业教学中，真正体现了学以致用，同时又能减轻学生学习负担，将相关课程考试考核与职业技能鉴定合并进行，学生可以在同一时间获得毕业证书和相应的岗位能力证书，为学生快速走向社会、适应岗位要求、破解电商人才培养困境作出贡献。

另外，多元化、混合式的数字化人才培育在教学评价方面，也可利用

新技术的应用达到更好的效果，能够更好地实现对教学过程的记录，实时掌握学生的学习过程，了解每一位学生的学习特点，进行个性化的教学，有利于教师因材施教。

教学内容、方法和手段的调整，以学生为中心，以能力培养为核心，可以充分发挥学生自主性学习能力，培养思考能力，有效提升学习的效果，为培养产业转型升级、数字化转型和企业创新需要的发展型、复合型和创新型的人才目标服务。

（四）加强校校合作，引入新型教学资源协同创新平台助力数字化人才培养

数字化人才是国家和社会发展所急需，但高校在数字化人才培养方面普遍受师资缺乏、高质量教学资源和实践平台短缺等因素的影响。数字经济背景下电子商务专业人才培养需要注重政行校企的合作，依托提供的平台，增加教师、学生进行真实企业项目锻炼的机会。

高校培养的人才和社会需求的数字化人才也存在匹配度的问题。引入新型教学资源协同创新平台有助于人才培养实现跨越式发展。借助校外教学资源协同创新平台，可以进行电子商务综合实训、数据化运营、新媒体营销、商务智能等各方面的综合性、一体化的校企合作。传统校企合作平台，企业方的合作意向并不大，企业方付出大量成本、精力培训校方学生，培训成本较高，学生为企业服务的意愿又不能保证，所以往往院校意愿强烈，但真正有培养意愿和培训效果的高质量企业合作方并不多。新型教学资源协同创新平台充分利用政府、行业、企业、院校四方的力量，共同构建和维护平台，通过平台让教师高效率地将行业最新知识传递给学生，让学生能够更好地接触行业应用和实践，提高高校人才培养质量。传统校企合作，学生虽然可以直接接触商业行为，但存在能力上的缺乏，实质上可能只接触到低端无实质专业意义的工作，对专业学习帮助并不明显。在校企合作平台上需要考虑行业应用如何“教学化”加工的过程，让学生既能接触商业场景又能学以致用，真正体会到寓教于行的价值，而把这个工作做好并不容易。

高校之间的专业人才培养有一些共性，学校之间相互学习借鉴甚至合作可以少走弯路。在数字化人才培养实践教学方面更是如此。目前的平台有很多，选择哪一个更适合本校的学生发展，除了学校老师的判断，借鉴其他相类似高校的选择和使用成效也是有效的参考依据。目前有不少的综合性的实践平台，整合行业应用的各方面实践过程，还原电商的各交易流程，而且有越来越多的学校加入这些平台进行合作，高校之间可以借此相互沟通。比如典阅跨境电商综合实训平台、思睿智训跨境电商综合实训平台、阿里巴巴“百城千校”计划，杭州亚马逊的“高校教师培训”项目等，把教师的培训和学生的实践项目都进行了很不错的结合，较好地弥补了高校的短板，在电子商务数据分析和跨境电商方向上可以助力电商数字化人才培养，实现人才培养的跨越式发展。

参考文献

[1] 才琳．基于混合式教学模式的电子商务数据分析课程改革研究［J］．产业与科技论坛，2022（7）：159－162.

[2] 蔡翔宇．基于1＋X证书制度建设电子商务专业的思考［J］．大连教育学院学报，2022（6）：65－67.

[3] 梁坤，赵洁，何军，等．线上线下混合式教学在电子商务数据分析与应用课程中的实践研究［J］．创新创业理论研究与实践，2022（7）：54－56.

[4] 孙晓冬．“互联网＋”背景下创新创业型跨境电商人才培养模式研究改革与实践［J］．商场现代化，2022（6）：30－32.

金融学专业人才培养模式改革与探索

▶滕小硕

《中华人民共和国高等教育法》明确指出:“高等教育的任务是培养具有社会责任感、创新精神和实践能力的高级专门人才,发展科学技术文化,促进社会主义现代化建设。”探索新的金融学专业人才的培养模式是落实《国家中长期教育改革和发展规划纲要(2010—2020年)》和《国家中长期人才发展规划纲要(2010—2020年)》的重要举措,也是释放金融人才教育新动能,提升粤港澳大湾区综合竞争力和经济创新力的重要路径。随着经济全球化和金融国际化的趋势不断深入,金融业需要更多高层次、创新型的专业人才。

为了适应中外合作办学和交流需要,广东外语外贸大学较早提出了培养具有国际视野、创新意识的思想素质高、专业水平高,外语能力强、实践能力强、应用型、复合型、外向型的人才培养模式定位,取得了许多阶段性成果。在学院有多项创新项目和合作办学项目的情况下,金融学双语教学与学院“创新实验班”等项目紧密相关并互相支撑,具有良好的应用前景。例如,金融学专业被评为2018~2019年度广东省院校“特色专业”,开设的双语和全英文教学课程已达十余门,为学生提供了多个校外实习基地。而且,我国已有一些高等学校在双语教学培养模式下取得了丰硕的成果,其成功经验可为推行双语教学金融学人才培养模式提供有益的参考。

一、金融学人才培养模式的内涵和目标

鉴于历届毕业生的就业情况，有必要进一步促进专业教育和职业教育有机融合。金融学专业有必要根据粤港澳大湾区金融企业或金融岗位需求特点，设计教学项目和教学内容，进一步推进金融专业国际化教学模式。以专业重点课程体系改革为基础，以国际化教学模式改革为核心，参照国外一流大学经验，在金融专业重点课程体系的模块上或层次上进行改革。金融学专业应当适应国家经济发展需要和国际金融发展趋势，结合学校优势，以培养复合型外向型金融人才为目标，打造“金融 + 贸易”“金融 + 科技”等专业特色。按照“宽口径、厚基础、重能力、求创新”的培养原则，以扎实的办学基础、强大的师资队伍和较好的实验实训条件为支撑，构建理论传授与实践教学并重的课程教学体系，加强对学生实践能力的培养与应用考核，提升学生创造、创新、创业能力。

在专业人才培养过程中，突破传统教学思路，改变原有金融学课程教学模式，按照金融领域就业岗位所涉及的项目对本科学生进行因才施教的一种教育模式。通过设立和完成项目，实现传授金融专业知识和实践技能的目标。激发学生自主学习、主动探索的精神，培养具备扎实的金融学理论基础和业务技能，自主学习能力强，具有开阔的国际视野、较强的创新精神与实践能力，能胜任银行、证券公司、投资公司、保险公司、资产管理公司、金融控股集团等金融领域及其他经济管理部门和企业相关工作的复合型金融人才。

二、推行金融学人才培养模式面临的主要障碍

目前，金融学人才培养模式的推广在理念、机制、资源配置和政策环境等方面仍存在不少的制约因素，需要我们采取有效措施，在重点领域和关键环节取得突破。

首先，应用型人才培养模式尚未完全成熟完善。尽管学校一直致力于

应用型人才培养模式改革并取得了不少成绩，但是一些重点领域和关键环节的改革仍需深化。例如，课堂教学“重理论讲授、轻能力培养”“重机械灌输、轻应用创新”等问题仍然比较突出；课程设置过度重视学科逻辑，与行业、职业、岗位群对接不足；学生自主、创新学习意愿不足。

其次，“开放办学、协同育人、协同创新”的体制机制有待成熟完善。总体而言，相对封闭、自成一体的办学机制仍未彻底扭转，行业、企业对人才培养的直接参与、深度参与不足。例如，行业、企业对人才培养方案编制、专业建设、课程体系设置、课程教学、实习实践基地建设、实习指导、考核评价等人才培养环节融入不足，学校人才培养与社会需求调节之间的矛盾仍比较突出。

最后，应用型人才培养能力不足。广大教师是应用型人才培养的主体力量，但他们往往仍习惯于传统的理论教学方式，现代教育技术应用能力、实践教学能力和创新创业教育能力仍需提高。此外，人才培养对各种实践教学软件、硬件建设投入提出了更高要求，但目前学校办学经费压力较大，不少实验软件购置、实验室改造和建设资金难以有效满足。

三、完善金融学专业人才培养模式内容和体系

金融学专业人才培养模式的构建最终要落实到改革课程体系以及教学方法上。为此，应当构建以课程体系设计与改革为核心，各大要素相互影响支撑的新型培养模式。应根据教学实践中教师与学生的反馈信息，进一步调整、完善教学计划与教学大纲。基于金融学专业的教学目的、内容、方式及考核做出注重以学生为中心的课程体系的结构性优化建设，合理安排专业课与基础课、必修课与选修课的比例，增加以创新性、综合性与实践性为主的课程项目。

此外，应当根据粤港澳大湾区金融行业未来的发展趋势及发展需求，梳理学生应具备的能力和素质，在此基础上明确知识要求，确定课程内容，不断优化课程体系，既要实现传授专业知识的目的，也要不断激发学生思考和创新，提高学生专业应用能力、就业竞争能力和国际交往能力。

四、强化以学生为中心的教学质量保障体系

金融学专业人才培养模式推行过程中，不仅要明确人才培养目标，合理分析目标需求及来源，科学确立方案框架，还需认真倾听教学一线师生的建议，对人才培养模式的具体内容进行分解和诠释，对各项方案的实施效果进行有效反馈和动态评价，不断加以改进和完善。衡量学生学习效果的标准不仅仅是课程目标的实现，还应体现在学生专业知识的扩张、知识迁移能力以及自主学习能力的提升等方面，在教学评价模式和指标设计上，要明确学生参与教学评价的权利与义务，使学生对教学评价具有充分的参与权。在教学资源利用上，应以国际化教材体系改革为前提，改变一门课一本教材的传统做法，加强特色教材建设，建立符合实际的适应世纪人才培养需要的教材体系，加强金融学专业图书期刊资料、引进教材、数据库建设等方面的工作。

五、智慧课堂是大数据时代教学模式升级改革的重要议题

移动云与教学深度融合的智慧教学模式是大数据时代高等教学改革的必由之路。以建构主义为依据的智慧课堂是信息化时代的互动教学服务方式，应当重视教学信息化顶层设计与统筹规划，按照协调发展、合理配置、注重实效、分层实施的原则，对教学信息化的硬件、软件、服务、信息资源、人力资源进行一体化规划与建设，促进教学信息化资源的优化配置和高效利用。以提高教育教学质量为目的，以优质数字化教学资源共建共享为核心，以建设数字化的教学环境和教学支持服务体系为重点，重视教学信息化的顶层设计与战略规划，加强信息化平台和数字化优质教学资源的建设，提升教育技术工作整体水平。

参考文献

[1] 郭净，耿军会，郭幼佳．“S-T-H”新型卓越金融人才培养模式探索及实践——

以河北金融学院为例［J］. 河北农业大学学报（农林教育版），2017（10）：11－15.

［2］胡发仲. 对全过程项目制教学模式的思考［J］. 艺术科技，2017（11）：326－331.

［3］唐岚. 教师智库建设与课堂教学深度融合［J］. 江苏教育，2019（11）：20－22.

［4］燕静. 项目制教学与工程教育人才培养模式改革［J］. 长江大学学报（社会科学版），2018（7）：120－124.

［5］杨静. 物流管理专业"项目制教学"改革实践探索［J］. 价值工程，2016（12）：201－202.

［6］张爱菊. 高校教学质量保障中以学生为中心维度的研究［J］. 现代商贸工业，2019（11）：162－164.

专题二
课程建设

国际贸易学（双语）课程建设的实践与思考

▶李燕飞

2019年10月，教育部发布的《关于一流本科课程建设的实施意见》中明确指出："课程这一要素是人才培养的核心要素，课程的质量直接决定了人才培养的质量。"推进课程的优质建设，是本科教育工作的一项重要内容。

一、课程建设的目标与方向

国际贸易学（双语）课程是国际经济与贸易（双语）专业的专业必修课之一，该课程以建设成为普通本科培养目标需要的国际贸易学双语示范课程为目标，力求全面介绍国际经济与贸易专业的基础知识与理论，让学生掌握国际贸易理论和政策，熟悉该课程专业的中英文表达；让学生了解国内外国际经济学的最新理论成果和国际贸易实践发展趋势。结合双语教学的实际情况，应努力把国际贸易学建设成为一门兼容并蓄、特色鲜明、体系完备、理论与实践结合紧密的国际经济与贸易专业理论课程。

二、广东外语外贸大学南国商学院国际贸易学（双语）课程建设的实践

（一）建设背景

2012 年国际贸易学（双语）课程作为广东外语外贸大学南国商学院第一批校级双语课程建设成功立项，2015 年顺利结项。2021 年 10 月，经济学院开展院级一流课程申报工作，国际贸易学（双语）课程获得立项。

（二）建设情况

1. 通过开展课程文档建设工作，完善了课程资料库的建设

课程文档相关资料的建设是课程建设中的一项重要内容，作为项目建设的重要支撑，为了突出其严谨性、系统性、连贯性等特点，项目成员付出了大量的时间和心血，组织编写了相关的文档资料，具体包括中英文课程简介、教学日历、教学大纲、教案、习题集、案例集、试题库、参考文献、课程网络学习资源等内容。在这几年的教学过程中，该课程的教学文档从无到有，从有到精，得到了较为系统性的完善。

2. 通过加强双语专业教师队伍建设，使得教师队伍结构和水平进一步优化

专业教师队伍结构一直是作为国际经济与贸易双语专业人才培养和引进工作的建设重点之一。在项目建设过程中，教学经验丰富并具有海外留学背景的周文贵和周念林两位教授作为主要的项目成员，参与了整个项目的教学指导与授课工作，对项目的建设思路和开展发挥了巨大的作用。此外，对于中青年教师的培养方面，周文贵教授通过组织开展双语培训、专题讲座、观摩广外全英教学等方式让年轻教师得到再学习的机会，借此提高了中青年教师的教学水平，教学理念得以升华。

3. 通过组织或参与多元化的课程建设研讨，进一步明确课程建设的目标及思路

教学团队在针对国际贸易学的双语示范教学课程建设上，积极通过组

织或参加听课、研讨会等形式，向同行取经交流，了解最新的教学理念、手段和方式，达到学习和提高的目的。具体包括：赴厦门、深圳等地参加由教育部、各大高校举办的国贸专业人才培养及建设研讨会；参与广东外语外贸大学组织的 EMI 双语教师培训。

项目成员周文贵教授作为广东外语外贸大学经济贸易学院省级精品课程“国际贸易”的主讲教师，在该课程建设方面具有丰富的经验和成果，在课余时间对其他项目成员进行了热心的指导，传授该课程的教学经验。周念林教授结合其在海外的留学经验，对课堂的讲授方式及考核方式作了大胆的改革和创新，并承担了省级教改项目“独立学院国际化教学模式构建”、校级教改项目“中加‘学评教’特点比较研究”的研究，对双语课程的建设及改革起到积极的推动性作用。通过以上措施，国际贸易学（双语）课程建设质量得到了较大的提高。

4. 通过实施课程过程性评价促进教学质量的提升

实施课程过程性评价有利于教师在教学过程中有效了解学生对于学习内容的掌握程度，根据学生的学习程度差异，及时调整教学内容难易程度，或采取多元化、灵活的教学方式来调动学生的学习积极性。国际贸易学（双语）课程已在两个学期实施了课程过程性评价方式，旨在通过提高平时的课程训练与考核，增强学生对于该课程知识的吸收与理解，帮助学生将理论与实际经济发展变化做到更好地融会贯通；同时，进一步提高学生英文的口头表达、阅读与写作能力。国际贸易学（双语）的过程性评价与终结性评价占总评价的比例分别为 60% 与 40% 。终结性评价在期末以闭卷考试的方式进行，过程性评价的实施方式具体如表 1 所示。

表 1　　国际贸易学（双语）课程过程性评价方案

评价方式及占比	次数	实施方式	实施目的
阶段性测试（30%）	6	在讲授过程中布置 6 次全英文小测：5 次针对国贸理论部分，1 次针对贸易政策部分，小测题型包括专业术语解释、中英文名词互译、选择题、判断题、计算题与论述题	了解学生对课程知识的掌握与运用水平

续表

评价方式及占比	次数	实施方式	实施目的
综合性作业（30%）	2	设置两个不同主题的大作业： （1）基于课本案例提供的背景资料展开对中美在产业发展变化及劳动力就业方面的思考，每人提交字数不少于1000字的全英文报告； （2）在课后观看完老师提供的相关视频后，撰写一份关于两个城市/国家产业比较优势发展的全英文论文，字数不少于800字	培养学生对宏观经济问题的分析与思考能力，同时提高学生使用英文撰写专业课程作业的能力
团队作业（20%）	1	老师给定若干主题，由小组抽签后于课后展开讨论与分析，届时以PPT（英文）的形式向全班同学展示	提高学生团队合作与专业分析能力
英文新闻展示（5%）	1	每节课前由一个学生做一个三分钟左右的英文新闻展示	学生通过搜集最近的经济、贸易新闻，了解当前世界经济贸易变化
课堂表现（10%）		以学生课堂回答问题的频率、参与课堂讨论的积极性来衡量	
学生出勤（5%）		以南国微信考勤系统记录来衡量	

三、推进国际贸易学（双语）课程建设的思路

（一）强调基础理论、前沿性及跨学科研究

国际贸易学（双语）课程的讲授主要围绕着国际贸易理论与国际贸易政策两部分的核心内容而展开。该课程的最大特点是侧重于理论部分的学习，内容涵盖了古典国际贸易理论、新古典国际贸易理论与现代国际贸易理论，理论部分的学习在微观与宏观经济学的分析工具基础上展开，学习内容较为抽象，具有一定的难度。此外，课程采用全英文的国外教材，对于本专业的学生学习具有一定的挑战。教师在教学中，如何将专业基础理论由繁至简，由浅至深，抽丝剥茧，为学生搭建起国际贸易理论与政策的基本框架，引导学生培养专业性思维，这是一项重要的工作。

此外，大部分教材的内容更新速度较慢，无法及时反映国际贸易最新的发展理论与形势。课程的核心内容应该是某个学科领域或者专业最新的

研究成果，被选择纳入课程内容的知识要符合社会需求，因此教师需要及时跟踪国内外的学术研究动态，将前沿性的研究内容引入课程教学中。

课程建设目标在于培育综合全面型创新型人才，注重人才的全面发展，因此，国际贸易学（双语）课程的内容要涉及跨学科课程，注重跨学科研究，课程内容要结合当前“互联网 +”、人工智能、数字经济等领域实现文理相结合、多领域知识的深度融合。

（二）积极推进课程资源数字化建设

课程资源数字化建设是未来一流课程建设的重要内容之一。学校教务处近年大力提倡教师在教学中运用超星平台作为网络课程辅助工具，积极推进我校的课程数字化建设工作。通过超星平台，将课程的资源统一“打包”放置在数字化平台上，有助于教师之间对于课程资源的充分共享与建设，同时也有助于学生更有效地提升预习及复习的效率。

目前，学校的国际贸易学（双语）课程已在超星平台上开设课程门户。在平台上建设了教学 PPT、教学视频、作业、考试、资料库及讨论等模块。在推进该门课程的资源数字化建设过程中，也存在一定的问题。一是团队建设成员人数较少，尤其是主讲该门双语课程的教师人数较少，因而导致在教学资源素材的搜集数量及处理上存在一定的限制。二是受学校招生情况影响，双语班级及人数逐年减少，因此在推广实施课程网络教学环节，使用该门课程网络教学的班级及学生人数不多，网络点击量不高，等等。课程资源数字化建设是未来教学的必经之路。

未来如何进一步优化课程资源数字化建设的内容是课程建设需要考虑的重点。例如，在教学 PPT 的展示上，如何做到更为美观和简洁；在教学视频制作上，如何在有限的时间内将教学任务重点突出，且内容更显趣味性与专业性，让学生喜欢观看；在作业设置方面，如何进一步完善作业库题型的多元化，同时合理安排到每章节的讲授环节中；在资料库建设方面，结合本课程的前沿性要求，如何将国内外研究机构的最新研究报告要点与课程的章节主题相结合，引导学生深入地思考国际及国内的经济发展变化；等等。平台资源的建设是一项繁重的工作。这需要充分调动团队成员的积极性参与每一项内容的建设。同时，一门课程的资源数字化建设除了主讲教师之外，还需要学校提供相应的信息技术工作人员参与其中，作为技术指导人员，协助教师在PPT、视频制作等方面提供帮助。总而言之，课程资源数字化建设不是一蹴而就的工作，它的建设需要整个团队成员充分参与其中，并在平时的备课过程中注意积累丰富的教学素材，并将其有效地划分、转化、纳入为数字化资源，“存储”至网络平台上供任课教师和学生使用。

（三）完善课程过程性评价方式

实施课程过程性评价是有助于检验学生学习情况，便于教师及时调整教学行为的一种措施。在实施课程过程性评价时，可以秉持多样性、激励性原则开展课程过程性评价。多样性原则主要体现在：第一，在过程性评价方式的设定上要呈现多样性。由于学生的学习态度与程度不尽相同，因此，教师可以通过多元化的评价方式来增强学生自主学习与综合分析能力。第二，在过程性评价内容的设定上要呈现多样性。国际贸易学（双语）课程作为国贸专业的专业必修课，为突出理论教学及双语教学两个方面的教学要求，教师在设计评价方式时会较为侧重考核专业知识的掌握，因此，设置的考核方式也可多样化。教师可通过阶段性测试、综合性作业、团队作业等方式调动学生学习的积极性。激励性原则主要体现为：实施课程过程性评价不是以给学生加压为目的，而是希望通过多元化的评价方式及时掌握学生的学习情况。因此，教师应在教学过程中多鼓励少打击，多肯定少否定，在过程性评价时对学生阶段性所取得的进步及时给予肯定及鼓励，对于评价中所呈现出来的问题及疑惑适时加以引导和解答，化消极能量为积极情感，通过不间断的肯定性评价、引导性评价来强化学生的求知欲望和兴趣，促进学生自主学习能力和持续发展能力的培养与增强。

参考文献

［1］曹明．过程性评价的应用困境及对策［J］．思想政治课教学，2020（3）：81－84.

［2］王玉婧，刘甜．一流课程与一流专业关系及建设思路分析——以应用型大学国际经济与贸易专业为例［J］．高教学刊，2021（3）：25－29.

［3］张丽君．基于超星学习通的英语阅读移动教学模式应用研究［J］．信息技术与信息化，2016（12）：91－93.

［4］张如庆，冯德连．一流课程建设的思路与实践——以安徽财经大学《国际经济学》课程建设为例［J］．铜陵学院学报，2019（5）：107－109.

消费者行为学课程的研究性教学模式探索

▶尹秀珍

消费者行为学是一门研究消费者心理与行为的应用性学科，也是一门涵盖经济学、管理学、心理学、社会学、人类学等多学科理论的交叉学科。随着21世纪数字化浪潮的到来，面对竞争加剧以及营销难度提升的市场，如何了解、研究、读懂变化中的消费者，把握消费者行为，对营销、经贸、商务、管理等相关专业的学生而言变得更为重要。但消费者行为学课程传统的教学模式仍以教师为中心、以教材为中心和以课堂为中心，呈现以知识继承为主导的教学模式。而研究性教学模式近年来在其他课程上有诸多成功推广与应用，故笔者在消费者行为学课程教学过程中，对构建与实施以学生为中心、以探究和解决问题为出发点、以提升学生自主学习能力和创新知识能力为主导的研究性教学模式进行了探索，以期提升课程教学质量和人才培养质量。

一、消费者行为学课程的教学现状与存在问题

对消费者行为学课程的教学现状和存在问题的研究中，诸多学者认为，传统的教学模式不适用于应用性强、综合性强以及抽象性强的消费者行为学课程。张思文等（2017）总结认为，消费者行为学课程在传统的教学课堂中存在以下局限：学生缺乏主动和热情、学生自身思考和理解能力

被弱化、学习内容与目标割裂。李燕娥（2019）认为，目前消费者行为学课程教学中存在教材内容侧重于西方实践理论、教学和考查模式偏重于学习书本知识、案例教学方式应用性不强等问题。谢畅（2020）认为，本课程过于依赖传统的讲授教学法，教材内容零散、考核方式形式单一、案例教学缺少创新。

笔者在消费者行为学课程教学过程中，也发现不少问题。一是教学方式依然以教师讲授为主，理论知识传授比重大；学生参与互动较少，主动性弱；此外，由于学生未激发“研究性学习”的需要，积极性难以调动，更不主动发现问题、提出问题以及解决问题。二是课程内容讲授以教材为中心，多按章节进行讲授，辅以案例分析；但选用的西方教材内容多且零散，再受外文翻译的影响，学生难以快速厘清章节之间的内在逻辑，阅读具备一定的难度；此外，教材中选用的案例如热门营销事件，因脱离本土国情，具有一定的疏离感。三是课程学习地点局限在课堂，研究性和实践性学习活动偏少，外出调研和考察的机会基本没有。四是即使老师在观念上接受了“研究性教学”理念，但在实践中由于传统教学是轻车熟路，非常容易回到“老路”上；学生也由于习惯了被动式知识灌输模式，或学业负担重等原因，参与研究性教学的积极性不高，教学效果流于表面。基于此，打破本课程的传统教学模式，构建与课程特点相匹配的研究性教学模式颇为重要。

二、研究性教学的概况

许卓明（2003）认为，美国布鲁纳的“发现学习模式”和瑞士皮亚杰的“认知发展学说”是研究性教学模式的理论基础。这两种学说都认为学生学习和科学家研究的过程是一样的。所以教师应该引导、激励学生像做研究一样去解决问题。辛志成（2008）总结道，我国学者对“研究性教学”的概念进行了多种解读，例如“教学理念说”“教学过程说”“教学模式说”“活动说”等。这些解读虽然侧重点不同，但是内涵并无太大差异。研究性教学既是一种教学理念，又是一种教学模式。辛志成（2008）

认为，研究性教学注重发挥教师的主导作用和学生的主体作用，以促进学生的个性发展为宗旨，以改革学生单纯地、被动地接受知识传授的学习方式为着眼点，构建一种开放的学习环境，为学生提供一个多渠道获取知识，理解自然、社会等客观世界，并将学到的知识综合应用于实践，在帮助学生进行接收式间接学习的同时，形成一种对知识主动式的直接探索。韦冬余（2018）提出，在高校实施研究性教学具有深化教育改革、课程改革以及教学改革的意义。同时对全面推进大学生的素质教育，培养创新人才，提升教育教学质量具有重要作用。

陈静（2008）认为，研究性教学模式的构建与实施应充分体现教学过程中教师的主导性、学生的主体性与独立性、主题的问题性、教学内容与形式的开放性、知识的创新性与超前性以及活动的体验性与结果的综合性等方面特征；最终目标是要使学生掌握和创新知识并进而增强他们的实践能力。

三、消费者行为学课程研究性教学模式探索

（一）教学思想

课程遵循以学生发展为本，促进学生能力和素质全面发展的理念。教学过程中应全面调动学生的积极性和主动性，充分发挥学生的主体性，改变以往学生被动地接受知识灌输的状况，引导学生主动获取知识、提高能力，激发“研究性学习”。

（二）教学目标

根本目标是培养学生的“问题意识”。问题意识的开启，是学生自发认识、了解、探究、思考世界的起点，让学生掌握学习的方法和从事科学探究的方法，为学生的终身学习和可持续发展奠定基础。

具体的课程目标是使学生掌握消费者行为学的理论知识与研究方法。当面对不同的消费场景时，可以恰当地提出研究问题并合理运用研究方法

解决问题，树立正确的市场营销观念。同时提升学生自主学习的能力，着重培养收集文献、阅读文献、合作分工、沟通表达的能力。

（三）操作程序

首先是达成共识，理念先行。开学第一课时，教师需将开展研究性教学的计划告知学生，充分说明课程安排和学习要求，与学生达成共识，为教学顺利展开奠定基础。

其次是梳理课程内容，明确教学重难点。教师根据教材及自主选用的资料将课程内容划分为四个模块：模块一是消费者行为学导论，包含理论基础、研究方法、调研工具的介绍；模块二是影响消费者行为的个人因素，包括消费者的感知、需要和动机、态度、个性、自我意识、生活方式等；模块三是影响消费者行为的社会因素，包括社会环境和物理环境；模块四是影响消费者行为的营销因素，包括商品名称、商标、包装、定价及各类营销活动。教学内容要紧跟时代步伐，防止陈旧落后的理念，要向学生介绍最新的学术成就、学术观点以及热门案例，紧密联系学生生活实际和社会实际。

再次是明晰教学路径，研究性教学一般需要包含三个阶段：一是问题的确立阶段，二是实践分析阶段，三是成果交流阶段。例如教师创设一个购物情境，请每位同学在该情境中选择购买一件物品，购买结束后互相观察各自的消费行为。在这个预设的情境中，学生很可能开始主动探讨各自消费行为的异同，经过探讨发现一些有价值的问题。教师要指导学生在众多问题中进行甄别、比较，筛选出有研究意义的问题。为保证研究性学习的有序和有效，问题确定以后就要制定具体的研究方案。如进行小组分工、收集文献、实地调查、数据统计和分析、总结材料等。成果展示可以以口头或书面的形式呈现，如进行研讨会、报告会或出展板、写报告等。

最后是进行周期性回顾和检查，以时间或专题内容为分界，教师自我评判教学效果。特别值得注意的是，教学过程中，无论是教学方法还是形式、内容都可以多元化、个性化、开放化，但切不可偏离研究性教学的本质。

（四）师生作用

在研究性教学中，教师担当的是指导者、组织者、参与者、服务者以及评价者等多种角色。教师需要在教学内容和实施上进行组织，在各个阶段给予学生指导，与学生一起进行研究，做好协助和服务工作，并对实施的研究结果进行正确评价。学生是研究性教学的中心和主体，需逐渐摆脱对老师的依赖，独立开展研究性活动，实现自主发现、分析和解决问题。师生之间互相尊重，关系平等。

（五）教学策略

在组织形式上，研究性教学可采用传统的班级授课形式，但最好是小班教学；也可以分团队合作研究和个人独立研究、实践调查研究和案例模拟研究等形式。在教与学的时间分配上，适当增加学生自主研究的时间。有条件的情况下，教学地点不要局限在教室，可扩展到图书馆、机房以保证文献资料的获取；也可深入企业、商店、市场进行调研。教学方法应该多元化，摒弃“满堂灌”，改用研究式、启发式、讨论式，如采用研讨式教学法、专题教学法、项目制教学法、案例分析法、情景模拟法等，充分调动课堂内外、线上线下各类资源，所谓“教学有法，教无定法”。一切教学手段都是为了激发学生对消费者行为的研究兴趣，带着问题探究式学习，最终掌握学习方法和技巧，提高解决实际问题的能力。

（六）教学评价

教学评价包含对教师“教”的评价和对学生“学”的评价。对教师“教”的评价应重点关注教师是否引起了学生的研究兴趣、是否激发了学生的主动性、是否培养了学生的创新精神。评价标准可从教学设计、教学过程和教师个人品质三方面设计指标权重，由学生、督导、同行进行评分。对学生“学”的评价应重点关注学生是否积极参与、是否充分发展了知识、能力、兴趣、态度等多方面，是否提高了研究和创新能力。课程考查时可将平时成绩与期末成绩占比设为5∶5，既注重过程性评价也不忽略总结性评价。平时成绩重点考查学生的信息收集和处理能力、沟通能力、合作精神、写作能力、实践能力，期末考试适当增加案例分析、综合应用和论述题的比例。

四、结论

在消费者行为学课程中探索研究性教学模式，不仅是响应教育部对本科院校课程教学改革的号召，也是响应国家、社会以及时代对创新人才、高素质人才培养的需求，更是为了培养大学生的研究性学习意识和精神，最终实现自身全面发展。此外，研究性教学对教师和学生的要求较高，教学模式构建好以后，在实施的过程中还需要学校提供相应的支持和服务，譬如组织相关教学培训、提供环境场地保障及图书馆资料服务等，方能得以顺利完成。

参考文献

[1] 陈静.《消费者行为学》研究性教学模式的构建与实施 [J]. 湖南税务高等专科学校学报，2008 (2)：53－55.

[2] 李燕娥. 应用型人才培养背景下消费者行为学课程应用型教学方法探索 [J]. 当代教育实践与教学研究，2019 (2)：188－189.

[3] 迈克尔·R. 所罗门. 消费者行为学 [M]. 12 版. 杨晓燕，等译. 北京：中国人民大学出版社，2018.

[4] 荣晓华. 消费者行为学 [M]. 6 版. 大连：东北财经大学出版社，2020.

[5] 韦冬余. 论高校研究性教学模式的基本构建 [J]. 黑龙江高教研究，2018，36 (10)：155－157.

[6] 谢畅. 基于应用型人才培养的消费者行为学课程教学改革研究 [J]. 当代教育实践与教学研究，2020 (1)：100－101.

[7] 辛志成. 论研究性教学 [D]. 太原：山西大学，2008.

[8] 许卓明. 对"研究性教学"模式的认识与实践 [J]. 河海大学学报（哲学社会科学版)，2003 (4)：69－71，88.

[9] 张思文，朱民田，张薇. 消费者行为学教学方法研究 [J]. 中国市场，2017 (7)：139－140.

跨境电商特色方向下学术英语课程的改革探索

——以电子商务专业为例

▶杜可君

一、跨境电商概述

跨境电商是近年国际贸易新业态，具有网络化、数字化的特点，即不同关境的交易主体在亚马逊、eBay、速卖通、阿里巴巴国际站、独立站等电子商务平台完成订购、支付结算、物流清关等一系列交易步骤。网经社电子商务研究中心数据显示，中国跨境电商规模逐年稳步增长，2021 年市场规模为 14. 2 万亿元，2022 年市场规模将接近 16 万亿元。跨境电商是中国外贸行业发展的增长亮点，市场占比日益增长，2021 年的行业渗透率达 36. 32%。

根据《中国电子商务人才状况调查报告》，2019 年中国跨境电商领域人才缺口高达 450 万人，人才短缺将制约我国跨境电商行业的发展步伐。跨境电商作为新型外贸模式，“三懂”型复合型人才受到青睐：懂国际贸易规则、电子商务法律法规；懂市场和消费者；懂电子商务交易平台运营规则。

二、学术英语课程概述

多年来，国内高校作为人才培养输送基地，普遍重视学生英语水平能力的提高，除了大学英语四六级考试，国际贸易、电子商务等专业均开设多门英语课程，涵盖英语写作、英语口语、商务英语等。改革开放以来，经历了四个英语学习阶段：语法阶段、应试阶段、应用阶段和学术英语阶段。学术英语的课程目标是学生的英语水平更趋专业化、深度化：学生能够阅读理解与专业相关的英文文件条款、法规法则；具备英文撰写学术论文、商业报告能力；在业务过程中能熟练运用英语相关专业名词进行沟通交流。由此可见，学术英语课程能够提升学生在专业领域的英语水平，真正融入国际化商业圈，是培养高质量跨境电商人才的关键课程。

三、跨境电商特色方向下电子商务学术英语课程建设面临的挑战

（一）课程定位不清晰

从目前的情况来看，电子商务学术英语的课程设计呈现了两种趋势：一种是用英语对电子商务相关的基本原理和理论进行讲解，通常采用《电子商务概论》英文版课本；另一种方式是采用跨境电商英语教材，课堂主要内容是对跨境电商平台和交易步骤的介绍。前者是侧重专业知识的全英文（双语）课程，后者则偏向于讲解课本内容的英语翻译，两者都偏离了学术英语课程的设置本意。学术英语课程的重点不是讲授，而是指导学生如何更专业地用英语作为载体进行表达。例如，学习“What is Amazon”内容只会让学生了解亚马逊平台概况，属于英语阅读的学习范畴；学习亚马逊平台的盈利模式，属于电子商务专业课的基本知识。学生能够读懂正确理解亚马逊平台上的条约规则，并且能够用专业的英文词汇撰写亚马逊卖家申诉信，才是学术英语的教学方向。由此可见，电子商务学术英语不是理论课程，而是实用性很强的应用课程。

（二）课程衔接断档，知识覆盖面局限

学术英语课程通常都分为低、中、高难度在不同学期开课。然而由于

任课老师的教学任务分配、人才培养方案设置等原因，课程的衔接未必达到持续性和连贯性，较难体现不同阶段学习深度的有序递进。电子商务学术英语有可能在不同阶段涉及不同领域的教学内容，例如分别是客户关系管理（英语）、网络营销（英语）和跨境电商实务（英语）。这些课程不但偏向理论性，而且只有一两门课程冠以跨境电商的名义，既缺乏系统性和清晰鲜明的专业特色，内容上也很难避免出现重复。

跨境电商属于交叉型学科，然而从目前的电子商务学术英语课程方向来看，比较侧重营销、市场文化习俗等方面的内容介绍，而对法律法规、现代物流、日新月异的跨境电商平台运营规则讲解甚少。长此以往，学生只学会了和客户打交道的技能，然而却缺乏机会锻炼和供应商、战略合作伙伴、跨境电商平台进行专业沟通的英语能力。

（三）学生英语水平良莠不齐，对外语的重要性认知不足

电子商务学术英语课程主要面向电子商务专业学生。与英语专业或者经济类专业双语方向学生相比，电子商务专业学生的英语基础较为薄弱，个别学生的语法、词汇量、发音等方面水平明显有待提高。有时为了照顾英语水平较差的学生，需要占用有限的上课时间讲解一些基础英语知识，对于课程进度有一定影响，也影响了其他能力较强学生的学习效果。学术英语课程内容强调专业化、高阶化，该教学目标可能令部分学生觉得吃力，产生放弃念头。

此外，有些学生并未意识到英语专业能力在跨境电商业务中发挥的重要作用。部分学生会被互联网上一些夸大、片面的跨境电商成功案例误导，认为就算英语水平不足，通过翻译软件、只要掌握最基本的口语技能、中式英语的表达能力也能促成跨境电商交易。这些观念会令学生轻视学术英语课程，减弱他们对课程的兴趣和积极性；更糟糕的是学生不能成为企业需要的高水准专业人才，无法解决人才匮乏这个阻碍跨境电商行业发展的最大痛点。

我国跨境电商行业进入了飞速发展时期，竞争变得异常激烈，市场趋向运营精细化、专业化。英语水平较弱的运营人员无法对企业产品进行有

效优化，需要花费更长的时间和海外客户进行书面沟通，客户开发效率低；词汇量有限的业务员也无法精准表达观点和态度，读不懂专业商业分析报告就不能敏锐洞悉国际市场需求，错失商机。

四、跨境电商特色电子商务学术英语课程的改革建议

跨境电商的性质决定了相关专业课程的人才培养目标、教学内容和课程设计等必须具备以下特色：复合型、实践＋理论模式、全面性。

（一）教学内容建设：打造“多学科＋双语”复合型师资队伍

跨境电商专业涵盖面丰富，包括国际贸易、电子商务法、市场营销、电子商务平台运营管理等知识领域，仅凭一个电子商务专业老师的力量无法为学生提供全面、有深度的跨学科专业知识，需要相关专业的高水平老师都加入教学、教学内容设计队伍，打造高质量师资团队。

具体到电子商务学术英语课程，为了突显跨境电商特色，团队教师成员必须具备夯实的英语基础，还需要专注于国际贸易、电子商务、物流管理、法学、市场营销、战略管理中任意一项以上专业，提供丰富全面的跨境电商行业生态知识。课程可以根据不同的教学内容，让老师参与相关专业章节的讲授。授课教师同时也要准确把握好电子商务学术英语课程的本质，打破传统的教学思维，多提供指导型和讨论式互动学习体验。

（二）课程设计：基于“三懂”全面性的进阶原则

电子商务学术英语课程可以分成三大板块：（1）市场和消费者；（2）电子商务交易平台运营规则；（3）国际贸易规则以及电子商务法律法规。可以分别对应电子商务学术英语Ⅰ（初级）、电子商务学术英语Ⅱ（中级）、电子商务学术英语Ⅲ（高级）作为主讲内容方向。

电子商务学术英语Ⅰ（初级）课程围绕“市场和消费者”主题，注重提升学生写作、阅读、口语的能力，加强产品描述、文案、客户询盘等方面的写作练习，能够达到阅读英语类商业杂志文章、商业新闻、普通市场

研究报告的大众水准，另外还要锻炼学生开口和客户沟通的勇气，增强专业术语和商业沟通礼仪学习，从简单的社交型英语如“你好”“我来自哪里”“今天天气很好”转化到商务英语。电子商务和市场营销专业双语教师可以参与到这一阶段课程的课程设计和授课环节。

电子商务学术英语Ⅱ（中级）围绕电子商务交易平台运营规则，注重提升学生阅读理解、逻辑分析、商务写作能力。通过了解和比较各主流跨境电商平台的商业模式、市场定位、卖家营商环境、运营规则等，学生能够理解运营条例的正确意思，提炼有利于卖家经营的因素，总结经验风险，并具备和跨境电商平台沟通商务、争取权益（账户冻结、锁号解除、提款失败、客户投诉申诉解释）的正式文书撰写能力，英语水平从商务英语水平向专业英语水平提升。该阶段课程建议由电子商务、战略管理等专业的双语老师进行主要课程设计和授课。

电子商务学术英语Ⅲ（高级）主讲国际法则。学生在经历了初级和中级课程的学习，词汇量已经有一定的积累，英语阅读速度和理解能力在不断提升，面对难度更高的专业法则条例更有底气和学习信心。通常电子商务学术英语Ⅲ（高级）课程被安排在高年级学期，学生已经完成国际贸易学、国际商法等前置课程的学习，具备相关专业知识。在这个阶段要强调提升阅读理解能力和速度，以及完成专业词汇量的高阶积累。学生能够理解法则的正确意思，提炼核心信息，并具备运用法律武器维护自身企业权益的书面、口头沟通能力，专业英语水平各方面向高阶提升。该阶段课程建议由国际贸易、国际商法等专业的双语老师进行主要课程设计和授课。

（三）人才培养：结合产教合作项目、比赛提升学生实践经验

高校多年来一直致力于培养更符合用人市场真实需求的人才，尤其是跨境电商方向的专业人才培养，必须坚定不移拥护“实践＋理论”人才培养方针路线。电子商务学术英语课程的实践课时可以通过课堂以外的活动、项目、比赛完成。跨境电商平台的校企合作岗位、商业英语大赛、跨境电商直播销售挑战赛、跨境电商平台学生创业项目都是能够实际提升学生实践能力的手段和渠道，课程学分学时分配建议考虑以上方式作为学生

的学习考核形式。

学生只有切身参与投入比赛、实习、项目之中，英语实际水平受到考量挑战，才能意识到英语在跨境电商日常业务中的重要性，远胜于其他人的英语专业水平是如何能为自身以及企业争取到更多的权益。一定程度的实践活动能够增强学生要学好电子商务学术英语课程的能动性、专注度和决心。

五、总结

单一、传统的教学模式无法培养真正满足市场需求的复合型跨境电商专业人才。在教学中，必须紧密结合各不同学科，强化英语的高阶化、专业化学习，最大化利用好双语教师资源；向学生提供系统化具有支撑性的电子商务学术英语系列课程；密切留意跨境电商发展最新动向，既可以为学生提供更多元化、创新的实践体验，也可以提升学校人才培养计划和企业人才需求标准的对称性。

参考文献

[1] 胡佳琦. 电商专业跨境电商方向“三阶段递进式”教学实践探索 [J]. 职业教育（中旬刊），2019，18（4）：58-60.

[2] 李立勋，杨春雨. 新兴学术英语能否异军突起谜题待解「N」. 北京商报，2013-06-17（D03）.

[3] 李清平，黄晨. 基于超星学习通的混合式教学模式的建构与应用——《医学学术英语》课程为例 [J]. 海外英语，2021（16）：5-7.

[4] 朱志明. 跨境电商市场视野下的高校电子商务英语教学改革策略研究 [J]. 海外英语，2022（10）：154-155，157.

“适合的教育”理念下文献检索与论文写作课程改革探索

▶钱馨蓓

文献检索与论文写作是普通本科院校各类专业开设的选修课程，主要教学目标是让学生学会检索学术资源和文献的理论和操作方法，培养学生科研创新思维、获取文献和期刊论文的书面表达能力。在此基础上，使学生灵活运用文献检索的理论知识从而提高学术期刊论文和毕业论文中文献检索的速度和效率，并通过对相关文献系统的检索和阅读，快速敏锐地发现论文的创新点，最终提升开题报告、学位论文和期刊论文的写作能力。在应用型本科高校转型的背景下，目前文献检索与论文写作课程的相关教学内容、教学方法及实际教学过程中存在着教学和实践脱节的问题，学生书面表达能力和写作能力的训练较为缺乏，已经不能够满足新时期新文科建设和应用型本科人才的目标定位及学生的信息素质人才培养需求。因此，在这样的大背景下，为了加强老师的教学效果，提升学生的学习效果和实际应用能力，迫切需要对文献检索与论文写作课程进行深入改革、探索和创新。同时《国家中长期教育改革和发展改革规划纲要（2010—2020)》提出了“为每个学生提供适合的教育”的最新理念，为民办高校文献检索与论文写作课程指明了教学改革方向。需透彻理解“适合的教育”理念的内在价值和内涵，深入探索教学改革，从而为解决文献检索与论文写作教学实践过程中面临的众多问题提供理论参考。基于此，本文选取文献检索与论文写作课程教学过程中存在的问题和困境，提出相应的课程改革对策和措施，从而为经管类专业乃至其他专业学生顺利完成本科毕业论文，为高校、企业培养合格的人才，为学生进一步深造打下坚实的基础。

一、文献检索与论文写作课程存在的问题

（一）“教”与“学”脱节

传统的教学方式通常采取以老师为主的教学方式，老师的教学模式则是以讲授为主，重在理论知识和讲授，常常忽视论文写作的实操和联系，最终形成了以教师为中心、以课本为中心和以课堂为中心的教学模式。但这种传统的教学模式教学内容缺乏趣味性，注重理论的讲授却缺乏案例讲解，PPT 展示也多以文字内容为主而较少有丰富多彩的图片辅助，形成了老师的“一言堂”，使学生陷入被动接受模式。然而，人的注意力集中时间有限，这种被动接受模式让学生没有存在感，很难集中注意力，导致了学生在课堂上玩手机、走神、频繁借助上厕所的名义逃课等不良行为的产生；在课堂考核方式上，也多以期末论文或开卷考试的方式进行，很多同学以应付的心态来完成，滋生了抄袭、剽窃的现象，更有甚者会雇用“枪手”完成；至于课程本身方面，论文写作自身的理论性很强同时对自身的写作也有较高要求，受限于学生的较差的专业能力，再加上课堂上枯燥的理论讲授，学生感觉不到学习的实际意义和作用，造成了学生丧失了学习兴趣。

（二）“文献检索”与“论文写作”脱节

文献检索与论文写作课程的授课方式要求理论讲解与实践操作相结合，但受限于学校排课时间，很多专业往往把文献检索与论文写作课程安排在大二下学期和大四上学期，然而在大二阶段学生还未能感受到撰写毕业论文的紧迫感，而大四阶段学生已经经历过了开题报告的撰写，基本掌握了浅显的论文写作知识，完成了最艰难的自我摸索过程，此时课程对他

们而言，用处已经不大。因而在这两个阶段排课时，实践教学过程并不能顺利实施，尽管老师会布置与理论知识相关的检索或写作作业让学生独立完成，但由于未能感受到“论文写作”的重要性，未能将所学知识灵活运用。特别是老师根据自身研究领域所讲授的检索方法可能与学生本身专业相关性不大，而学生本身又不能举一反三，导致学生不能将课堂上所学到的“文献检索”知识实际运用到“论文写作”中来，最终使得该课程的学习效果较差。

（三）教师知识面不够全面

在过去本科教育的学习中，由于学生以前的学习经历并未接触过这方面的培训，论文写作能力往往成为学生的薄弱环节。但对论文写作能力的要求却贯彻了学生整个大学生涯甚至整个职业生涯，无论是众多课程结课时的课程论文，还是毕业学位论文的撰写，甚至工作后的公文写作，都对学生论文写作能力有着较高的要求。不仅如此，在考研热的趋势下，许多大学生对核心期刊写作技巧有着较高需求，使得文献检索和论文写作这门课异常火爆。但由于不同学生的专业背景不同，为了在有限的课时内让所有学生都能够学有所获，要求老师在备课过程中需要充分考虑学生们复杂的学科背景。在课后问答过程中，一些积极好学的学生所提出的问题常常具有很强的专业型，需要教师不断提升自身的科研能力，广泛扩大自身的知识面，积极培养学生较强的自学能力，有针对性地向学生推荐有价值的参考书，引导学生学会查阅相关文献，对于培养学生专业兴趣、养成良好的自学习惯有着较强的指导意义。

二、基于“适合的教育”的文献检索与论文写作课程改革方法

（一）线上线下结合，辅以实际案例强调课程重要性

考虑到不同专业基础背景的学生，教师需要在有限的时间内讲述文献检索和论文写作的理论和实践。为了保证达到良好的教学效果，学生们能

够通过学习学有所获，一方面，教师要在上课之初，通过自身或其他生活中的案例强调该课程学习的重要性，让学生树立对课程的正确认识；另一方面，可以采取线上线下教学相结合的方式，充分保证课堂上以及课后师生之间的交流，这也是教学改革之中的重点。近年来，随着信息通信技术的迅猛发展，网络沟通方式多种多样，如超星平台、微信群和 QQ 群等网络平台都是课后与学生交流的渠道。老师在课堂上重点以理论讲授为主，而课后则布置与理论讲解相对应的任务，如自行查阅文献及开题报告撰写等，让学生学以致用，理论联系实际，加深理解。如果在课后实践过程中遇到问题，学生也能及时找到老师解惑。

（二）因材施教，发挥“领头羊”作用

以“适合的教育”理念树立以学生为本和因材施教的教学观。这就要求授课老师首先要树立正确的观念，根据学生不同的知识体系、素养潜力、性格差异及学业基础等重新整理形成个性化的教学方法，构建“适合的教学方法”和“适合的学习方式”相结合的新型教学关系，进而提升教学环节对学生的适用性，最终使得学生更容易接受，起到良好的教学效果。此外，教师还要树立平等对待学生的观念，保证学生受教育的权利、教育过程及教育结果更加公平公正；充分发挥班级中学生“领头羊”的作用，班级中每个人的素养潜力和学习积极性不同，应充分发挥班级中学习兴趣和学习积极性较强的同学，并加以引导，树立标杆，充分发挥同伴效应，调动班级中其他同学的学习积极性。综上，在“适合的教育”理念下，因材施教，发挥“领头羊”作用进行教学改革，形成具有较强适用性的教学手段，从而最大限度地调动学生学习文献检索与论文写作课程的积极性和热情，达到“学有所教、教有所成”的目标。

（三）引入教学效果评价机制

为了科学完整地评估该课程的实际效果，在课程结课之前，应开展老师和学生之间的双向评价。一方面，教师要制定合理的考核体系，对学生在本学期的教学效果进行规范评价，可以从文献检索能力、中期开题报告

及期末学术论文撰写三个方面进行；另一方面，学生对教师进行评价，对教师的教学效果评价基于课程的教学目标、教学内容和教师行为三方面展开，分别对教学目标合理性、教学内容适度性和教师行为规范性进行评价，且这种评价不是以打分的形式进行，而是给出具体评价。通过这种教学效果评价机制，突出学生的主体地位，明确学生要学什么、哪里值得学等，最终实现老师和学生的互相监督，教学相长。

参考文献

[1] 陈晶．“适合的教育”理念下高职院校教学改革：价值、困境与突围［J］．江苏高职教育，2022，22（1）：61－67.

[2] 丁振阔，王卫则．管理类本科生“论文写作”课程教学改革浅探［J］．文教资料，2020.

[3] 顾晓英．教师是做好高校课程思政教学改革的关键［J］．中国高等教育，2020，6（3）.

[4] 沈雪峰．“新农科”背景下的《科学方法与论文写作》课程教学改革探索［J］．产业与科技论坛，2022，21（16）：148－149.

[5] 施伟龙，郭峰．高校“文献检索与科技论文写作”课程教学改革的实践探索［J］．科技视界，2021（29）：37－38.

[6] 王雅琴．大学生《科技论文写作》教学改革探索［J］．收藏，2019（5）：202－203.

[7] 薛成龙，郭瀛霞．高校线上教学改革转向及应对策略［J］．华东师范大学学报（教育科学版），2020，38（7）：65.

[8] 杨文弢．文献阅读与论文写作课程教学改革初探［J］．教育教学论坛，2020（26）：173－174.

[9] 张少卿，牛斐洱，闫浩然，等．地方应用型高校《文献检索与论文写作》的教学改革探索［J］．广州化工，2021，49（16）：222－223，226.

[10] 赵彦芳．从课程论文到学位论文——提升论文写作素养，深化课程教学改革［J］．扬州大学学报（高教研究版），2017（3）：78－81.

国际贸易实务线上线下混合式教学课程思政建设探析

▶高　洁

2016 年 12 月，习近平总书记在全国高校思想政治工作会议上强调："要坚持把立德树人作为中心环节，把思想政治工作贯穿教育教学全过程"，深刻阐明了立德树人在高等教育各环节中的基础性地位和引领性作用。高等教育要为人民服务，为中国共产党治国理政服务，为巩固和发展中国特色社会主义制度服务，为改革开放和社会主义现代化建设服务。高等教育除了要加强和改进思想政治理论课，各门专业课程都要守好一段渠、种好责任田，使专业课程与思想政治理论课同向同行，形成协同效应。

随着信息技术与教育教学深度融合，教育部加大了线上一流课程和线上线下混合一流课程建设力度，推动了高校课程教学理念、教学方法、教学方式、教学技术的变革，由于"课程思政"是一种新的课程建设理念，如何在线上线下混合式教学课程中加强课程思政建设就成为亟待解决的新问题。

一、课程思政融入国际贸易实务混合式教学课程的必然性

（一）课程建设要顺应时代发展趋势

当代大学生正处于情感、生活态度及价值观逐步成熟的关键时期，而

信息技术的高速发展带来多元化思想价值，对学生的认知和身心健康产生一定冲击，可能导致学生出现信仰危机和社会责任感的缺失，甚至家国意识淡薄等现象。随着近年来中美贸易摩擦不断升级、世界经济形势严峻，贸易保护主义盛行，货物贸易特别是大宗货物贸易受到较大影响，这就亟须经贸类专业课程从专业角度引导学生正确看待国内外经贸形势和我国对外贸易政策。国际贸易实务课程实操性很强，教师应紧跟国际经贸形势，向学生及时解答贸易形势与政策、贸易操作方法、主要贸易对象的关检政策和港口信息等问题，在引导学生形成中国特色社会主义道路自信、理论自信、制度自信、文化自信方面有着得天独厚的优势。

（二）课程建设要落实立德树人目标

在“三全育人”理念、“立德树人”目标指导下，国际贸易实务课程教学应积极发挥课程优势，充分发掘思政元素，助力全面推进课程思政与国际贸易课程的并向发展。教师可通过对外贸易制度、国际经贸形势的横向与纵向比较，结合理论与实践，培养学生的家国情怀和科学辩证的世界观。帮助学生塑造正确的世界观、人生观、价值观，使其全方面发展，最终成为合格的社会主义建设者和接班人。课程思政融入国际贸易实操教学，积极探索课程中与思政元素相关的内容，采用案例教学、演示教学、话题讨论等方式培养学生思想道德修养。学生思想道德的培养不在一朝一夕，而是在潜移默化的熏陶下完成的。把国际贸易专业知识特别是操作方法与课程思政有效结合，在课堂教学中向学生传授，能够达到润物无声的教育功能，培养学生的法律意识和职业操守，促使学生形成正确的价值观，有利于学生的成长、成才，最终达到“立德树人”的教育目标。

（三）课程建设要围绕课程涉外性特点

国际贸易实务课程是在国际贸易理论的基础上，系统解决跨境商品流动的操作课程，是经济贸易类专业的专业核心课程，也是涉外性特点极为突出的专业课程。首先，国际贸易在提高全世界经济发展水平和生活水平、保证充分就业、促进发展中国家特别是最不发达国家的发展、世界资源保护与高效利用等方面起到重大作用。国际贸易实务课程的学习要让学生理解国际贸易是建设人类命运共同体，世界各国家、民族互通有无，共商共建，共享贸易红利的必然选择，构建和谐稳定的多边和双边经贸关系才是世界经济一体化的发展趋势。其次，近代国际贸易起源并发展于西方国家，在国际贸易实务课程中，受到国际公约、条约、国际惯例的约束，事实上极大地受制于西方国际贸易法律法规，因而，在国际贸易实务课程教学中应该让学生全面了解我国对外贸易政策，理解发展国际贸易是我国进一步深化改革开放，推动产业链和价值链攀升，促进"一带一路"建设与民族复兴，拉动国内消费升级，满足群众美好生活需要的必然选择，在此基础上引导学生正确认识世界和中国发展大势，正确认识中国特色和国际比较，正确认识时代责任和历史使命，培养学生社会主义核心价值观与社会主义道德情操。

二、混合式教学中国际贸易实务课程思政建设的原则

（一）符合学生成长特点、成长规律

大学生的世界观、人生观和价值观仍未成熟，学生在进入大学之前，只追求学习成绩这个单一目标。而到了大学之后，学生视野逐渐拓展，学习不再是其唯一目标，开始追求多元化发展，在探索真理的道路上逐渐明晰人生价值和个人追求。学生往往在不同阶段面临不同的人生困惑以及各种思想上的矛盾与冲突。此外，学生从中学到大学阶段学习中都有专门的思政教育类课程，学生的政治素养和道德品质已初步成型，这就对专业课程中的课程思政教育提出了更高的要求。因此，教师在专业课程中融入课程思政元素时应充分考虑到学生所处阶段，提供不同教学策略，立足于解决现实问题和长远问题的需求，切实做到让思政教育符合学生成长、成才规律。

（二）线上线下混合式教学，符合课程学习特点

国际贸易实务课程要求学生掌握国际货物贸易的基本理论、基础知

识，为从事进出口业务相关管理、经营工作和科学研究工作打下基础；会填写与审核相关单据，能解决外贸进出口流程中的问题，探究区域经贸规则与习惯，具备从事对外贸易管理工作的能力，此外还要求学生不仅懂知识，有能力，还要做守法诚信、有时代担当、有职业理想的对外贸易人才。从课程学习目标来看，课程对信息化要求较高，特别是外贸进出口跟单系统、单据缮制、报关报检等操作性非常强，采用线上教学方式，更能直观地将教学内容和操作流程展示给学生。课程线上学习部分，学生可通过线上视频学习、线上练习、课外拓展阅读等方式系统了解所学知识，而线下课程以重点难点知识讲授为主，学生和教师面对面交流，使线上线下学习一体化，达到全方位的知识学习。课程思政部分的嵌入既可以采用线上拓展资料阅读、线上话题讨论的方式展开，也可以在线下通过案例教学等方式展开，根据现实环境，因势利导、因材施教地进行教学，而不是牵强附会地开展思政教育，让学生在思想政治教育的浸润和熏陶下，牢固掌握国际贸易实务专业知识，最终达到事半功倍的效果。

三、混合式教学课程中课程思政的建设路径

（一）思想引领方向，专业同向同行

课程思政作为思想教育的有益补充，并不是去弱化或代替思想政治课教育，而是要在育人为本的指导思想下，结合国际经济社会现实状况和专业理论与实践知识，帮助学生树立正确的经济社会发展观，理解国际贸易是建设人类命运共同体的必然选择，是民族复兴的必选之路。要达到这一目标，就需要建立同行联动运行机制，进而推动“专业理论”与“思政教育”的良性互动，实现同向同行。课程教学中，应该注重结合当前国际贸易实务中的热点问题，如中美经贸摩擦、“一带一路”倡议等，开展资料收集和线上话题讨论，帮助学生领悟我国在应对贸易摩擦时，彰显大国风范、坚持合作共享共赢、反对贸易保护的决心和诚意，增强学生的民族自

豪感和自信心。通过对企业调研和社会实践，提高职业认同感和职业操守，将思政教育在国际贸易实务专业课程教学中准确切入，避免生硬地加入思政内容。此外，充分利用线上教学手段，可将课程预习和拓展内容录制成视频并上传到网络平台，以便学生提前根据自己的时间合理进行学习，安排自己的学习进度，充分利用碎片化时间，同时将思政内容贯穿于教学内容中，开展课程思政问题的线上讨论，引导学生深入思考，学生通过搜索答案，在巩固专业知识的同时受到了思想教育的洗礼，真正做到知行合一。线上线下教学，专业思政的有机融合，创设与时俱进的教学场景、重新梳理教学内容和实践形式，将有力推动专业理论与思政教育的良性互动和相互促进。

（二）丰富教学内容，深挖思政元素

从问题导向出发，挖掘“课程思政”的社会主义价值导向，提升文化认同，引导学生践行社会主义核心价值观。国际贸易实务课程主要讲授从事对外贸易业务的基本知识和技能，具有很强的涉外性，教学中不能仅局限于传统理论与方法的讲授，更要找到课程思政教学的抓手和着力点，结合课程的职业要求与专业素养充分合理挖掘理想责任和职业精神，丰富课程思政元素，更好地推动课程思政建设。与此同时，国际贸易实务课程又具有极强的实践性和应用性，这对于挖掘课程思政元素可以提供充足的素材。国际贸易实务课程思政可以从人类命运共同体、家国情怀、“四个自信”、法治意识、职业修养、科学思维方法等方面入手，开展教学设计。根据课程教学实施大纲，将思政元素细分为国际化视野、全球竞争与合作、大国担当与国际话语权、使命感与责任感、担当意识与公共意识、文化交流互鉴与文化自信、中国对世界经贸发展的贡献、遵纪守法与廉洁教育、职业自豪感与职业道德观、团队合作意识、辩证思维与创新意识等思政元素，将思政元素融入国际贸易术语、国际贸易合同的交易条款、国际贸易合同的签订与履行、国际贸易方式与跨境电商四大板块的教学内容。

（三）创新教学方法，主次分配恰当

从专业课程中挖掘出来的思政元素具有的价值导向功能决定了刻板的说教方式是行不通的，甚至会起到相反的作用。这就要求专业教师在教学过程中综合运用科学完备的教学方法和教学手段，在专业知识教学中嵌入思政元素，从而提升教学效果。一是运用信息化教学手段，通过中国大学慕课、超星泛雅、雨课堂等平台开展线上线下混合式教学，借助“互联网+课程思政”的育人新常态，做好体验与感悟、启发与分享的育德育人。二是采用以学生为主的自主学习与讨论。在教学方法上，对于有关人文素养或不涉及主要知识点的教学内容，主要采取润物细无声的方法，如在绪论部分可以提到本课程涉及的就业方向，培养学生职业认同感；有关课程主要知识点的教学内容，则主要采取旗帜鲜明的方法，明确指出思政内容及其特征，如国际贸易术语、进出口商品的质量、国际支付、违约与索赔等，都可明确指出“法治意识”；而对于相当数量的、不太重要的知识点，或与思政结合不够紧密的内容，则采取点到为止的方法，如利用 PPT 中的图片、课外拓展视频、线上资料收集等方法，简要介绍课程思政元素。

（四）改革考核方式，强调育人目标

课程考核目标要与人才培养目标一致，突出高等教育育人为本的主体地位，不断增强思政教育的思想性、理论性、针对性和亲和力，要明晰考核评价评估内容、特点和关键环节。考核评价不应拘泥于课堂表现，而应把线上学习表现纳入其中，引入线上线下一体化考核评价模式。在线下课堂中，考核侧重于考查学生运用知识的能力。题目设置应考虑情境、整合课程资源，寻找合适的思政元素角度切入，除了考核学生对知识深度和广度的掌握情况外，还应重视对学生思想道德素质的评价。线上考核应依据学生学习次数、线上测试、线上讨论、线上作业等完成情况，对学生进行知识、能力、素质的综合考核。利用课程线上+线下的教学模式，科学地设计考核方案：线上阅读国际经贸形势、中国对外贸易政策、国际贸易公约惯例等材料，可以给予一定比例平时成绩；线下开展外贸企业调研，专

业调研报告，通过撰写调研报告，更深刻地理解我国对外贸易政策，了解大国智造的成效，考核时给予一定比例的平时成绩。此外，在线上学习、分组讨论、案例学习、社会实践等教学环节中，还应注重对学生的参与意识、学习表现、团队意识、科学精神、思辨能力、创新能力等的考核。通过以上方式，将课程思政元素的考核融入各个专业教学环节和知识点中，保证考核评价的针对性、阶段性，体现细化考核目标。强调专业课程中对思政教育的考核，应该重点从知识考核、日常行为考核以及素质能力考核等方面着手，要保证课程考核和日常评价相对应，并将日常的教学评价作为考核的基本依据，在课程考核中体现思政教育理念，深化课程思政教学改革，保障专业课程中的课程思政教学效果。

"立德树人"是高等教育的根本目标，线上线下一体化深度参与思政教学模式是其发展动力。为实现国际贸易实务课程和思政教育的有效融合，在改变原有课堂单一传授知识的传统模式的基础上，应将思政元素融入专业教学内容中，促进大学生树立正确的价值观、生活观以及世界观。

参考文献

[1] 蒋伟. 立德树人理念下高职院校课程思政改革的路径研究——以国际贸易实务专业课程为例 [J]. 科技咨询，2019 (13)：110－111.

[2] 刘淑慧. "互联网＋课程思政"模式建构的理论研究 [J]. 中国高等教育，2017 (23)：15－17.

[3] 汤澜. 高职院校深化课程思政建设探讨——以《国际贸易实务》课程为例 [J]. 现代商贸工业，2019，40 (36)：114－115.

[4] 王珏. 中国对外贸易70年变迁 [J]. 西安财经大学学报，2020，33 (1)：13－22.

[5] 王晓青，许成安. "课程思政"的教学理念、元素挖掘与实践路径——以西方经济学课程为例 [J]. 湖北经济学院学报 (人文社会科学版)，2021，18 (10)：139－142.

[6] 习近平. 把思想政治工作贯穿教育教学全过程——全国高校思想政治工作会议交流发言摘编 [N]. 人民日报，2016－12－09 (10).

[7] 赵亮. 在线开放课程"课程思政"建设策略与实践路径——以国家精品在线开放课程《国际贸易实务》为例 [J]. 榆林学院学报，2022，32 (4) 120－123.

保险学课程思政建设与实践

▶党　雪

专业课程思政，是指以专业课程为载体，坚持立德树人的目标，遵循专业知识的基本逻辑与规律，深入挖掘其课程知识点中的德育因素，以实现思政教育与专业知识学习的有机结合，春风化雨般潜移默化地将德育知识贯穿于课堂教学的全过程，培养学生专业素养的同时提高人文素养，全方位树立社会主义核心价值观。

一、保险学课程思政的建设思路

（一）保险学课程建设目标

作为应用型本科高校的专业基础课，保险学课程教学设计的各个环节，可将思政元素与专业教育有机结合，以风险教育、职业道德、市场教育等为切入点，形成以“项目制教学”为驱动，显性专业教育和隐性思政教育相结合，向学生传授有温度、有厚度的风险和保险相关知识。其课程建设目标在传统教学目标基础之上，再加入课程思政育人目标，具体阐述如表 1 所示。

表 1　保险学课程建设目标分解

<table>
<tr><th colspan="2">课程建设目标</th><th>具体阐述</th></tr>
<tr><td rowspan="3">课程教学目标</td><td>总体目标</td><td>从学生的专业素养出发，向学生系统地阐述保险学的基础原理、专业知识和实践技能，以达到德、智、体、美全面培养</td></tr>
<tr><td>能力目标</td><td>能使学生具备今后保险行业中的某项能力，比如能填写和识别各类投保过程中的单据，能看懂各类保险合同条款、能编制保险公司财务报表、具备推销产品的基本素养等</td></tr>
<tr><td>知识目标</td><td>对知识点掌握并能运用，即培养学生掌握并运用保险学课程的基础原理、保险公司运营、监管及法律和保险产品相关知识点</td></tr>
<tr><td colspan="2">课程思政目标</td><td>培养学生的家国情怀、个人品格和科学观，这三个层面是互相贯通和依存的，具体表现在将“四个自信”的家国情怀、诚实守信的个人品格及工匠精神的科学观融入各个教学模块，最终引导学生建立起科学的思维方法，爱国主义观念和辩证唯物主义世界观</td></tr>
</table>

（二）保险学课程思政的设计理念

保险学从 2019 年开始进行课程思政实践，初步形成了“总分式架构、模块化教学、滴灌式设计、项目制教学”的保险学课程思政的设计理念（见图 1）。

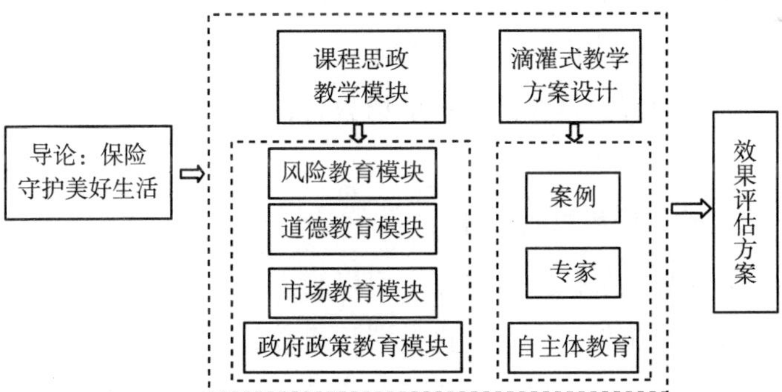

图 1　保险学课程思政设计理念

1. “总分式”课程思政架构

“总分式”中的“总”是指保险学从导论开始，喜迎二十大并描绘十九大报告中的中国特色社会主义美好生活蓝图，组织学生收看央视纪录片

《大国保险》，探寻中国保险业的红色基因和人民属性，导入保险守护美好生活的理念；“分”是指在完成课程教学几个目标的同时，以课前发布阅读材料的方式，督促学生对思政阅读材料进行思考，并在课堂进行讨论总结。通过超星学习通向学生推送各类课前阅读材料，内容涉及保险前沿专题、行业发展趋势、国家政策、合规经营等重要主题（见图2）。

政府政策教育	风险教育	道德教育	市场教育
• 中国人民银行关于印发《金融科技发展规划（2022—2025年）》的通知； • 2017~2022年政府工作报告中对保险的提及； • Sigma杂志的“保险扶贫中国案例”	• 通过瑞士再保险Sigma杂志提供的2021年和2022年《全球风险报告》，了解世界风险的现状； • 周延礼——70年保险监管改革与发展	• 《海商法》和《保险法》最大诚信原则； • 新《保险法》对保险消费者权益的保护——兼析新《保险法》的立法精神	• “21世纪的相互保险”； • 2022年养老保险行业分析报告的内容； • 各国主要医疗保险模式以及中美医疗保险模式比较

图2　保险学思政课前阅读材料

2. “模块化”课程思政教学

针对保险学课程的专业知识结构“风险及保险基础知识—保险公司运营—监管及法律—保险产品”，凝练地划分了思政教育的四大模块：政府政策教育、风险教育、道德教育和市场教育，实现专业知识的工具理性和思政教育价值理性的统一。

3. “滴灌式”课程思政设计

课程思政切忌走形式、喊口号，应以全方位完成课程目标的教育实效为宗旨，因此因材施教、潜移默化是课程思政的重要特征。保险学课程思政设计从大学生求知需求出发，遵循其成长规律，“术道结合”，以保险学核心专业知识点为纲，确定德育主题，深度拓展教学内容，教学重心下移，充分发挥课堂教学“育人”的主渠道地位。

4. “项目制”交互式教学

以上思政课程和保险学项目制教学设计是相辅相成的，本课程设计了与教材内容高度匹配的学习任务活动，每个大的单元都有嵌入项目任务，分若干个任务完成，在课后发布并提醒、批改，课堂进行总结评点，每个项目任务都包含课程思政的融入点。

课程基于混合交互教学模式，通过线下、线上有机结合，腾讯课堂与超星学习通等智慧平台、慕课平台、群课堂等相结合，实现师生、生生之间的讨论与交流，提高课程思政“润物细无声”的教学效果。

二、保险学课程的思政元素构建

以现有保险学课堂的教材——乔治·E. 瑞达主编的《风险管理与保险原理》第十一版（中国人民大学出版社 2012 年版）为例，全书主要章节涉及范围很广，课程结构主要包括四个部分：基础知识、保险公司运营、监管及法律、保险产品。课程思政重点涵盖章节及其思政元素的构建如表 2 所示。

表 2　保险学课程思政的思政元素构建

章节	课程思政内容	思政元素
社会中的风险	讨论十九大报告“中国特色社会主义美好生活图景”，并思考全社会如何应对风险并在党的引领下创造更美好的生活	帮助学生正确认识风险，建立辩证唯物主义的核心价值观
保险和风险	让学生了解保险在服务国家经济、为经济发展保驾护航中的重要作用，从而创造更美好的生活	保险市场在老有所养、病有所医和弱有所扶的美好生活建设中发挥的作用
风险管理导论	对《金融科技发展规划（2022—2025 年）》进行解读	了解我国金融风险管理的最新技术，树立民族自豪感
保险公司和营销制度的类型	讨论 21 世纪的相互保险及中国的发展前景	培养学生辩证唯物主义世界观和科学思维
保险公司业务	真实的核保员审核风险的案例，引导学生模拟核保员的角色作出决定，经过讨论和总结，得出正确的核保理念和职业精神	培养学生辩证唯物主义世界观和严谨的风险管理态度
政府对保险业的监管	引导学生从发达国家的监管体系中能够得到哪些启示，同时思考中国现阶段的保险监管重点	培养学生辩证唯物主义世界观和“四个自信”

续表

章节	课程思政内容	思政元素
基本法律原理	从《海商法》和《保险法》不同视角看最大诚信原则，通过“表见代理”案例小视频，帮助学生建立保险行业诚信守法的职业道德	通过理论学习培养学生的诚实守信和职业道德
保险合同分析	保险合同是保险权利义务关系的载体，保险合同的订立、履行、变更和解除都必须遵循《保险法》等法规	通过理论学习、培养学生诚实守信、职业道德
人寿保险合同条款	将人寿保险条款中的人文法治精神、从业人员的道德规范等社会主义核心价值观融入课堂教学过程中	传递保险条款中的人文法治精神
年金和个人退休账户	通过中美养老保险制度的国际对比，了解2022年养老保险行业分析报告的内容，增强制度自信	中美养老保险制度的国际对比和中国现状，培养四个自信
个人健康保险	学习世界各国主要医疗保险模式以及进行中美医疗保险模式比较，了解新冠疫情下中美两种模式的不同，增强制度自信	医疗保险模式的国际对比，培养四个自信
社会保险	课堂上讨论和总结保险特别是社会保险在精准扶贫中的作用，包括各地的经验探索；精准扶贫在社会保险中引入商业保险机制研究；农业收入保险在精准扶贫中的实践与创新等	帮助学生了解各行业领域的国家战略，引导学生关注现实问题

三、保险学课程思政的实践

（一）合理安排课程思政的课时

保险学课程共48个学时，其中专业知识理论教学36个学时，专业知识实践教学6个学时，课程思政案例分析4个学时，课程思政专题讨论2个学时。保险学是金融类专业的基础课，是兼具理论性和实践性的交叉学科。专业知识的教学依然是课程占比最重的部分，要保证课程教学目标包括总目标、能力目标和知识目标的顺利实现，这是实施课程思政目标的基础和前提。重视课程思政并不意味着顾此失彼，厚此薄彼，而是将专业知识教学的几部分与课程思政元素有机融合，巧妙设计，科学安排。

（二）运用多样化的课程思政教学方法

在教学方法上开拓创新，如启发式、讨论式、案例式、模拟式等教学方法。具体来讲，一是课程思政案例分析部分，将融入思政元素的阅读材料在课前发布或者可让学生根据思政元素自行搜集案例，然后课堂组织案例分析，对案例进行故事讲述、情景模拟、案情解析、课堂讨论等。二是课程思政专题讨论部分，在教师课堂理论教学过程中，可润物细无声地主动嵌入思政专题的讨论，也可用辩论或者演讲等形式，提高学生的参与度、学习的趣味性。

（三）将课程思政融入“项目制”实践教学

近几年，保险学在实践教学中经过不断探索与实践，逐步形成突出教学方法的训练性、强化实验实训的“项目制”教学，形成了独特的教学风格。课程将学生必须掌握的重要知识点，结合学生自身兴趣，对某一保险企业的经营情况分解成若干个项目进行研究，包括保险财务管理、产品设计、保险营销、保险核保、保全和查勘理赔。教师告诉学生目标和要求，学生可自由组队，查找资料，确定方案，完成任务，通过“项目制”实践教学环节，将理论知识与应用场景联系起来。在此过程中，可以融入课程思政元素，比如让学生了解寿险条款的人文法治精神、核保人员的职业道德规范、保险代理人的职业操守、保险传递的友爱精神等。

同时，在指导学生参加攀登计划或大学生创新创业项目中，可针对性地引导学生选择有思政元素的课题，比如研发某种保险服务应用程序，能实现普惠保险功能或者小额理赔支付功能；探索完善老年人长期护理保险，体验保险中蕴含的中华传统美德等。

此外，在“金融学会”学生社团中，加强对保险创造美好生活的宣传，组织学生参与保险相关的学科竞赛，比如参加每年一届的全国金融创新大赛——保险业务模块比赛、保险营销知识竞赛等。

四、小结

保险学课程思政教学，需要坚持以学生为中心，以专业知识的教学为基础和重要载体，以课程思政元素为切入点，教师需要进行精心科学的设计，发挥课前阅读、课中融入和研讨、课后实践的作用，才能有的放矢，把课程教学目标和思政育人目标无缝对接、合而为一。教师应运用多种教学手段和模式，充分彰显课程特色，采用线上线下相结合、案例教学、模拟教学、项目制等教学方法，激发学生的学习兴趣；通过课堂互动、随堂反馈、课后互动、项目任务、课题项目、社团活动、学科竞赛等方式，全方位调动学生的学习主体性。要科学合理地而非生搬硬套地按教学模块融入思政德育教育，对学生进行“滴灌式”春风化雨般的思想熏陶，唯有如此才能有效推进课程思政的建设和实践。

参考文献

[1] 郝红梅. 高校课程思政改革的实现路径分析 [J]. 新课程研究，2018 (8): 10-12.

[2] 柯翌娜. 课程思政视角下保险学课程改革探索 [J]. 山西财经大学学报，2019, 41 (S2): 107-108.

[3] 柳逸青，王鑫，刘晓，郑芬. 高校专业课程中融入思想政治教育的难点剖析与路径探索 [J]. 高教学刊，2018 (6): 141-143.

[4] 吴月齐. 试论高校推进“课程思政”的三个着力点 [J]. 学校党建与思想教育，2018 (1): 67-69.

[5] 习近平. 把思想政治工作贯穿教育教学全过程 开创我国高等教育事业发展新局面 [N]. 人民日报，2016-12-09 (1).

[6] 袁芳英，佘笑荷. “保险学”课程思政元素提取与建设方案 [J]. 高教研究，2021, 2 (139): 69-73.

本科应用型院校证券投资学课程改革初探

▶黄　跃

一、背景概述

近年来，由于国际形势的变化和新冠疫情的影响，我国经济增速有所放缓，而作为经济支柱产业的金融业也受到了一定冲击。据国家统计局统计，2018 年金融业增加值同比增长率仅为 5.67%，创 10 年新低，2018 年之后虽有回升，但基本维持在 10% 以下。金融行业增加值增速下滑也导致了其细分行业如证券、银行、保险等人才需要出现不同程度的萎缩。

根据中国证券业协会发布的《证券行业人力资源管理研究报告》，2018~2022 年各年年初，我国证券行业登记人员的人数分别为 34.14 万人、33.48 万人、32.71 万人、34.08 万人和 34.02 万人，从业人员总数出现负增长。然而，财经类高校本科毕业生人数却在连年增长，2021 年其数额逼近 100 万人，占全国本科毕业生总人数的 1/9。证券业人才的供需缺口，不仅使财经类本科毕业生面临着就业专业不对口或失业的问题，也使财经类本科院校在招生和教学方面产生了较大压力，特别是“以需定供”属性更为突出的应用型本科院校。

相对于学术型本科院校，应用型本科院校建设起步较晚，大多数参与改革试点的本科高校都还停留在与地方和企业探索合作的层面上，距离真正的“产学研”融合还有很远的距离。在培养应用型人才方面，率先转型的学校基本是摸着石头过河，在师资、教学方法、软硬件设施等方面都存在着诸多难题，如何解决这些问题把改革落到实处，也成了近段时间教育界讨论的热点。

二、证券投资学课程改革的方向

应用型高校，其目标是培养高层次的应用型人才，以满足经济社会发展的需要。其培养模式更注重应用而非理论基础的搭建，在教学上更偏向于让学生通过实操实践来锻炼相应的岗位技能。因此，证券投资学课程改革要紧紧扣住行业人才需要的变动进行，并从学生的实操实践教学上下功夫。

从行业人才需要的变动上看，虽然证券业岗位紧缺，但也并非没有机遇。在证券业从业人数持平之际，自营投资、机构销售、财富管理、信息技术等分支业务线人才需求却增加迅速。反观证券传统业务线如投资银行、资产管理、资产托管、国际业务、战略发展等，从业人员数量则出现连年下滑。从业人员的结构变动说明了两点：一是更加注重投资人员的信息挖掘和分析能力；二是更加注重投资人员的金融科技工具运用和数据处理能力。而这几种能力的培养，也是未来证券投资学课程改革的方向。

三、证券投资学课程存在的问题

证券投资学课程与其他金融类课程相比，具有更强的实践性和应用性，理应作为应用型高校课程改革的“排头兵”，但由于国内多数应用型高校都是从学术型高校转型而来，存在诸多历史问题，证券投资学课程的改革目前基本陷于停滞。总体来说，证券投资学课程存在的问题，可以归结为以下四个。

第一，证券投资学课程难以形成有序互补的有机整体。证券投资学课程并非是单纯的证券投资学一门课，而是循序渐进、环环相扣的一系列课程，从经济学、金融学和基础会计等前导课程，到证券投资学、金融衍生工具、证券基金管理等核心课程，再到证券投资技术分析、投资软件应用等实践课程，都必须遵循由浅入深、从基础到实践的科学授课进程。但由于专业方向规划不明确、人才培养方案变动频繁、选课缺乏有效指导以及学分和排课安排等种种原因，这一系列课程容易出现次序混乱、缺失或者间歇时间过长等问题。

第二，证券投资学课程缺乏有真正投资经验的师资。证券投资学课程本身的实践性要远远超过其理论性，不管是研究上市公司基本面因素，还是对证券价格走势进行技术分析，更多的是依据操作者的主观预期和投资的经验来发现投资机会。所以这类课程要培养出人才，需要有多年实践经验的教师。而高校在进行教师招聘和考核时，往往更强调教师的学历学位以及学术科研能力，在教师投资实操和投资收益方面的评估及激励几近空白。这种体制上的矛盾，导致真正的证券投资人才“不入高校”，而在讲台之上教授证券投资的教师却多数是纸上谈兵，这对应用型高校人才培养来说是一个致命的缺陷。

第三，证券投资学课程授课缺乏软硬件设施支持。上文提到，证券业人才需求结构正在向金融科技工具运用和数据信息挖掘偏移。要培养这一类人才，应用型高校必须配套相应的软硬件设施，比如机房、联网设备、数据库、数据分析软件和行情软件等。但目前看来，还有很多应用型高校因为资金或场地问题，没有办法满足相应的需求。

第四，证券投资学课程实践缺乏内在驱动力。证券投资的内在驱动力在于分析投资信息和承担风险，并借此获取投资收益。信息、风险和收益三个要素如果被割裂开来，学生进行证券投资实践的内在驱动力就会大打折扣。大多数高校通过组织模拟投资类比赛和布置实践作业的方式来让学生进行实践，实际上都没有办法完全顾及信息、风险和收益三个要素。比如学生参加模拟投资类比赛，虽然可以获得一个名义收益，但他们可以不需要分析信息和承担风险；而完成实践作业，则只需要做信息分析，谈不上承担风险和获取收益。这三个因素的割裂，让学生难以真正形成实践的内在驱动力。

四、证券投资学课程改革的建议

那么，应用型高校要进行证券投资学课程的改革，就必须针对这四大问题，真正从体制上来推动落实。

首先，要对专业方向和培养目标予以明确，对需要修习证券投资学的专业方向，要在培养方案上先把证券投资的一系列课程梳理出来，按基础到核心再到应用的次序排列好，并分配好相应的学分和学时。在分配学分学时以及确定授课内容时，最好组织相关教师进行研讨，拟定每一门课程的内容框架，做到在课程内容上不重叠、不矛盾，顺利衔接，形成统一有序的整体。

其次，对于师资方面的欠缺，一方面要建立对教师实践实操的考核指标，与教学、科研形成三足鼎立的绩效考核系统，从根本上扭转“重教学，重科研，不重应用”的局面。这样才能促成畅通的师资通道，吸引更多有实战经验的人才回校任教。另一方面，要全面推进产教合作，完善产业工作者和校园教师的沟通甚至换岗渠道，让教师到证券公司或基金公司见习，邀请证券从业人员、基金经理和财经媒体博主等到学校开设讲座，真正做到把投资实践经验带入课堂。

再次，学校应重视软硬件设施的建设，在进行充分调研的基础上，按年划拨足够的经费，维持好教学资源的采购和分配。证券投资学课程的硬件设施可以和其他课程进行共享，尽量使用免费的市场行情软件，而对于必需的数据资源，可以购买一部分个人账户给教师使用，由教师下载数据再共享给学生。这样一方面能节省经费满足教学需求，另一方面也方便教师进行其他科研任务。

最后，在举行比赛和布置实践作业的基础上，建议学校鼓励学生进行实盘操作。实盘操作需要校方与学生家长进行充分协商，设定好投资的时长、额度以及止损线，并提供合适的指导。学校也可以通过设立基金或者提供实践经费等渠道予以支持。学生只有进入真正的市场进行历练，承受心理压力，才能学会承担风险，在盈利和挽回亏损的刺激下自发地进行学习以及信息发掘，形成稳定的内在驱动力，而证券投资学的学习也将取得事半功倍的效果。

五、小结

在经济金融环境急剧变动的今日，应用型高校财经类课程改革任重而道远，证券投资学尤为如此。学校和教师只有“敢变”“善变”，投入力量去探索可能的方法，才能化解问题，抓住机遇，在发展自身的同时为经济社会的发展输送必需的人才。

参考文献

[1] 蒋勇．应用型高校证券投资学课程教学改革探讨［J］．上海商务，2022，3（1）：200－202.

[2] 康晓虹，其丽木格，赵立娟．混合式教学模式下《证券投资学》课程思政建设的思考［J］．内蒙古财经大学学报，2020，18（4）：37－39.

[3] 汪琴，陈菲，刘素丹，等．金融投资专业证券投资学课程混合式教学改革［J］．河南广播电视大学学报，2020，33（2）：100－103.

[4] 余小阳．“金课”理念下的应用型本科《证券投资学》课程实训体系构建［J］．齐齐哈尔大学学报（哲学社会科学版），2021（7）：185－188.

[5] 张晓燕，胡正茂，刘硕．SPOC 模式在《证券投资学》课程中的应用［J］．山西财经大学学报，2021，43（S1）：101－103.

关于银行业务仿真课程建设及实践教学的思考

▶刘凌娟

一、高校建设商业银行业务仿真实训的意义

在商业银行实务和商业银行业务实训及专业实习等金融专业实操性课程的学习中，要求学生都在机构现场实习是不现实的。实践教学环节就必须要求应用计算机软件及网络系统，引入相关实务案例，营造模拟的金融环境，构建商业银行综合业务虚拟仿真系统。通过模拟教学项目的建设，建立商业银行业务的操作平台，供学生完成实践教学内容的学习。目前对本科生的实践性技能要求不断提升，经济管理类的实务课程更加需要一个模拟仿真实际业务的教学环境，使学生通过实务操作来完成相关实务课程学习。同时金融专业中的生产实习、认识实习和毕业实习都是实践教学的重要组成部分。

随着现代计算机和互联网等信息处理技术的发展，为了适应新形势的要求，各高校财经专业通常会依据培养计划和课程建设的需要，构建金融模拟交易系统所需要的软件和硬件，实时模拟银行、证券、外汇交易机构的实时交易过程，建设金融专业综合实验中心，模拟银行等金融机构的实时交易过程，让学生有一个虚拟仿真的实训教学环境，完成金融机构的实际金融业务操作。

二、商业银行业务仿真实训介绍

银行业务仿真是为培养学生对商业银行业务基本理论知识和应用能力而设置的一门专业课程。该实验课程作为金融学专业一个重要的实践教学环节，以商业银行柜台业务为基础，将银行业务工作分解为若干个任务，通过任务驱动的方式，将实训和理论结合在一起，实操为主，理论为辅。

银行业务仿真的教学目标是通过课程教学，模拟商业银行一线柜台业务操作，使学生掌握商业银行业务的基本知识，加强学生对专业知识的理解，培养实际操作能力，提高运用基本技能的水平及其职业能力，增强分析和解决问题的能力，为金融学专业学生日后从事银行工作打下良好的职业基础。

本课程基本要求：学生在复习前期相关课程（如银行会计、商业银行经营管理等课程）内容并认真学习与理解银行业务操作的相关知识点的基础上来进行训练。学生必须按照教师设计的实训内容、程序、场地和时间进行实训活动，按要求完成业务流程，提交实习报告。教师应该在《实训大纲》的基础上，进行实训内容的设计和安排，在实验课进行的前一周将与实训有关的具体安排，主要包括实训内容、程序、时间、要求和学生分组等细节，通知参加实训课的学生。教师应科学设计实训内容，周密安排实训环节，确保实训课达到实训教学的目的。借助电脑操作开展项目教学、课堂讨论，扩大学生视野，增加学生感性认识，提高学生分析问题和解决问题的能力。

商业银行仿真实训平台适用于金融及相关专业学生进行商业银行综合柜员业务实训。通过仿真实训，可以掌握综合柜员应具备的基本技能，熟悉银行储蓄、对公等业务的流程及操作规范。系统主要就是用来对柜台核心业务进行实训，通过不同的业务角色扮演，完成不同的业务操作，达到仿真实训，模拟操作的目的。实训平台主要包含两项业务。

1. 对私业务

（1）训练柜台业务系统初始业务操作，修改操作密码及创建钱箱信息；训练柜台业务系统日初业务处理操作，包括凭证的领用及出库、现金出库、钱箱轧账等操作。（2）训练柜台业务个人业务系统的日常业务操作，包括个人储蓄开户、存取款业务操作、转账业务、挂失业务、销户业务、一卡通业务的操作；训练个人业务的特殊业务处理操作；训练个人代理业务的操作；训练银行卡开卡、还款及取现等业务操作方法。（3）训练柜台业务日终处理业务的操作方法，包括训练上缴未使用的重要空白凭证、现金入库及打印营业日报表等；训练部门轧账、尾箱轧账等日终处理的方法。

2. 对公业务

（1）训练柜台业务系统初始业务操作，修改操作密码及创建钱箱信息；训练柜台业务系统日初业务处理操作，包括凭证的领用及出库、现金出库、钱箱轧账等操作。（2）训练柜台业务对公业务系统的日常业务操作，包括对公存贷业务的开户业务、一般活期及临时存款业务、定期存款业务、贷款业务、支付结算业务、代理业务、票据交换业务、外汇业务操作。（3）训练柜台业务日终处理业务的操作方法，包括训练上缴未使用的重要空白凭证、现金入库及打印营业日报表等；训练部门轧账、尾箱轧账等日终处理的方法。

三、实践性教学环节的设置及重难点

银行业务仿真课程的主要内容，以商业银行一线柜台业务操作为主体，以项目和工作任务为中心来设计课程内容进行讲解。课程共设计了7个大项目，每一个项目中又设计了若干工作任务和具体的项目活动。课程将实训与理论相结合，力求体现知识与技能并重，强调学生在学习中的能力培养。以任务驱动，配合教师进行项目式教学法改革的方式，激发学生主动学习的热情，进而使学生通过这样的学习过程提高其职业能力，以及分析问题和解决问题的能力。

银行业务仿真课程的教学由主讲教师负责，并承担课程的实训指导工作。运用实验软件、教辅材料、多媒体、PPT、板书、课堂讲授等多种方式，以实验模拟操作教学和技能训练为主，讨论为辅。由学生在相关实验场所完成上机或其他方式操作，教师预先发给学生实训指导文件（说明实训的相关知识点和具体要求），在现场作必要的示范讲解和引导，由学生逐步落实并完成操作。实训课结束后可让学生相互批阅实训报告，教师查阅后讲解典型错误及重点难点。

课程的重点：综合柜员的基本职业素养，包括商业银行会计基础知识、存款及贷款业务、结算业务、外汇业务、商业银行与中央银行的业来、商业银行之间的业务往来、月（年）结、银行会计档案管理等内容；商业银行综合柜员职业能力，包括点钞技能、翻打传票技能、鉴别假钞技能、印鉴管理、有价单证及重要空白凭证管理。

四、现有实训平台的局限性和展望

商业银行综合业务虚拟仿真模拟教学项目能够为学生提供实训平台，是理论与实践的桥梁，便于学生更深入地理解相关银行业务的理论知识；更好地了解银行业务的各个环节，如开户、存款、贷款、结算、交换等；运用金融业务风险分析方法进行金融决策，提升金融业务和产品设计等创新能力。

商业银行综合业务虚拟仿真模拟教学平台应该依托专门的金融实验综合实验室建设，在金融专业虚拟仿真模拟教学平台上进行商业银行综合业务虚拟仿真，模拟商业银行业务操作过程，同时进行商业银行风险测评与控制、金融产品设计与创新等方面科研课题的研究。现在的商业银行仿真课程如上文分析，主要是针对柜面人员的技能和业务操作层面的仿真实践教学，应该说课程设计的实践性、内容的充实度都比较全面，但是需要进一步的能够仿真银行其他职能人员的实践，比如风险测评控制等，从而提高课程的复杂性和专业性。实训平台建设的最终目的是通过商业银行综合业务模拟操作练习，帮助学生掌握现代银行业务理论知识，培养学生的实践能力，满足教学计划中实践教学的培养目标，为学生进行金融实务的学习和科学研究提供模拟实践环境。

通过商业银行综合业务虚拟仿真教学平台建设能够更新原有的教学体系，接入新的教学案例和数据资源，侧重模拟实际交易情景，注重在实务操作基础上的风险分析、产品创新等综合能力提升，在较为完善的虚拟仿真模拟教学系统中完成业务实训。

更进一步的是开展校企合作，学生在金融机构进行实习实践，将所学在真实环境中应用，同时指导撰写实习报告、调研报告、案例分析等。两方面互相促进，补充实践教学项目建设所需要的资源库；开展相关科研工作，撰写发表相关教学、科研论文。

再进一步，银行模拟仿真实训平台完全仿真商业银行综合业务，实训环境可按银行营业大厅的模式装修，完全仿真商业银行真实的营业环境，让学生在一个仿真的环境中身临其境地体验并掌握绝大部分银行柜台业务。实训项目主要训练学生熟练操作商业银行营业场所各种设备；熟练运用商业银行业务外围设备，包括磁卡设备、自助终端设备、存折打印设备及相关业务软件系统；熟练运用柜面业务所涉及的票据、单证以及专用印章；按照规定的程序和要求处理银行柜面业务，且处理业务的速度和准确度达到银行柜员标准。

参考文献

[1] 李平，毛昌杰，徐进．开展国家级虚拟仿真实验教学中心建设 提高高校实验教学信息化水平［J］．实验室研究与探索，2013（11）：5－8.

[2] 潘旦．人工智能和高等教育的融合发展：变革与引领［J］．高等教育研究，2021（2）：40－46.

[3] 王勇，张培林，毛志山，刘春．经管类跨专业虚拟仿真教学平台构建实证研究［J］．工业和信息化教育，2017（11）：14.

[4] 张曼．多科性大学经济管理类虚拟仿真实验教学中心的建设与实践［J］．当代教育实践与教学研究，2020（4）：110－112.

西方经济学融入课程思政元素的路径探索

▶刘万红

2016 年 12 月，习近平总书记在全国高校思想政治工作会议上首次提出“高校各门课程要与思想政治理论课同向同行、形成协同效应”。2019 年 2 月，习近平总书记再次强调“要挖掘各科课程和教学方式中所蕴含的思想政治教育元素，实现全员、全过程、全方位育人”，“课程思政”成为新时期高校实现立德树人、落实三全育人的理论创新和新的实践探索之举。近年来，教育部先后会同各有关部委印发了系列文件来部署推广“课程思政”工作，有别于传统的“思政课程”，“课程思政”需要把思想政治教育元素有机融入专业教学全过程中，这对于专业教学的具体组织实施、路径选择和教学理念及理论都提出了新要求和探索之必要。

西方经济学是伴随资本主义市场经济的兴起、发展而建构起来的学科，随着社会经济的发展，其理论也在不断得到充实和补充，对市场的运行认识构建了较为成熟和完整的理论指导体系，具有较强的科学性。但学科的本质是为资产阶级利益服务的，它具有非常明显的特定阶级属性，整个理论建构在个人理性基础之上，突出个人，忽视了社会性，强调利益最大化，忽视了社会道德情操的力量和作用，基本上没有论及道德社会价值导向的作用。为此，在厘清其科学属性和阶级属性本质之后，课程讲授过程中，应该采取明确的批判吸收态度，对该课程专业知识进行系统讲授的同时，也很有必要融入思政元素，帮助同学们更好地理解中国特色市场经济的运行内在规律。为此，本文基于西方经济学融入思政元素的现实需要，创新教学理念，充分挖掘本课程所蕴含的思政元素，构建起现实可行的西方经济学融入思政元素的教学路径，把教书和育人工作做到有效结合，为培养服务中国特色社会主义市场经济型人才进行了有益探索。

一、树立西方经济学融入思政元素必要的教学理念

“三全育人”要求全员、全过程、全方位来培育学生。由于西方经济学是一门阐述资本主义市场运行规律的学科，在学习过程中，本身就需要结合中国特色社会主义市场运行机制，用唯物辩证思维作指导，用批评吸收之态度来学习，需要在学习过程中主动融入思政元素，牢牢树立一种积极融入思政元素的教学理念。

第一，从根本上需要牢固树立批判吸收的态度。本质上，西方经济学所归纳的市场运行规律，以及所建立的一些理论指导，都是从肯定资本主义制度出发而形成的，这与中国特色社会主义市场经济在本质上是不同的。在市场经济运行规律探讨上，应该给予充分肯定，需要认真学习和借鉴，但从西方经济学本质上为资本主义上层建筑服务这个宏观角度上，需要持明确的批判态度。

第二，把握好西方经济学融入思政元素与“思政课程”的关系。西方经济学教学过程中，融入思政元素是为了更好地培育学生形成正确“三观”，但它本质上还是专业课，应以专业知识的传授为根本出发点，不是也不能上成纯粹的思政课，更不是对思政课的替代，要特别注意的是我们融入思政元素不是生硬地套入思政课内容，而是在专业知识讲授过程中，结合我国的基本制度特征和市场运行机制的特点来对专业知识加以诠释，让学生真正将所学的知识与我国的实际结合起来，有一个基于实际的理解并做到内化于心。

第三，把握好西方经济学与政治经济学的课程关系。西方经济学中融入思政元素的根本还是在于全面掌握西方经济学的科学内涵，并把它运用到有中国特色的市场经济运行实际中，与马克思主义政治经济学课程形成

统一的知识体系。两者不是消长关系，更不能把西方经济学融入思政元素看成是政治经济学的升级版。我们需要的是，运用马克思主义政治经济学的基本观点和唯物辩证法，用批判性思维来系统讲授和学习西方经济学。

第四，把握好西方经济学融入思政元素与传统教学模式的传承创新关系。过去，我们在讲授西方经济学的过程中，可能更多是注重了该课程的专业性，注重了照搬原理体系中的专业知识，将经济学作为一门“超阶段”“超历史”的“纯专业”学科来学习，而忽视了思想政治教育和“立德树人”意识，把传承经济学知识技能与传播正确理论信仰、价值观念割裂开来。由此，融入思政元素理念下的西方经济学教学，既要取其精华、尊重西方经济理论在解释市场经济运行规律和政策方面的科学性，又要去其糟粕、矫正学生在价值观形成过程中可能存在的价值偏差，但从根本上，还是需要把握整个课程的系统性和科学性，融入思政元素的西方经济学讲授是传统教学模式的传承和创新。

二、挖掘西方经济学融入思政元素遵循的基本点

西方经济学作为肯定西方经济政治制度的政治经济学范式，以“经济人”假设为理论的基本出发点，以价格自动调节作为市场产品及资源配置的核心机制，以企业追求利润最大化、个人追求利益最大化作为“经济人”的理性选择为目标，其整个理论、思想、学科论述的基本范式与中国特色社会主义市场经济实践存在根本性不同，难以完全解决好中国经济运行过程中所面临的所有问题。因此，有必要在教学过程中，依据中国实际，从理论、思想和现实等维度积极挖掘蕴含于本课程的思政元素，推进西方经济学课程建设和教学实践更好地适应中国特色市场经济运行需要。

（一）从理论逻辑的不完全彰显社会主义制度优越性

西方经济学遵循市场运行基本规律，提倡“小政府、大市场”原则，但在完全由市场主导的经济运作过程中，我们常会感到市场的无力和市场

失灵影响，反观在中国特色的市场经济运行体系中，通过有为的政府行为，一些问题都能得到较好解决，可以集中力量办大事，解决完全市场运行中所不能解决的一些经济难题和问题。例如，近年来的新冠疫情防控，我们国家完全体现出全国一盘棋思想，在防疫工作中创造了令世人惊叹的奇迹；再如，我国的精准扶贫工作也取得骄人成绩，如果仅凭市场作用来进行资源配置，大量资源很难向农村流动，脱贫攻坚很难取得这样的实效，而在政府有力主导下，我国消除了绝对贫困和区域性的整体贫困，令世人瞩目。

（二）从个人方法论的不完全体现社会主义核心价值观的先进性

西方经济学强调个体，认为消费者、生产者作为一个“理性经济人”，它们的行为都是在追求个人利益最大化，在经济运行体系中，其劳动分工、经济机制、国民财富等都是个人追求私利的产物，个人利益的加总就构成了社会的共同利益。故在经济分析过程中，完全强调从个体出发，以个人的经济行为作为分析和解决经济问题的基本出发点和落脚点，形成了西方经济学“个人方法论”的基本研究方法。个人方法论建立在“经济人”，即每个人都是天然自私的“公理”上，在微观经济表现上有一定合理性，但也由于完全强调个体，不免也会夸大个体行为、个人需要、个人的权利和权力，以至把个人凌驾于整个社会之上，造成社会的公共道德被忽视，容易让学生产生一种“人都是自私自利的”“唯利是图”的思想。由此，在西方经济学讲授中，需要对“经济人”作重点讲述，说清它本身的局限性，更需要我们穿插一些生活过程中的实例，让同学们明白，社会是一个整体，人更不同于物，是有感情、有思想的，社会需要大家的彼此关爱，个人在追求自身利益的同时，也需要考虑到社会利益和社会规则，其人生价值目标需要将自己融入整个社会中，这种人生目标的追求正体现了我国社会主义核心价值观的先进性。

（三）从经济发展成就和效率对比彰显中国道路自信

西方经济学遵循通过市场价格机制来进行资源配置，从而可以达到经济的最有效率状态，强调效率、不考虑公平，但往往由于信息的不对称、垄断等造成市场作用扭曲，市场资源调配效率常常会出现失准，甚至有时会出现没有效率的情况，例如在资本主义国家过几年就会出现的经济衰退、产品过剩的现象。而当经济出现衰退，就常常需要政府进行积极干预，以确保经济能较好地保持稳定运行。中国特色社会主义市场经济因为政府在经济中的有所为，对宏观经济的调控更有效，也更有力，更能确保经济的行稳致远，整体上讲会更有效率。它既保证了市场机制和资源配置的有效性，也有效克服了经济因市场失灵而可能出现的经济波动。中国改革开放 40 多年所取得的经济成就充分说明了一点，如 2008 年的金融危机、近年来的新冠疫情，因为政府及时的积极作为，很好地稳住了市场信心，确保了中国经济的稳定发展，这样的经济增长态势和经济成就，充分证明了中国正走在正确的道路上，更增强了全体国民对中国发展道理的自信。

（四）从垄断导致资源配置扭曲阻碍合作激发爱国情怀

西方经济学认为，经济发展到一定程度，随着规模经济、产品差异、技术因素等的作用，市场会出现垄断，在西方经济学讲授中，往往把垄断作为四种市场基本类型之一来阐述，但这种认识是有一定局限性的。我们应该认识到，垄断是生产发展到一定阶段后，或出于保护自己的市场份额，或出于保护自己的产品和技术，或出于某些利益的需要而自然形成的一种现象，市场形成垄断，自然会替代竞争，进而影响资源的有效配置和生产要素及技术的有效流动。从国家宏观层面来看，发达资本主义国家出于一些政治因素、打压发展中国家的发展考虑，一般会借助其在一些技术上的垄断地位，人为地形成一些产品和技术在某种程度上的国家垄断，阻止技术、资源向发展中国家流动。在讲授垄断市场理论过程中，应充分认识到国家间这种竞争博弈关系，要对国际政治因素对经济所产生的这种限制作用作充分阐述，让同学们意识到，要克服和打破这种垄断，只有自己不断强大，通过不断创新，牢牢掌握核心技术，以自身先进的科技实力和高质量经济发展水平来打破国际间的垄断，实现国家经济的高质量发展，才能赢得竞争优势，掌握主动权。为此，我们在理论讲述过程中，应辅之以一些实际案例，如西方国家对华为的打压，对中国芯片制造技术、航空航天技术、智能生物技术等的限制，从而让同学们深切感受到国家间垄断对中国发展所形成的阻碍，也更深切地激发起学生对祖国发展的迫切感和责任感，并自觉增强为之而努力的决心和信心。

三、西方经济学融入思政元素的实践路径探索

实现专业课与思政元素融合，需要做到有深度、有广度、更有热度，让学生通过课程的学习，在认知、行为、情感上真正产生共鸣，达到润物无声、潜移默化之实效，实现协同育人目标。在西方经济学讲授实践中，要牢牢遵循融入思政元素的基本要求、将思政元素融入教学全过程，从“教学目标优化、教学内容改进、教学方法创新、评价体系构建”等方面持续改进和探索，构建起“四位一体”的西方经济学融入思政元素的教学实施环境和实践路径。

（一）优化教学目标，加强教师对思政元素融入的认知

需要对传统教学目标进行优化和重构，把培育学生爱国情怀、塑造学生积极向上的“三观”要求纳入教学目标中，明确需要注入思政元素的切入点和具体要求，如通过思政元素的融入，积极塑造学生对“经济人”和“社会人”互融认同的理性思考，构建起西方经济学专业课程“立德树人”的人才培养目标。其目标的落实最终在教师，要完成好课程思政育人目标，自然对教师提出了更高要求，要求教师既要熟悉专业知识，还要了解国家经济发展情况，国家的产业政策、历史文化、社会热点、国内外形势等都要有所掌握，同时也需要对学生的思想动态能做到及时了解，以便有的放失。构建起一个多维度的知识体系，是一个专业教师在实施课程思政过程中的必要基础，一个具有良好多维度知识体系的教师，在专业课讲授过程中，会很自然地融入思政元素，把专业知识的讲授与提高学生思想觉悟和道德水准进行很好的结合，做到在教学过程中真正实现课程教学的

"思政育人"。

（二）改进教学内容，实现专业与思政元素自然相融

在传统经济学教学过程中，现实的经济运行案例、经济运行特点等都会有所植入，以便能更好地培养学生的经济学直觉和问题意识，启发学生关注身边的经济运行及经济内在规律。在"课程思政"理念下，为了更好地融入思政元素，对案例的选择需要进行重新梳理，以期实现思政元素和专业知识的更自然相融。例如，在讲述均衡价格时，把党中央长期所执行的农产品价格保护收购政策作为一个案例予以阐释：粮食是大众生活中的必备商品，对各商品的价格有较大影响，农产品价格稳定可以保证消费品价格指数的基本稳定，同时，实施农产品收购保护价有利于保证农民收入稳定，保护农民的生产积极性，防止"谷贱伤农"，这个案例充分体现出我国政府对农民等基层群众生活保障方面所做出的努力。再比如，在讲授消费者理论时，利用消费理论的"棘轮效应"，引导学生如何正确看待"攀比消费""面子消费"的负面影响，而需要树立符合自己消费能力的理性消费观。还比如，在讲授宏观经济政策时，引入精准扶贫政策、国家针对新冠疫情所实施的防控政策等，这些宏观政策的实施效果大家都具有强烈的感知，很自然地会对社会主义制度优越性产生强烈的认同感，从而在潜移默化中提升了同学们的民族自豪感和爱国热情。

（三）创新教学方法，确保思政元素融合渗透可持续

结合思政教育特点和专业课程讲授需要，在丰富教学内容的同时，不断创新教学方法是实施"课程思政"取得长效的保证。传统的老师讲、学生听教学方式下，学生很容易产生厌烦甚至逆反心理，在多元信息化条件下，大学生对于互联网信息的接受具有较高的自主性和选择能力。由此，应充分利用当前信息技术的支撑作用，利用慕课等线上辅助手段，将"课程思政"扩展至线上，建立"课堂内外""线上线下"等多平台兼容的系统性综合教育体系，发掘改进讨论式、参与式等教学方法，激励学生主动学习的同时融入思政意识，把课堂讲授、案例研究、问题讨论、习题分析

各环节做实做厚，形成一种师生教和学的立体共同体，增强教学的辐射面和渗透度。同时，应积极为学生创造更多的社会实践和服务机会，丰富学科竞赛、调查访问、课题研究等第二课堂活动，使其在实践中更能体会到现实经济的运行特点和中国特色市场经济的生命力。第二课堂的各种活动能够提升学生个人的实践研究能力，使学生看问题、想问题的角度更加多元，对学生求知探索、思辨表述能力提升、服务社会的责任感和使命感增强等各方面都将起到很好的促进作用。

（四）构建评价体系，综合检验思政元素融入实效

西方经济学课程思政教学要取得长效，构建一个从教师到学生、从课堂内到课堂外、知识和能力结合，且融合思政内容的考核评价体系势在必行。一方面，便于学校有关管理部门对本课程融入思政元素、推进“课程思政”落实情况能及时作出诊断、给予反馈和监督；另一方面，对于老师本人，通过对标评价指标，可以明晰自己在推进“课程思政”教学过程中做到了什么程度，有利于不断改进和提高“课程思政”的教学工作。

目前，对教学效果评价主要是以学生为主的知识获得考核评价，但作为“课程思政”的考核评价，过去的标准显然不太合适，需要从教师和学生双维度来评定“课程思政”的教学效果，其核心是要设计出一套适合实际的可行标准。从教师维度来看，应该包括专业知识和思政素养两个层面的指标体系，涵盖政治素养、道德水平和专业能力，只有同时具备两个方面的良好素养，才能确保“课程思政”工作的有效推进；从学生维度来看，应该把目前单一的知识获得评价考核，转向既包括专业知识的获得，也包括思政的综合学习效果评价体系，对一个学生的要求除了学习成绩好之外，还需要考察人文素养、社会责任、道德情操等综合表现。

在此基础上，要对西方经济学“课程思政”推进设计一套有效的过程性评价指标体系，该体系指标可从教学组织实施、教学改革推进和教学效果测评三大方面来构建，通过设计一些观测指标，比如是否制订和设计出了符合本校学生实际融入思政元素的教学大纲和教学内容、是否建立了相应的思政资源案例库并在教学实践中予以应用、是否形成和搭建了与学生

良好互动的渠道和平台等。对照评价指标，教师会作出自我判断，形成一个“对标—检查—改进”的良好质量改进循环，把西方经济学融入思政元素的教学工作落到实处。

四、结语

“课程思政”近年来在全国高校得以迅速展开，内涵不断丰富，体现了大学在新时代不只是传授知识，更是回归育人使命。高校应主动承担起学生健康成长引路人的责任。由此，“课程思政”也成为当下中国高校创新的一种教学理念，本文对西方经济学如何有效融入“课程思政”，落实好“课程思政”要求，从理论、现实等角度挖掘本课程中所蕴含的思政元素，并就这些思政元素如何较好地融入西方经济学教学中的路径选择进行了有益探索，但结论还不够深入，也不够全面，仍有待更进一步的研究。

参考文献

［1］凡路．“西方经济学”课程思政建设的教学实践与探索［J］．北京农业职业学院学报，2021（6）：12－18.

［2］王珩．“双一流”建设背景下课程思政的实践路径研究［J］．湖北社会科学，2020（8）：148－153.

［3］王万光．西方经济学课程思政建设问题初探［J］．大学教育，2019（8）：138－140.

［4］王晓川．高校经济学课程厚植家国情怀：价值意蕴与实践途径［J］．才智，2021（33）：110－112.

［5］《西方经济学》编写组．西方经济学［M］．2版．北京：高等教育出版社，人民出版社，2019.

［6］习近平．把思想政治工作贯穿教育教学全过程，开创我国高等教育事业发展新局面［N］．人民日报，2016－12－09（1）.

专题三
教学改革

大数据背景下教学方式改革问题探讨

▶姚凤民

近年来，随着互联网的普及和信息技术的发展，人类迈入数字化时代。大数据作为信息技术飞速发展的新型产物，正在渗透到社会的各行各业，影响着一国的经济、政治、文化等领域，改变着我们的工作、生活、学习。如何运用大数据提升国家实力和战略地位，成为各国研究与关注的热点。美国教授伊恩·艾瑞斯（2014）认为："得数据者得天下。"数据资源已然成为重要战略资源，大数据的重要性不言而喻。习近平总书记明确提出，"实施国家大数据战略，加快建设数字中国"，运用大数据促进保障和改善民生，推进"互联网+教育"。① 这为教学方式改革提出了新的要求与挑战。因此，如何创新教学方式方法改革，对推动大数据、云计算、人工智能、物联网等信息技术在教学领域中的应用，促进教学智能化、自动化、数字化具有迫切的现实意义。

一、大数据背景下对教学方式提出新的挑战

大数据作为一种资源、技术、新学科和新思维，对教育教学领域影响深远，其相关理论和技术在教育领域有着广阔的应用前景。然而，大数据

① 习近平：实施国家大数据战略加快建设数字中国［J］. 中国信息安全，2018（1）：28-29.

给教育带来机遇的同时，也对教学方式提出了新的挑战。

（一）教学形态与模式多样化

近年来，慕课、微课、翻转课堂等新型教育形态、教学模式受到高校的密切关注与积极应用。校园“三课”即课本、课程、课堂已变身为网络资源、慕课、翻转课堂，学校教育逐渐向“互联网 + 教育”靠拢（周雨青等，2016）以 Coursera 平台的在线课程发展为例，从 2012 年创建到 2013 年仅一年的时间，已有近 90 所大学加盟，450 多门课程上线，平均每门课程注册超过 3 万人（老松杨等，2013）。“先学后教，以学定教”的翻转课堂的教学实例也有很多，如加拿大不列颠哥伦比亚内部高中数学课、伟谷州立大学数学实验课、美国马里兰州波托马克市布里斯学校微积分课的翻转课堂教学实践，我国重庆聚奎中学、深圳南山实验学校的翻转课堂设置（郑艳敏，2014）。此外，参与式、混合式等教学模式也逐渐兴起，这对创新教学方式提出了挑战。

在慕课、微课、云课堂等网络学习资源可便利获取的情况下，教师、学生不再是主导与被主导的主客体关系，而是平等的双主体关系。学生搜集和获取知识的能力可能更强，教师作为教学活动的引导者，学生作为教学活动的参与者，这时，传统的讲授式教学方式方法必须改革，凸显学生的学习主体性和自主性的参与式、案例式、探究式等教学方式方法将更为适用。

（二）教学手段信息化

教学手段的发展大致经历了五个阶段，一是“教师、黑板和教科书”，以“板书 + 口述”的形式呈现，教学手段简单；二是视觉教具教学和视听教学运动兴起阶段，增添了活动展品、立体图片、幻灯片、电影片、印刷品、图表和其他教学材料来进行辅助教学，但教师和教科书仍被认为是呈现教学的主要方式；三是教学电视，推动了远程教育模式，倾向于单向教学模式，互动性弱；四是计算机技术和网络技术应用于教学领域，包括 20 世纪 50 年代研究的计算机辅助教学、20 世纪 90 年代研发的多媒体计算机；五是21世纪，依托于多媒体、虚拟现实、人工智能等信息技术的新型现代教学手段（黄荣怀等，2014年）。现代教学手段会影响教师的教学行为和学生的学习方式，会冲击传统的教学思想和模式，对拓展教学空间、降低教学成本、提高教学效率有着积极的作用。现代教学手段具有信息容量大、多媒体化、数字化、智能化、虚拟化和网络化等特点，且其功能和作用也越来越强大，在教育教学领域扮演着可替代的角色。如何利用现代教学手段提升教学效果、培养高素质人才，建立与大数据时代发展相适应的教学方式和教学体系，成为教育工作者不可避免的命题。

（三）学习方式自主化

随着互联网及电脑、智能手机、平板等电子产品的应用，学生不仅通过书本来学习知识，还可以通过移动便携终端来实现信息的获取，且后者具有速度快、方式便捷、互动性强等优势。移动终端普及和平民化程度日益上升，移动式碎片化学习，将逐渐成为在网络和数字化环境下成长起来的“数字一代”的重要学习方式，即将学习渗透在移动学习模式中，使移动学习进入“社会学习”的状态之中。学习者通过移动终端随时、随地、随需地实现自主化、个性化学习，突破传统教育方式时间、空间、地点的限制。此外，受教育者的知识积累、认识水平已不可同日而语，其自主、自觉学习能力非常强，且不断深化。网络时代学生与之前传统的学生有所不同，具有喜欢小组活动、目标和成果导向、同时处理多任务、善于试误、较强的网络依赖、归纳能力强、个性差异大、偏好视觉、喜欢交互等学习特征（钟启泉，2017）。由此可以看出，学习环境的改变，使得学生的学习方式及学习习惯有所改变，学习需求有所不同，教学方式改革的必要性则不言而喻。

（四）教学环境智能化

随着第四次产业革命的兴起，人工智能发展迅猛，整个社会越来越智能化，其在教育领域的应用也越来越广泛，如智能教学系统（ITS）、智能决策支持系统（IDSS）、智能计算机辅助教学（CAI）等，教学环境越来越智能化。在智能化的教学环境下，教师的职责发生了改变，教师转变为创造性实践活动的组织者、思想和精神的引导者、学习的陪伴者，而传统重复性的、基于知识积累的教学将被人工智能所替代。根据研究，47%的工作可能被机器人取代，其中大部分为依靠知识记忆和简单理解为主的工作。因此，学校必须调整教学内容、教学目标及配套的教学方式，侧重培养学生的创新能力和思维能力。传统的阐释性学习（有意义接受学习）所占比重可适当降低，增加探究性学习（发现学习、问题学习、项目学习等）、个别性学习（程序学习、网络学习等）的比重，并结合现代化手段创新教学方式（叶冬连等，2014）

二、新时代的教学方式

教学方式具有明显的时代性，时代的变革往往带来教学方式的变革。在大数据时代下，传统的教学方式已不再适用，新型的教学方式如参与式、混合式、智能式应运而生。教育与教育者应与时俱进，在坚持与变革中保持张力，主动探寻适宜的教学方式。

（一）参与式

参与式教学，又称为合作式或协作式教学，是针对传统封闭式教学方式而提出的一种“以人为本”的现代教学方式。其以学生为中心，通过建立民主、宽容的教学环境，鼓励学习者积极主动地介入教学活动与过程，注重教师与学习者、学习者与学习者之间的信息沟通与反馈，教师跟学习者平等地探讨、解决教学相关问题，以达到更好的教学效果。参与式教学，是一种师生共同推进教学的教学形式（王彩菊，2016）。本文探讨的参与式教学具有以下几个特点。

1. 强调教师与学生的平等地位

传统教学过程中，由于信息不对称，教师为知识的绝对占有者，学生为被动的接受者，教师与学生的地位并不平等。参与式教学强调教师与学生的平等地位，在肯定教师地位的同时，保证学生的主体性，建立良性的双主体关系。

2. 强调学生的个性化需求

传统的教学过程中，教师并未考虑学生的学习兴趣及个体差异，用同一份教学方案、同一种教学方式来对待每一位学生，忽略了学生的个性化需求。参与式教学则强调以学生为主体，注重学生的个性化需求，鼓励学生与教师沟通，共同探索学生个性化发展的实现路径。

3. 鼓励学生参与教学设计

传统教学中没有科学的教学设计标准，教师通常仅凭个人偏好和经验来进行教学设计，学生作为当事人之一却没有发言权。然而，教师并不能完全确定学生的基本需求，教学科学性受到质疑。参与式教学则认为教师设计不仅是老师的事，还是学生的事，学习者可参与教学设计，与教师共同设计符合自身需求的教学目标、教学内容、教学方法、教学进度等。

4. 强调探究式教学

传统教学方式强调讲授，教师向学生单向灌输知识，直接告诉学生知识“是什么”。而参与式教学方式注重对学生思维能力的训练，引导学生一起探究“是什么”“为什么”“怎么办”，使得学生更加全面、透彻地掌握知识（李志磊，2022）。

（二）混合式

混合式教学，就是要把传统学习方式的优势和数字化或网络化学习（E-Learing）的优势结合起来，也就是说，既要发挥教师引导及监控教学过程的主导作用，又要充分体现学生作为学习过程主体的主动性、积极性与创造性（谢雨，2017）。在新时代，教学形态、教学手段、学习方式、教学环境发生改变，传统的教学方式已经不能满足实际教学需求。混合式教学，不仅是面对面教学与网络教学的简单混合，还是混合多种教学设备、多种教学方法、多种学习策略与评价方法、同步学习与异步学习、多种课程和学习资源等，以实现更好的教学效果。混合式教学比单一的面对面教学和网络教学更为有效，在教学方案制定、教学方式方法选取、教学评价和学习数据采集等有突出的优势，可提高教学效益和降低教学成本，符合时代的发展需求。

现今，慕课、微课等网络课程被大规模采用，教学模式也逐渐转变，翻转课堂等新型教学模式备受关注。单一的课堂讲授式教学不符合我国高校发展教育现况。在一些发达国家，混合式教学发展迅速，应用广泛。在我国，高校互联网普及度很高，教学设备、教学资源、教学环境等条件都已具备，混合式教学的实施可行性较大。实践中，国内部分高校也已经采用混合式教学方式。

（三）智能式

人工智能技术迅猛发展，在社会各方面的应用越来越广泛，传统的教学方式走向了智能化道路。

2017 年，在佐治亚理工学院的一个 300 多人的课堂上，人工智能机器人吉尔·沃森（Jill Watson）担任了助教。虽然学生们从来都没有见过沃森，但她总能第一时间回复邮件，而且口吻并不古板，以至于没有被学生发现她的真实身份，成功地完成了助教任务。与人类教师相比，机器人教师具有不需要休假、不会迟到、出错概率低、对待学生绝对客观等优势。但机器人教师难以像人类教师一样处理课程之外的复杂问题，无法实现对学生精神和思想层面的引导与塑造。因此，机器人教师可以作为一种合作和辅助的角色，人类教师与机器人教师实行角色分工。机器人负责基础性的教学工作，如点名、日常评分、作业批改、疑难问题解答等，且重复性的、知识积累型的教学也将被人工智能取代。人类教师负责需要与学生进行态度、情感、价值感交流的工作，起思想及精神引领作用。

此外，在教学过程中，人工智能可以通过图像捕捉技术全方位多角度地捕捉学生面部表情，解读分析表情数据并反馈到终端，反馈学习者的知识理解程度，发现学生的知识疑惑点及瓶颈，有利于教师及时调整教学内容和方案，转变教学策略。通过捕捉课堂上学生的面部表情数据并分析，筛别并制定出个性化培养方案，有利于因材施教。

智能式教学有利于提高教学效率，实现个性化教学，提升教学的科学性和合理性，推动教育事业的发展。

三、教学方式如何改革

面对大数据给教学方式带来的机遇与挑战，教学方式应该如何改革？我们应深思与探讨，需采取相关措施来适应大数据环境，充分发挥大数据技术对教学方式的积极作用，推动“新时代的教学方式”的实现和完善。

（一）适应大数据环境，转变教学理念

在大数据时代，传统教学理念受到了严峻挑战。一是受到了大数据时代催生的个性化教学理念的挑战。在传统的教学过程中，教师采用同一种教学方案、教学标准来教育不同的学生，教学方式标准化、统一化。大数据技术为个性化教学提供了技术支持，可实现学生的个性化发展，推动了个性化教学理念的发展，对传统教学提出了挑战。二是受到了大数据时代催生的互动教学理念的挑战。传统的教学理念秉承“以教师为中心”的原则，教师具有绝对的权威，由教师判定学生的学习需求，教师有权自主制定教学目标、选择教学方法、决定教学进程，学生没有话语权。而大数据技术使得教学资源可便利获取，教师不再是知识的权威。而且，学生可借助大数据技术分析学习进程，更准确地认识自身需求和发展特点。

在此情形下，教师应包容吸收个性化、互动教学理念，结合实际教学情况，调整教学方式方法。

（二）适应大数据环境，提升数据综合能力

教师是教学方式改革的发起者和实施者，教师素质素养的高低决定了改革的成效。如何运用大数据技术为自身教学服务是教师应该思考的问题。针对此问题，可设置大数据应用培训平台，并从以下四个方面入手。

1. 树立大数据意识

教师因为长年使用传统教学方式，不习惯或不愿意改变教学方式，对大数据抱有抵制情绪。培训平台应详细讲解大数据在教学中的作用与优势，引导教师理性面对大数据在教与学改革中的作用，转变传统观念，树

立大数据意识，特别是将大数据应用于教学的意识。

2. 提高教师的数据采集能力

培训平台可设置数据采集专栏，详细解读数据采集过程。教师采集数据往往带有目的性与选择性，平台可以根据数据的类别进行采集过程演示。对于可以直接获取的数据，如教学数据库中的数据，演示数据的下载与导出即可。对于不可直接获取的数据，解释如何设计合理的教学活动或教育评估方式以获取需要的数据。此外，平台将包括数据采集工具的选择和使用演示。

3. 提高教师的数据分析与解读能力

教师在教学过程中面临着海量的数据资源，需具备分析识别能力，将教育数据转化为有助于教学的信息，构建教育数据与实际教学之间的关联。面对教学数据时，要能判断出数据背后的含义。平台可推出基础数据分析工具的使用教程及数据解读相关的视频，帮助教师提升这方面的能力。

4. 提高教师的数据应用能力

教学数据的应用，即利用数据解决实际教学问题。教师不再基于经验来分析学生偏好、知识疑难点、学生个性与共性等，而是借助大数据技术，分析学生的学习行为记录，掌握学生学习过程中的规律，合理设计教学目标、教学内容、教学方式等。平台可采用教学案例分析的方式，来解释数据在教学中的应用机理，根据实际教学情形进行针对性解读。

（三）积极构建适应大数据要求的教学软硬件设施

先进的教学软硬件设施是实现教学方式变革的基础。现阶段，我国教学基础设施与发达国家还存在一定的差距，教育资源区域分布不平衡问题突出，较多落后地区缺乏必要的大数据应用的基础设施建设。因此，我国应加大教育教学的软硬件投入，不仅包括投影仪、多媒体、电子白板、交互式触屏到未来教室、智慧校园等，还应包括城乡各区域学校互联网教学环境的全覆盖，以及网络铺设、网络接入、云端建设、数据输入输出、数据呈现、交互使用等领域的全面改善。与此同时，开发学生信息系统、在线教育平台、网络学习 APP 等，保证教育数据和学习分析的基础数据来源，建设教育教学资源库，实现资源的整合和共享。

（四）积极推进基于大数据背景下的现代教学方式

基于大数据时代对教育教学的冲击，开展多种形式的教育改革和教育尝试，组织现代教学方式改革试点，及时跟进试点改革成果和出现的问题，总结经验教训，优化改革方案，选取成功的改革方案，逐渐扩大实行范围。在制定改革方案过程中，广泛征求教师、学生、家长、学者等的意见，发挥各参与主体的力量，保证方案的科学性和可行性，助推现代教学方式创新试点。其间，政府应担任好情报员和裁判员的角色，积极探索企业需要、教师满意、学生适宜的人才培养机制，进一步完善财政税收等优惠政策，鼓励市场和社会力量建设学科工具、服务应用平台和课程资源库等，提供现代教学方式所需的教学资源。

（五）构建智能化的教学评价体系

传统的教学评价方式包括线上评价和线下评价，需要学生、教师、领导等主体参与评价过程，带有主观色彩，程序也比较烦琐。在大数据和人工智能的背景下，可构建智能化评价系统，实现评价程序简洁化、评价结果科学化。首先，依托在线学习系统及教学资源库等平台，跟踪记录学生的学习过程，监测学习者的学习行为，获取相关数据。然后，在线智能化评价系统可对采集到的数据进行分析，自动生成评价结果。智能化教学评价方式比传统教学评价方式更为客观，评价结果更加科学准确。

未来的教学评价将不再是简单地给出分数，而是注重学生发展，实现从奖惩性评价及认证性评价到发展性评价的转变。发展性评价，强调学生的未来发展，在保证学生学习成绩的同时，注重学生综合素质及个性化发展。同时，未来的教学评价注重过程评价与结果评价相结合。传统的教学评价以单一的学习结果为评价依据，并未涉及教学过程，评价较为片面，且结果数据对提升教学效率的意义不大，未来的教学评价将可避免这一弊端。例如在跟踪记录学生的学习过程中，发现学生的学习难点及瓶颈，及时调整教学策略，进而达到更好的教学效果。此外，学生数据的及时感知、信息获取和智慧决策将实现自动化。

（六）让参与式教学成为主流，积极转变教师作为主体的教学方式

教学是教师和学生共同参与的交往活动和学习活动。在过程中交流知识、分享知识、探讨问题，教师作为教学活动的引导者而不是领导者，学生作为教学活动的参与者，地位不容小觑。随着网络教学资源和教学平台日益丰富，教师不再是知识的绝对占有者，学生可以接触到各类教学视频和资料，可能因资源搜集能力和学习能力强而先知于老师，传统的教师为主体的教学方式将不再适用，参与式教学应运而生。在参与式教学下，学生担任角色出现了转变，从被动的知识接受者转变为主动的知识创造、构建者，与教师共同探讨学习方法、教学知识。在实际教学课堂中，学生和教师一同制定教学情境、教学方案、教学方法等，完成教学任务，在老师的指导下，学生们积极思考和探讨专业问题，并形成学习成果进行展示，使每位学生都能参与和思考。学生不仅消费教师设计的各种教学产品，而且会积极参与“产品”的设计，再经过课堂讨论以及教师总结，最终实现“消费者—创造者—生产者—消费者”的角色回归。此过程，有利于提高学生的学习投入度，培养学生的创新精神和实践能力，加强师生感情的交流，提升教学效果。因此，参与式教学有望成为未来主流的教学方式。

参考文献

[1] 黄荣怀，王晓晨，周颖，董艳．数字一代学生网络生活方式研究——北京市中小学生网络生活方式的现状调查［J］．电化教育研究，2014，35（1）：33－37，44.

[2] 老松杨，江小平，老明瑞．后IT时代MOOC对高等教育的影响［J］．高等教育研究学报，2013，36（3）：6－8.

[3] 李志磊．大数据时代旅游电子商务课程教学改革思考［J］．陕西教育（高教），2022（6）：27－28.

[4] 毛彩菊．参与式教学模式：互联网背景下的教学模式选择［J］．理论观察，2016（1）：171－172.

[5] 谢雨．互联网视野下的刑法学本科教学改革探讨［J］．法制博览，2017(30)：106，105．

[6] 叶冬连，万昆，曾婷，等．基于翻转课堂的参与式教学模式师生互动效果研究［J］．现代教育技术，2014，24（12）：77－83．

[7]［美］伊恩·艾瑞斯．大数据思维与决策［M］．北京：人民邮电出版社，2014．

[8] 郑艳敏．国内外翻转课堂教学实践案例分析［J］．中小学信息技术教育，2014（2）：44－47．

[9] 钟启泉．教学方法：概念的诠释［J］．教育研究，2017，38（1）：95－105．

[10] 周雨青，万书玉．"互联网＋"背景下的课堂教学——基于慕课、微课、翻转课堂的分析与思考［J］．中国教育信息化，2016（2）：10－12，39．

基于任务驱动的项目教学法在应用型本科统计学教学中的应用

▶肖志坚

随着新知识经济和网络时代的到来，人们面临的信息需求量日益增多，对信息处理的要求也更加复杂。作为应用型本科院校经管类专业的一门核心基础课，统计学课程如何设置和教学方法上如何进行改进，实现提高学生动脑和动手能力的教学目标，进而促使学生能够适应社会经济发展的客观需要，成为教学领域的重要课题。

本文通过引入项目教学法，由老师策划不同的“项目”，并组织和引导学生完成相应的“任务”，以提升学生的学习兴趣，培养自主学习能力，进而逐步形成分析和解决实际问题的能力。项目教学法强调“以项目为主线、以任务来驱动、以教师为引导、以学生为主体”，进而实现“以教师为中心”向“以学生为中心”“以课本为中心”向“以项目为中心”和“以课堂为中心”向“以实践为中心”的逆转。

一、目前统计学教学的现状

（一）课程设置和教材方面

众所周知，统计学是一门实用性很强的科学，众多高校尤其是经管类院校，对于统计学重视程度日趋提升。然而，从实际教学情况来看，目前很多高校的统计学教学主要还是以理论知识教学为主，纵然学生在考试中能够得到高分，然而在面对实际问题时却往往束手无策，无法准确分析和提出问题，也不会利用相应的统计工具和方法进行数据分析处理，结果自然无法得出清晰的结论和解决问题的方法。

同时，大部分统计学教材的内容却还很陈旧，与当前“互联网+”和大数据时代显得格格不入。比如，调查法还停留在采访法、电话法和自填式，没有与时俱进地应用更新的方法，如网上问卷调查法、在线交流调查法、网络实验法、网络观察法和卫星遥感法等。教材中涉及的案例简单枯燥，与学生所关注的社会热点问题关联度不高，不能激发学生的学习积极性。

（二）教学模式方面

目前高校统计学教学方式主要围绕书本理论展开讲授，同时结合习题进行讲解，穿插的案例也主要是让学生理解基本概念和理论，而往往忽略了引导学生如何理论联系实际，将所学理论知识应用到工作实践。由于统计学理论基础与数学特别是概率论关联很大，学生普遍反馈课程内容过于抽象和复杂，因此学生往往缺乏学习兴趣，甚至只是为了应付考试而学。

（三）考核方式方面

统计学课程的考核方式仍以闭卷考试为主，即课程总成绩以期末考试成绩为主，占比通常达到60%。在这种考核体制下，侧重的是对于统计学的基本概念、计算公式、数据分析方法等理论知识点的考核，而忽略了对理论与应用的融合。例如，关于考查“描述性统计”应用时，学生能够识别不同的数据预处理和展示方法，但却不能理解不同的数据需要采取的处理方式和分析方法是不同的，也不能熟练利用Excel等工具对数据进行处理。

二、项目教学法概述

（一）项目教学法的内涵

“项目教学法”最早见于美国著名教育家凯兹博士和加拿大教育家查德

博士合著的《项目教学法》。该教学法通过在教学活动中设立相应的项目，并以项目作为主线并融入教学的相关知识点，同时结合社会时事热点问题，将知识点进行挖掘和延伸，直至形成针对问题的最终解决方案，从而达到引导学生理解理论知识和提升掌握处理问题的技巧及能力的教学目标。

（二）项目教学法的特点

项目教学法以项目为中心，围绕项目组织教学，在紧扣教学大纲和基本目标的基础上，将教学内容进行模块化分割。教师的角色不再是知识的传递者，而是促进学生主动的引导者，需要侧重和关注激发学生的学习兴趣和创新思维。学生遇到学习问题时，由教师指导学生查阅资料、共同分析问题并引导学生独立解决问题。学生在教师指导下自行设计项目实施方案，通过边实践边学习，从而达到理论与技能双提升的效果。

（三）项目教学法的优势

项目教学法的主体是学生，学生要完成项目任务，除了日常上课认真听讲和完成课堂练习外，还需要在课后收集和分析资料，才能发现问题和解决问题。项目教学可以让学生认识到自己的潜能和不足，激发对学习和钻研的兴趣，并进一步提升学生的动手能力、语言表达能力、社交沟通能力和团队协作能力。同时，项目教学还可以推动学校加大对教师的培养力度，特别是通过向教师提供与企业合作的机会，能够提升教师的职业经验，进而打造一支专业技能过硬和实战经验丰富的教师队伍。

三、项目教学法的实施步骤

（一）选择和确定项目

根据教学内容安排，要选择有现实意义且具体的项目，可以结合学校、教师的资源，也要注意启发学生去主动发现身边的素材。同时，还要确保项目具有可操作性。建议引导学生关注时政热点事件、时尚流行事物和衣食住行等生活方式来确定项目。

（二）学生分组和分工

根据班级人数进行分组，建议以6~8人为一组，除组长外，还需要根据组员特长和意愿进行详细分工，包括外联沟通、材料收集、课件报告制作、汇报呈现等。

（三）项目调查实施

明确项目和分组后，需要以小组为单位进行学习，并制订项目实施计划。统计项目通常包含调研分析，除了定性调研分析外，可以将定量调研分析列为考核项目，即学生需要通过设计调查方案并发放调研问卷等方式收集调研数据。

（四）项目资料整理

项目小组收集到数据之后，需要运用所学的统计分析方法进行数据预处理和分析。建议结合教学内容，将描述统计、相关分析、回归分析、假设检验和趋势预测等知识点列为考核重点，并赋予不同权重的分值，以引导学生学以致用和加深对知识的理解。

（五）报告撰写和呈现

项目报告考查的是学生的书面总结和现场表达能力，建议将书面报告撰写和现场呈现分别赋予一定的考核分数权重。教师也可以联系企业设置“优秀调研团队”和“现场呈现达人”等团队和个人奖项。同时，为提高学生参与度和促进相互学习，汇报呈现过程可增加各组分别打分和互评环节。

四、项目教学法的实施建议

（一）坚持以学生为中心

通过项目教学法进行统计学教学过程中，应充分调动和发挥学生的主动性和创新精神。教师扮演教练角色，是帮助者和促进者，启发学生运用已掌握的知识来解决问题，提升逻辑推理分析能力，进而实现教学相长。

（二）匹配相应的资源和条件

项目教学法不是简单的任务模拟，而是强调学生要在“做中学”。除了常规的计算机实验室和数据库系统外，有条件的高校建议与校内外相关企业开展项目实践合作，例如顾客需求分析、品牌选择、消费现状、满意度调查等，一方面可以了解和参与企业市场实战，另一方面也可以获取企业经费支持。

（三）考核关注过程和细节

课程的考核，应围绕项目工作来开展，可以考虑教师、组长与评委、企业及个人自评四方进行综合评估。教师要结合学生在项目小组活动中扮演的角色、所起的作用、团队协作以及分析与解决问题的能力等方面进行评估。各组组长和评委可以根据组员贡献和表现进行评分。企业可以结合项目结果和学生参与进行评估。学生本人也可以结合个人成长和贡献进行自评。通过项目综合评估，尽可能体现考核结果公平、公正。

参考文献

［1］李丹，龚荣．“项目驱动式”教学法下统计学课程教学体系改革研究［J］．亚太教育，2016（29）：259.

［2］王翠翠，侯立春．项目教学提升人才培养质量的机理与路径研究——以统计学专业为例［J］．产业与科技论坛，2019（18）：228－229.

［3］王凤香．“项目驱动法”下以学生为中心的应用型本科统计学教学改革探析［J］．教育教学论坛，2019（38）：121－122.

浅谈依托网上商店的跨境电子商务项目教学方案设计

▶ 蒋训林

在百年未有之大变局背景下，我国传统外贸可预见会受到较大的冲击。作为传统外贸的有力补充，跨境电子商务由于其低门槛等优势，可以成为促进国内国际双循环的突破口。因此，提高跨境电子商务教学的有效性和实用性，就显得尤为重要。

跨境电子商务是国际贸易、电子商务专业的专业必修课程之一，综合了计算机通信技术、物流与供应链管理、国际结算、互联网金融等课程的知识，涉及跨境电子商务的基本概念和原理、国内外主流跨境电子商务平台的特点和业务流程、跨境收款、跨境物流、知识产权保护等内容，表现出综合性、跨学科、交叉性、应用性等特征，极为重视理论结合实践、校企双元合作。

所谓项目教学（project-based learning，PBL），是指师生在整个教学过程中，共同设计、实施并完成一个完整的“项目”，以此达到教学目的。具体而言，教师首先对学生进行分组，然后把有待解决的问题或者需要完成的工作，以项目的形式交给各学生小组。在教师适当、必要的指导下，由学生小组自己制定项目实施方案，小组成员按照分工、协作原则去执行各自的任务，最终完成整个项目。开展项目教学，离不开学生探索精神和主动能动性的发挥，但成功之后，学生往往能总结并掌握一整套实际工作流程，对未来的就业和工作大有裨益。

一、设计思路

依托网上商店开展跨境电子商务项目教学的基本思路如下：（1）贯穿整个教学过程的项目主体是跨境网店的建设和运营；（2）使用工作分解结构（work breakdown structure，WBS）技术对项目主体进行更详细的任务划分，以此为线索构建相应的教学步骤和环节；（3）整个教学过程由细化的项目任务驱动。

学生以3～5人为一组，小组全体成员通过全程参与一个完整项目的分析、设计到实现，极大地锻炼了学以致用的能力，强化了团队合作精神，也从教学过程的被动接受者变为主动参与者。一方面，学生运用所学的专业知识指导项目的建设，从而提高项目成功的概率；另一方面，项目的执行过程又能巩固和加深学生对专业知识的理解和掌握，甚至能收获新的知识。可见，该项目教学方案，对于学生专业理论知识与实践技能的培养及融合，起到相得益彰、相互促进的作用。

本文所设计的项目教学方案的实施过程，在一定程度上颠覆了传统国贸、电商专业教学模式。反映在教学评价体系上，就是传统的“平时表现+期末考核”的评价方式必须进行适应性调整。因此，基于对跨境网店建设与运营过程及特点的深入把握，笔者围绕教学评价体系、评价方法、评价指标等要素，设计出一套与项目教学模式相适应的新的教学评价体系并应用于教学实践，以期推动依托网上商店进行跨境电子商务项目教学方案的成功实施。

二、评价体系说明

为了匹配当前其他专业课程考核标准，适应现有教务管理和学生管理系统，避免产生冲突和兼容性问题，本评价体系采用经典的百分制评分标准。

为了提高评价结果的科学性、可靠性和可比性，本评价体系采用定量考核与定性考核相结合、形成性评价与终结性评价并用的方法。具体来说，将评价标准分为跨境网店经营指标评价和经营效果综合评价两部分。在课程考核总成绩中，跨境网店经营指标评价占 75%，网店经营综合效果评价占 25%。

学生开设跨境网店的平台不限，可以选择全球速卖通、亚马逊等。本文以速卖通为例，将跨境网店经营指标分为开店准备、店铺装修、店铺推广、线上购物、网络营销和售后服务六大项，各项进一步细分出若干子指标（见表 1）。跨境网店经营效果综合评价指标包括店铺管理、经营业绩、利润、信誉度、客户评价、可持续发展等细项（见表 2）。

表 1　　跨境网店经营指标评价方案

一级指标	二级指标	主要观察点	评价标准		分值 S_i	评价等级系数 L_i
			A 级	C 级		
开店准备（12 分）	店铺注册	注册完成的网店店铺	符合速卖通优秀标准的店铺名称；正确完成的店铺申请程序；身份证及照片图像清晰且符合要求格式	按照速卖通注册程序要求完成店铺注册	4 分	
	商品及其图片准备	商品图片	准备 20 个品种以上的商品；清晰的商品照片并进行适当的图像处理，图像大小符合速卖通上传要求	准备 10 个品种以上的商品；准备商品照片并进行适当的图像处理，图像大小符合速卖通上传要求	4 分	
	商品上架	商品描述与关键字	按照速卖通的要求将所有商品上架；进行合理的商品分类；进行正确合理的商品描述	按照速卖通的要求将准备的商品上架并进行描述	4 分	
店铺装修（9 分）	网店总体设计	网店总体风格及布局	根据经营商品的特点，选择合适的网店整体布局，并可选择相应模板或自己使用 html 设计，达到较好的效果	能够选择速卖通提供的模板进行相应的商品布局	3 分	
	网店商品陈列及展示页面设计	商品陈列及展示页面	能熟练使用 Photoshop 等网页设计工具制作商品陈列及展示页面，并上传到后台，相关页面符合产品经营特色	能使用速卖通提供的模板页面进行成品陈列及展示页面的制作，达到可以进行产品经营的效果	3 分	

续表

一级指标	二级指标	主要观察点	评价标准		分值 S_i	评价等级系数 L_i
			A 级	C 级		
店铺装修（9 分）	商品的照相及图像处理效果	陈列及展示商品的图像效果	良好的数码摄影技巧：掌握数码成像原理，掌握光源的使用及微距拍摄，掌握光圈快门及白平衡的正确设置；熟练使用图像处理工具进行图像处理。店铺的图像可吸引用户眼球	可以对商品进行拍摄和图像处理，店铺的商品可以满足正常经营所需	3 分	
店铺推广（15 分）	速卖通站内推广	站内推广手段的使用	熟练使用 7 种以上站内推广手段，平均每天推广 1 小时以上	熟练使用 4 种以上站内推广手段，平均每天推广半小时以上	5 分	
	搜索引擎推广	使用百度、搜狗等 SE 搜索到相应产品页面	正确设置关键字进行商品描述，合理使用关键字的分配、合理选择关键字、合理设置页面标题；商品店铺至少两个页面在某个搜索引擎中搜索排名靠前	有使用关键字的手段并运用于商品描述中，搜索引擎可以搜索到产品相关页面	5 分	
	其他推广手段	其他推广手段的运用	熟练使用以下推广手段进行店铺及产品推广：人缘关系、电子邮件列表、博客、微博、产品论坛、交换链接、微信朋友圈/公众号、促销、礼品赠送、会员卡等	熟练使用如左侧推广手段中的 3 种以上进行店铺及产品推广	5 分	
线上购物（9 分）	网上会员注册	会员名及会员账户	会员名特色鲜明，容易记忆；开通支付宝账号及网上银行账号并成功绑定；各个账号密码达到安全级别；开通阿里旺旺速卖通版	注册会员名，开通支付宝及网上银行账户，可以实现购物	3 分	
	商品信息查询及洽谈	商品查询手段及旺旺交流信息	熟练使用速卖通站内搜索工具进行商品查询；熟练使用站内信与买家留言；熟练在网上进行货比三家；熟练使用旺旺与卖家交流；信用记录无差评	能够使用各种搜索工具搜索速卖通产品，实现正常购物；信用记录正常	3 分	

续表

一级指标	二级指标	主要观察点	评价标准		分值 S_i	评价等级系数 L_i
			A 级	C 级		
线上购物（9 分）	商品验收及评价	商品验收程序和信用评价记录表	熟练掌握商品网上验收规定和程序，良好的自我权益保护意识；掌握投诉手段和技巧；卖家信用评价正确客观	正常实现商品的验收、付款；对卖家进行正常的网上信用评价	3 分	
网络营销（15 分）	商品定价	店铺商品的定价合理度	灵活运用多种商品定价技巧和策略：成本加成定价、低价跑量定价、精品定价、弧形数字定价等，充分利用网上用户消费心理，进行合理定价	采用一定的定价策略，保证商品经营中能产生一定的利润	5 分	
	销售洽谈	经营洽谈记录	充分掌握不同类型客户的网络消费行为，运用不同的商务谈判技巧，吸引用户对店铺和其经营的商品的兴趣，经营成交的概率高	运用不同的谈判技巧，促成交易，成交概率可满足店铺的运转	5 分	
	支付及产品交付	正常的网上支付手段和物流配送措施	根据不同的客户，灵活选用支付手段，包括支付宝、网银、线下支付等。能劝说用户尽量使用支付宝；选择合理的配送手段将商品快速送达用户，并节约配送费用	能够采用网上支付手段达成交易，并采用物流措施将商品送达客户	5 分	
售后服务（15 分）	售后服务描述	店铺内关于售后服务表述	店铺关于产品售后服务描述详尽，包括价格、运费、商品质量保障、运输损害责任、用户责任、退货及换货方法、用户投诉方法、违约责任等	店铺内关于售后服务的描述基本详尽	5 分	
	商品质量保障	店铺内商品	按照速卖通和工商部门要求，经营合法产品，产品质量达到相关要求和质量标准，杜绝三无产品，产品经过严格检验，并告知客户关于产品质量验证手段	经营合法产品，质量满足相关部门要求	5 分	

续表

一级指标	二级指标	主要观察点	评价标准		分值 S_i	评价等级系数 L_i
			A 级	C 级		
售后服务（15 分）	用户权益保障	商品纠纷处理及信用评价	初始商品出现质量问题及非客户自身原因造成的损害，及时为用户处理，并进行相应赔偿；切实保障用户的权益；交易完成，对客户进行客观公正的信用评价，经常与客户联系，包括节日问候及纪念品等	出现质量问题，能在一定期限内为用户妥善解决；交易完成，能对用户进行合适的信用评价；适当地与用户进行沟通	5 分	

表 2　跨境网店经营效果综合评价方案

一级指标	二级指标	主要观察点	评价标准		分值 M_i	评价等级系数 K_i
			A 级	C 级		
网店经营效果综合评价指标（25 分）	店铺管理	网店的综合管理手段	对网店经营采用的全方位的管理手段，包括账务管理、进销存管理、客户管理，灵活运用 Excel 等办公软件，网店经营情况一目了然	采用了相应的店铺管理手段，经营情况基本清楚	5 分	
	经营业绩	网店经营的交易额及成交总数	达到 5 星以上的标准，成交 5000 元以上	达到 3 星以上标准，成交 3000 元以上	4 分	
	利润	网店实际经营利润	超过 1000 元	超过 600 元	4 分	
	信誉度	网店的信用记录	5 星以上标准	3 星以上标准	4 分	
	客户评价	客户评价记录	无差评记录，中评记录不多于两次	差评记录不多于一次，中评记录不多于三次	4 分	
	可持续发展	店铺经营策略的发展前景	店铺发展策略得当，学生自身爱好并熟悉产品，产品在两年以内有广阔的市场前景	经营的产品在一年以内有市场，有一定的发展前景	4 分	

总成绩根据公式 $S = \sum L_i S_i (i = A, B, C, D)$ 计算得出，其中 L_i 为评价等级的系数，A、B、C、D 四个等级的系数分别为 1、0.8、0.6、0.4。S_i 是各个二级指标的得分，由本组、某一随机他组、教师分别给分然后加权平均算出，三类评价者的评分权重分别为 0.3、0.2、0.5。评价方案中给出 A、C 两个等级，C 级以下为 D 级，B 级介于 A 级与 C 级之间。

总成绩分为优（85～100 分）、良（70～84 分）、中（60～69 分）、差（0～59 分）四个等级。该成绩既是小组成绩，也是组内学生的个人成绩。只有组员人人尽职尽责，互帮互助，先进帮扶后进，小组和个人才能共同取得好成绩，成绩上这一安排正好可以衡量团队协作是否到位。

三、结语

依托网上商店的跨境电子商务项目教学方案调动了学生的课堂主动性，让学生按跨境电子商务流程对课程项目进行分析、规划和设计，将过程性评价与结果性评价相结合，本组评价、他组评价与教师评价相结合来全面考核项目教学成果，克服了传统教学方式的不足，提高了学生的合作意识、实操技能，以及发现问题、分析问题和解决问题的能力，实现了教学与就业的完美衔接。

参考文献

[1] 郭岩，张童，齐晓明．基于职业能力需求的电子商务专业实践教学改革研究［J］．今日财富，2020（24）：192－193.

[2] 李珺．项目教学法在电子商务实践课程教学中的应用研究［J］．包头职业技术学院学报，2021，22（1）：47－50.

[3] 张健．基于项目教学法的《电子商务》课程体系重构研究［J］．电子世界，2019（18）：29－30.

过程性教学改革初探

▶周念林

教育部《关于加快建设高水平本科教育全面提高人才培养能力的意见》围绕全面提高人才能力培养这一核心，强调了三大要点。首先，在建成社会主义现代化强国，实现中华民族伟大复兴的背景下，对高等教育的需要，对科学知识和优秀人才的需要，比以往任何时候都更为迫切，因为建设教育。其次，强国是中华民族伟大复兴的基础工程。高等教育是国家发展水平和发展潜力的重要标志“本科生是高素质专门人才培养的最大群体，本科阶段是学生世界观、人生观、价值观形成的关键阶段，本科教育是提高高等教育质量的最重要基础。办好我国高校，办出世界一流大学，人才培养是本，本科教育是根。建设高等教育强国必须坚持“以本为本”，加快建设高水平本科教育，培养大批有理想、有担当、有本领的高素质专门人才，为全面建成小康社会、基本实现社会主义现代化、建成社会主义现代化强国提供强大的人才支撑和智力支持。最后，强调了我国高等教育正处于内涵发展、质量提升、改革攻坚的关键时期和全面提高人才培养能力、建设高等教育强国的关键阶段，而建设高水平本科教育是形势的要求。

简言之，培养学生综合能力素质是高等教育的核心。这种能力指一组通用的、可迁移的、对学习者未来发展起关键作用的能力。如果按层次分，可分为：基础能力，包括语言能力和学习能力；分析与解决问题的能力，包括批判性思维能力、沟通能力与合作能力、发现与解决问题的能力；辨别大是大非能力，包括相互依存和平发展的国际正义感意识、维护国家利益的责任感。中国教科院教育质量标准研究课题组（2013）在有关教育质量国家标准及其制定的研究中认为，提升学生的关键能力已构成教育质量标准的核心内容。

过程性教学改革是促进高校人才能力培养的路径和推动教学改革的重要内容之一。以前的教学改革大多是从教学理念、教学内容、教学方法、教学考核方式等方面进行改革。但是怎样通过可行的路径，进一步提高学生理论联系实践分析和解决实际问题的能力、突破教材知识更新滞后和难以分析现实经济贸易热点问题的局限性、将学生塑造成为社会、国家和世界有用的人才（有家国情怀、国际视野、全球竞争力、民族担当），仍是目前教学改革的短板。

教学改革的意义，在于通过组织学生参与教师的项目研究，在教学全过程中，引导学生将学习与研究相结合，将所学理论与知识与分析解决现实经济问题相结合，推动教学过程与科研相结合，增强对学生的多维度能力培养，深化教学改革，培养出具有社会责任感，具有科研意识和能力的人才，以此不仅为未来的研究生培养后续力量，而且能够切实实现培养“能够直接参与国际合作与竞争的应用型、创新型人才”的目标。

一、实施过程性教学改革的必要性

目前，高校本科的教学状况仍有待改进，具体体现在以下方面。

一是教材有待改进。教材所涵盖信息的质量、数量和结构，直接影响教学质量的高低。要改变教材相对陈旧、“一门课一本教材一堆知识点”的传统的以讲授为目标的本科教学方法，引导学生思考学习解决问题，使教材更加体现科学性、前沿性，进一步增强教材针对性和实效性，并在整个研究或探索性学习过程中提供必要的指导和支持。

目前普遍存在一门课程严重依赖某一统编教材或某一引进教材，同类教材重复性、雷同性强，由此存在的问题是教材单一，知识含量不足。加之有些单一的英文原版教材脱离了原有的教材体系，知识的系统性不完整，知识点之间的内在联系不清晰，不利于学生自学和不便于学生理解。而且，教材在一定程度上与现实经贸实践问题脱节、理论知识更新滞后等现象还未得到根本改变。

二是以知识传授型为主的课程教学方式有待改进。在以教师讲解为主的授课方式下，教师如果仅用一本教材教学，缺乏根据最新的经济贸易理论实践热点重点问题，对教材的相关内容进行补充，则难以避免课程的陈旧性。当学生也仅依靠一本教材和教师的讲授来应付考试，学生将形成对教师的讲课依赖和课件的依赖。现阶段仍有学生只要求拷贝教师课件的“完整版”，以备期末复习之用，上课较被动，较少记笔记、动脑筋思考与提出问题，较少看书和参阅与专业课程相关的教辅材料，对专业知识缺乏主动学习的积极性，学生对教师讲解的依赖性强，学习的主要动机是应付期末考试（见表1）。

表1　　过程性教学改革前状况

教学状况	教学特点
教学导向	侧重学生掌握知识
授课方式	知识传授型
教材	一门课一本教材
教学方法	教师课堂讲授为主
考试方式	基础知识测验为主
学生学习倾向	被动型
学生学习方式	依赖型

虽然在教学理念上不断强调“产、学、研相结合”和为社会经济服务，而且国内本土国际化课程也进行了很多改革，例如对应用性强的课程专门开设了实训课，增加了实习，在理论性课程也增加了案例分析和讨论，但是以教师讲解为主的知识传授型教学特点没有发生根本改变。根据陈艳利（2010）对财经类院校双语教学的调查问卷，课堂上以教师讲解为主的授课方式占 83.2%，案例分析和小组讨论的形式所占比例分别为 11.5% 和 4.2%。这与笔者 2013 年问卷调查的结果大体相似，课堂教师授

课、案例分析、小组讨论的占比分别为 80%、11.8%、8.2%。

三是学生的综合能力素质有待提高。目前的现状是，学生的综合能力与预期目标存在较大距离。表现在：首先，学习能力有待提高。根据笔者对广东外语外贸大学南国商学院本科“2+2”项目学生在国外学习的问卷调查，不少学生难以适应国外的学习和交流。学生对于“适应国外学习最难的问题”的反馈，根据难度的高低依次是：交流能力、专业知识、自学能力。其次，学生的分析与解决实际能力亟待增强。根据企业界受访对象反映，目前学校培养的大学生未能填补企业的人才匮乏，有些学生在大学四年里，要么没有学好所需的专业知识和技能，要么所学知识与企业所需脱节，最突出的是“高分低能”状况没有得到改善，学生普遍缺乏独立解决实际问题的能力。最后，创新性批判思维需要提升。国内大学教学带有普遍性的现象是缺少创新思维和批判性思维的教育，学生成了考试机器，很多大学的课程还是以讲课式的课程为主，小组讨论少，学生不敢提问、不善提问。大学培养出来的学生缺乏批判精神。学生还未普遍形成关注国内外经济贸易最新热点重点理论与实践问题的习惯和意识。

学生学习中出现的偏差，关键原因不在于学生，他们只是现行教学模式和考试方式效果的被动反应者。“教”与“学”的过程实际上是信息的输入与处理过程。从“教”的角度看，信息的输入量较小，一门课只引进和讲授一本教材，联系实际问题的分析批判信息量偏少。从信息的处理看，主要通过期末考试来强化学生对基本知识的掌握程度，对学生记忆力的测验多于对学生分析与思辨能力的测验。这说明在教材、教学模式、考试方式的设计上需要改进，尤其是对学生分析与解决实际问题能力的发展和培养有待加强。

二、过程性教学改革的前期（2014～2015 年）尝试

2014～2015 年开展过的教学改革，主要围绕解决“两个转变”问题。第一，引导学生转变学的理念。引导学生从“学以应试”的传统观念转变

为具有国际视野的“学以创新和学以致用”理念。第二，转变“教”的理念。从教师以知识传授为主，转变为教育部所要求的以培养学生运用知识解决实践问题的综合能力为主的教学理念。

（一）教学改革对提高学生综合能力所起的作用

在进行过程性教学改革初期尝试阶段（2014～2015 年）之前，学生中存在较普遍的休闲式应试（只在期末看书，而且要求教师划出考试重点以应试，不重视平时学习）和僵化式记背（严重依赖一本教材和与其完全一致的课件，阅读教辅和做较多作业的意愿低，缺乏对相关知识整合分析梳理的能力）。实施过程性教学改革后，根据问卷调查（见表 2 和表 3），较多学生的自学能力、思考能力在一定程度上得到了提高，但是理论联系实际的能力和交流能力还有待进一步提高。

表 2　国际贸易学（英）学生能力提高状况问卷调查样本情况（2015 年度）

专业类别	发放问卷（份）	回收问卷（份）	回收率（%）
国贸/国商/2+2 项目	110	65	59

表 3　国际贸易学（英）学生能力提高状况问卷调查结果（2015 年度）

项目	自学能力提高	思考能力提高	理论联系实际能力提高	交流能力提高
人数	56	41	30	18
能力提高程度排序	1	2	3	4

（二）教学改革对转变学生学习理念所起的作用

学生学习的理念从原来的只重视期末应试，正日益多地转向要求教师增加平时的练习作业和案例分析。例如，进行过程性教学改革之前，从 2013 年两个学期收集的国际贸易与国际商务专业学生的 120 份问卷调查的信息看，51% 以上的学生都要求划出考试重点。但是进行教改之后，自 2014～2015 学年，根据项目组发放的国际经济贸易专业学生的 120 份问卷（回收率 100%）的反馈，学生重视平时练习和案例分析的人数增加到 52% 以上，要求划出考试重点的学生下降到 13%（见表 4）。

表 4　　国际贸易学（英）课程问卷调查（2014～2015 学年）

学生对课程的建议	学生人数（名）	占比（%）
多做练习	62	51.7
增加案例分析	19	15.8
划出考试重点	15	12.5
难点用中文讲解	8	6.7
其他	16	13.3

（三）过程性教学改革对转变教师教学理念所起的作用

在过程性教学改革实施之前，传统的教学方式授课方式较为普遍，即以传授基本知识为主，以课堂讲授为主，以期末对基本知识的测验为主。进行教学模式改革后，教师的教学理念正从以知识传授为主转变为注重培养学生的综合能力和素质。2014～2015 学年，广东外语外贸大学南国商学院经济学院的 41 名专职教师中，先后已有 18 名教师从事教学模式改革，占比 44%，其他教师在教学过程中，也正日益重视对学生能力素质的培养和引导。

综上所述，过程性教学改革的实施，对学生转变学习理念和提高综合能力、促进教师教学理念的转变、提高教学质量，均起到一定程度的积极作用。

三、进一步实施过程性教学改革的措施

进一步的过程性教学改革，将按照教育部的要求，解决好创新性、批判性思维培养的问题，杜绝教师满堂灌、学生被动听的现象；加强研究型、项目式学习，丰富探究式、论文式、报告答辩式等作业评价方式，提升课程学习的深度；加强非标准化、综合性等评价，提升课程学习的挑战性。同时，实施教育部提出的科研反哺教学，强化科研育人功能，推动高校及时把最新科研成果转化为教学内容，激发学生专业学习兴趣。加强对学生科研活动的指导，加大科研实践平台建设力度，推动国家级、省部级

科研基地更大范围开放共享，支持学生早进课题、以高水平科学研究提高学生创新和实践能力。

针对目前教学过程中仍然存在的问题，将通过引导学生参与教师教学科研项目，扩大学生视野，突破教材知识更新滞后和难以分析现实经济贸易热点问题的局限性。对现实经济贸易问题解释力弱的理论可归类于经济思想史中讲授，对现实问题解释力强的理论课程，可以逐步以专题讲座代替按一本教材的章节内容逐章讲授的传统形式，专题讲座主要根据题目来结合教材的纵向知识点和横向的当前相关热点重点经贸问题引导学生进行讨论。

对于教材存在的问题，则将以教育部的指示为指南，加强教材研究，创新教材呈现方式和话语体系，实现理论体系向教材体系转化、教材体系向教学体系转化、教学体系向学生的知识体系和价值体系转化，使教材更加体现科学性、前沿性，进一步增强教材针对性和实效性。继续建立和充实相关专业教材体系，包括充实数据库、教学资料库、相关书籍和期刊资源、题库、最新经贸前沿论文、报道、案例、新版重要教材。

在教学过程中，不仅需要在教学内容中增加与项目有关的内容、组织课堂讨论中增加与项目有关的专题、在教学考试中增加与项目研究相关的考题，而且需要组织学生研究团队，确定研究目标、分阶段布置和完成研究任务、引导学生最终形成与项目有关的科研论文。通过上述改革，激发学生对有关项目研究的兴趣，扩展相关知识点，使学生形成跟踪经济贸易理论与实践热点重点问题的习惯，培养一些学生科研骨干力量。

参考文献

［1］陈艳利．基于国际化办学的财经类院校双语教学问题研究：以会计学专业为例［J］．东北财经大学学报，2010（9）：84－87.

［2］中国教科院教育质量标准研究课题组．教育质量国家标准及其制定［J］．教育研究，2013（6）：4.

以问题为导向的教学模式研究

▶胡　萍

在传统教学理念当中，教育评价侧重于对学生进行标准化测试，主要测量学生对所学知识的掌握程度。然而，这样的评价目标淡化了一个重要教育观点，即评价不仅是一个对学生“测量”的机会，而且也是教师向学生学习的契机。也就是说教学评价应该是为了让教师和学生都从中学习的评价。或者说评价不是独立标准化的测试，而应是与课程和每天的教与学结合在一起的评价。评价应包含学生的学和教师的教两个部分。近些年来，中西方教育学者开始探索如何用以“为学习”和“当作学习”为目标的表现性评价来帮助教师的教学，培养学生的学习素养和学习技能。

21 世纪教育的重点是培育下一代在当今世界取得成功所需要的、更深入学习的素养和能力，在学术内容方面，建立批判思维能力、合作能力、沟通能力、创造性的分析问题和解决问题的能力。项目化学习是一种能有效培养学生这一能力的教学方法。

一、项目化学习的内涵

项目学习全称为基于项目的学习（project-based learning，PBL），也有人称之为项目化学习。对于项目学习的内涵，很多专家、学者在其学术著作中给出了自己的定义。巴克教育研究所这样阐释项目学习：项目学习是学生通过完成与真实生活密切相关的项目进行学习，是一种充分选择和利用最优化的学习资源，在实践体验、内化吸收、探索创新中获得较为完整而具体的知识，形成专门的技能并获得发展的实践活动。汤姆·马卡姆则在他的《PBL项目学习（项目设计及辅导指南）》一书中提出：PBL可定义成一个使用各类探究性和挑战性问题来刺激学生掌握和改善各类技能的扩展学习过程。斯坦福大学的研究团队认为：项目学习是一种通过项目、任务或课题来帮助学习者学习的方式。这些项目是包含着富有挑战性的问题或议题的任务，需要学习者进行设计、问题解决、决策或参与探究活动；教师给予学习者较长时间的自主学习机会；最终学习者将创作出实际成果或是进行报告展示。

由此可见，项目学习就是一个特殊的、将被完成的有限任务，它是在一定时间内，满足一系列特定目标的多项相关工作的学习掌握。项目学习，对学生来说是参与了一个长期的学习任务，要求他们扮演现实世界中的角色，通过工作，研究问题、得出结论。他们常会遇到社区或真实世界中的问题，使用科技手段研究、分析、协作，在社区与专家或社区成员一起工作。学生接触各个学科领域，使他们更容易理解概念，明白不同学科是如何相互联系和相互支持的。

上述定义虽长短不一，表述方式不同，但是所表达的含义基本一致，大致包括几个内容：项目（问题）导入、自主学习、充分利用资源、淡化学科壁垒、拉长学习周期。因此，笔者也结合上述专家论述，尝试给出一个相对简洁的定义：项目学习就是以解决问题为目的，以自主建构式学习为方式，实现超越学科、分工合作、展示交流的周期性学习活动。

综上所述，我们可以发现，项目学习是对传统教学方式的一种新型模式，是一种教育理念。

二、项目化学习的意义

如果学生一味听从老师们的教学，从未获得独立自主的思考，或是承担项目的申报、写作，那么学生很难在学习中发现问题并解决问题；

如果学生一味地服从权威，关注标准答案，那么他们将很难有创造力或形成批判性思维；如果学生从未进行过学科间、自我与学科之间、学科与生活之间的关联性的思考，他们的思考力和行动力都会受到极大的限制。

项目化的学习一般需要经历较长时间的探索过程，要求学生有较好的持续性，经得住外界的诱惑和内心的冲动，并且要求学生能与其他同学进行有效沟通，创造性地思考，运用已学的知识，厘清不同事物之间的关系，从不同视角发现相互之间的关系。

在进行项目化学习过程中，学生需要有目的地学习不同学科的知识，学习知识的广度和深度增强，对学业不太感兴趣的学生，项目化的学习更加有效，项目化学习对真实世界的关注会让那些对学业原本不感兴趣的学生投入学习。

对于不同阶段的学生，项目化学习对于提高学生的学业成绩、学习主动性、社会交往等技能上都有不同程度的效果。通过已有研究项目发现，项目化学习对于学习成绩比较好的学生，其提升能力不是特别明显。然而随着时间的推移，或是在较长一段时间后，学习中等的学生通过项目化学习，其增长幅度是非常大的。

研究还发现，传统教师认为的“好学生”“中等生”“差生”，在经过一段时间的项目学习之后，传统的“好学生”在项目学习当中表现出不太令人满意的表现：比如技术方面，他们平时可能更多注意书本知识的获得，成为老师眼中的佼佼者，故他们不太愿意与别人合作，或者没有人愿意跟他们成为同伴；另外，他们认为自己的知识比较丰富，考试都是优等生，但是面对开放性的、复杂性的情境时，他们就不知道应该如何去应对，不能完整地把自己的思想表达出来，在策略性思考方面可能会有不尽如人意的表现。这可能与他们平时接受的教育有关，对知识不敢怀疑。而被传统界定为“中等生”或是“差生”，在项目学习当中，这两类学生有令人惊喜的表现，比如在创造性、认知策略或是自我调节等方面。这可能是由于项目学习过程中，束缚的东西较少，头脑风暴式的讨论使他们产生创造性思想，因而在这种学习情境中，他们的得分会更高一些。

总体来说，从较长一个时期来看，项目化学习对学生的效果是比较明显的。但是短期来看，效果不太明显。

从教师层面来看，项目化教学是一种新的教学方法，有些老师担心与考试有冲突，教学场所及教学课时有冲突，学生及学校有一定的看法。在没有制度性的文件保障的前提下，也能理解教师实施此教学法的担忧。不过，担忧归担忧，其教学方法对教师改进教学效果有一定的帮助，从而在探索未知的过程避免重复教学带来的烦琐、平庸感。项目化学习是教师和学生共同探索未知的过程。项目化学习要求老师不仅要关注教学知识点，同时还需要将知识点转化为可怀疑的问题，这需要老师和学生们共同创造、想象、重构知识与情境的关系，这样的问题才会吸引学生和老师更多的思考。学生将有可能出现的各种回答，也有可能引发教师的思考。

三、项目化学习设计的要素

项目化学习模式首先要明确课程需要达到什么目标，培养学生什么样的素养，需要明确课程目标来选择课程内容，解决“学什么”问题；在设计过程中要落实教学过程和教学方法，最后设计教学内容与预计达成的目标和方式相适应的评价标准和评价方法。总体来说，项目化学习需要明确“学什么，怎么学，怎样评价”三个基本问题。

项目化教学模式及评价标准要求课程从整体设计把握，具体包括以下几个方面的要素。

第一，课程目标。一是知识和技能目标，要求学生学懂、学会和能应用；二是过程和方法目标，强调在“做中学，学中做及进行反思”；三是课程思政的目标，在教学过程中，树立情感态度和价值观目标，从认同、体会和内化三个层次逐渐升华。项目制学习，既强调过程目标，也强调情感和价值观目标，不能偏离主流的价值观，同时也不能局限于传统的思想，允许百花齐放。

第二，课程内容的模块化。教师要对教材进行模块化的设计，各模块培养的目标是什么，各模块之间有什么相关性等。然后针对每一模块的教学内容，进行资料收集、整理，并有针对性地设计问题，供全体师生共同研讨。

第三，课程考核方案。考核是项目制学习重要一环节。需要突破传统考核方式，项目学习课程重点考核完成训练项目的质量、课程目标完成的程度、项目过程中主观表现等方面，弱化卷面考核。同时，对于取得学生考取职业资格或技能等级证书，考核中可适当加分。总之，课程的考核制定一般从考核内容、方式和考核标准方面考虑。

四、项目化学习设计的流程

首先，提出问题。把课程的知识点进行梳理，确定核心知识，在此基础上形成本质问题，然后就此问题转化为驱动性问题，提升学生内在动力。

其次，建立联系。确定高阶认知策略和主要的学习实践。这一过程需要老师和学生花大量的时间和精力阅读书籍并建立事物之间的联系，形成各自的认识。这一过程主要是发现问题和解决问题，是实践环节的核心能力之一。

最后，个性化表述。学生提交最终成果后，教师需要提供科学的评价和总结性评价。教师在每一个环节帮助学生加强对事物的认识，而不是直接告诉学生答案。教师是引导者角色，虽然没有“满堂灌”的讲解，但并不是教师不重要。教师需要有周密详细的课前准备，并要时刻注意课堂动态，及时收集反馈信息，根据学生情况适当的及时做出调整。同时，在教学过程中，小组成员中因分工不明确，相互交流不流畅，或是有个别同学完全不想投入此学习当中，会出现个别学生承担任务过重，而有些同学则存在“搭便车”的情况，在教学评价时，教师要充当好管理者、组织者、指导者的角色，把不愿学习的同学的积极性调动上来。此时科学的评价显得尤为重要。具体流程图见图 1。

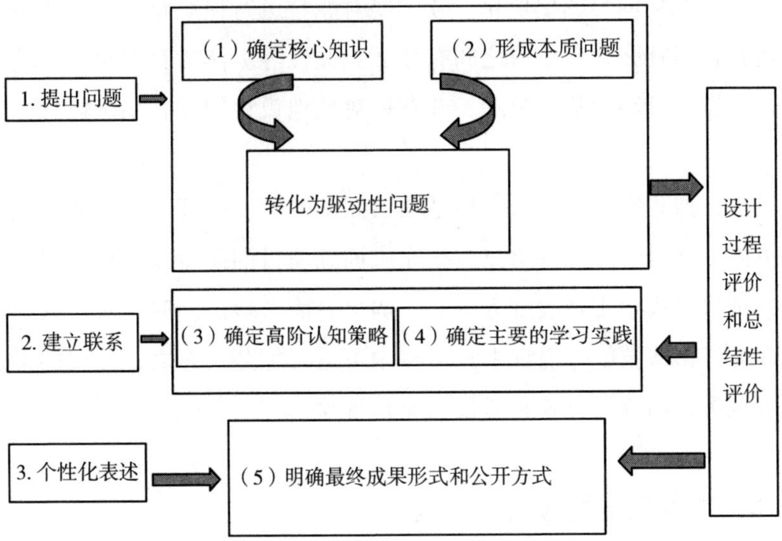

图 1　项目化学习设计的流程

目前在国内项目化教学模式是一种比较新的教学模式，针对如何学习、学习什么、如何评价等问题，还没有成熟的方案，需要教育界进一步研究，对于改善教学效果、提高教学质量产生实质的影响。

参考文献

[1] 蒋怀滨，周敏，张静文，等．基于翻转课堂的 PBL 教学模式在“教育心理学”课程中的应用［J］．福建师大福清分校学报，2017（2）：111－116.

[2] 李泽辉．“项目驱动式”教学法的探索与实践［J］．实践科学与技术，2011，9（2）：133－134.

[3] 殷永帅．PBL 教学模式在教育技术学专业实践类课程中的应用研究［D］．济南：山东师范大学，2014.

[4] 张朋辉．基于 PBL 的应用型课程翻转课堂教学探索——以数字媒体技术 1 课程为例［J］．中国教育技术装备，2018（8）：109－111.

[5] 张翔清，张倩．PBL 教学法在大学英语教学中的应用［J］．教育探索，2014（2）：39－40.

投资银行学教学方法多样化的探讨

▶ 文娟秀

投资银行学课程是金融学专业的一门重要专业课，也是一门创新性、实用性很强的新兴学科。面对蓬勃发展的“新兴+转轨”的中国资本市场，本文通过研究投资银行学教学方法多样性的使用，结合该课程在教学方法中存在的问题，探索教学方法改革在投资银行学中的应用。

一、投资银行学传统教学方法需要进一步改进

投资银行学课程的教学方法相对传统单一，仍多以传统教学法为主，以教师板书或多媒体课件讲授为中心，学生被动接受知识，老师讲、学生记，无法调动学生的积极性，使他们感觉听课枯燥。该课程需要学生有投资学、会计学、统计学、概率论等课程基础，理论知识相对较多，而学生对理论知识的理解不透彻，经常是一知半解。这样的教学模式效果不理想，教学质量得不到提高。

另外，教学考核方式往往采用静态的评价方式，如卷面考试或小论文的形式，考核方式过于单一，忽视了培养学生解决问题的能力与协作精神。本课程可适当提高实践性，因此对本门课程进行教学方法多样化的改革是很有必要的。

二、投资银行学教学方法多样化的建议

（一）案例教学法的运用

1. 案例教学法的整体思路与具体做法

在投资银行学的课程讲授中，积极将案例教学法渗透到课程总体设计中，基本思路如下：根据课程体系的内在逻辑思路，针对每一章的内容精心选择一个个案例，并把它们串联起来，使学生对投资银行学理论精髓做到真正领悟和理解。

具体的做法是，每个章节用较少的课时精讲教材上的基本理论知识，同时，在内容讲授时把与教学内容相关的案例和问题提前布置下去，让学生在课后收集资料、分组准备，在下次上课的课堂上讨论。这样，下次上课组织学生对相关的案例进行讨论、辩论时就不会出现冷场现象或无的放矢的状况。最后，由教师进行系统总结和点评。

2. 案例教学法的要点

首先，精选案例。基本要求：所选案例情节应精炼，篇幅不宜过长；案例既要把教材中的基本理论知识贯穿其中，又要能启发学生的思考；案例要尽可能反映资本市场中的热点难点问题，尽可能体现新知识、新观点、新材料，使学生感到可信。例如，在讲授“发行与承销”的内容时，课堂讲授仅是介绍发行与承销的业务流程，或加上一些中国证监会的有关政策，学生们可能很难准确、全面地理解。其实，这部分内容的关键是企业为什么要发行上市以及 IPO 过程中定价的科学性。选择案例时，以“华为”这家中国著名企业至今不上市的现象入手，剖析企业发行上市的优缺点，进一步引导同学深入讨论当前核准制发行体制的弊病和改革的方向，以此为案例可以衍生出一系列的相关问题，可以大大拓展学生们的视野和思考的深度。

其次，精心设计问题。精心设计好问题也是案例教学中的关键。问题既要紧扣教学内容，又要难易适中，适合拓展思维。例如，在“基金管

理”章节设计“我国封闭式基金高折价现象探析”问题，引发学生强烈的探究兴趣；在“交易经纪”章节，可以设计“佣金费率高低与券商生存模式探讨”问题，让学生带着这个问题去周边的证券公司营业部实地走访调查，获取第一手资料。以上这些问题设计极大地激发了学生的参与热情，他们认真查阅了大量资料，增强了科学研究的动手能力。

再次，组织好课堂讨论。由于网络上的海量信息，任何一个精心设计的问题都可能在网络上收集到相关素材。这就容易导致在组织讨论时往往是网络内容的简单翻版，出现人云亦云的现象。我们鼓励学生使用网络收集信息，但更重要的是教会他们如何运用网络收集权威的数据、资料和观点，并做到为我所用。另外，在组织讨论时，还要注意引导好问题的讨论方向，避免无谓的争论，控制好节奏。

最后，总结与点评。如果单纯是一场热闹的讨论或辩论就失去了教与学的目的。老师在组织案例讨论时，让每组学生派代表交叉总结对方发言要点、评述得失表现，这样做既能使每个学生都认真倾听其他同学的发言，也锻炼了发言学生归纳总结的水平。最后，老师再对每组学生的讨论情况进行客观评价，既充分肯定其优点，也要指出不足之处（要把握“分寸”，不能挫伤学生的积极性），如发言的热烈程度、论题的集中程度、问题分析透彻程度等。

（二）情景模拟教学法的运用

情景模拟教学法，可以调动学生专业学习的积极性。模拟教学法是一种行为引导型的教学方法，是指在任课教师的指导下和安排下，给学生创设一个情境，让学生模拟扮演某一角色进行实践应用能力训练的高互动性的教学方法。

投资银行学课程中的很多内容或过程都可以进行情景模拟教学，例如：IPO、路演、并购等。以谷歌公司（Google）的 DPO 在机构投资者中间进行的“荷兰式招标”的场景为例。在教师对情景模拟中用到的数据做出合理的设置的基础上，让每组学生扮演一个投标机构，教师扮演谷歌公司，进行模拟 DPO，并在互动后最终确定发行价与认购数量。通过这样的模拟，每位同学都对知识点有了深刻的理解与记忆。在整个情景模拟过程中，也锻炼了学生团队合作的意识与能力。

（三）线上线下混合式教学

混合式教学，即将在线教学和传统教学的优势结合起来的一种“线上+线下”的教学。通过两种教学组织形式的有机结合，可以把学习者的学习由浅到深地引向深度学习。线上线下混合式教学是信息技术与传统课堂教育相融合的一种全新的教学模式。

线上资源是开展混合式教学的前提。通过线上平台的建设，可以让学生通过线上平台的资源进行课前预习、课后复习甚至相关知识的拓展，给予学生充分的学习时间。在课堂上我们的讲授部分仅仅针对重点、难点，或者同学们在线学习过程中反馈回来的共性问题，从而达到提高教学效果的目的。

混合式教学也有利于过程性评估。线上和线下、过程和结果都需要开展评估。

无论是线上还是线下都需要给予学生及时的学习反馈，基于在线教学平台或者其他小程序开展一些在线小测试是反馈学生学习效果的重要手段。通过这些反馈，让教学的活动更加具有针对性。学习这件事既要关注过程也要关注结果，甚至我们应该对过程给予更多的关注，毕竟扎扎实实的过程才是最可靠的评价依据。

投资银行学这门课程可以通过线下的课堂讲授，把一些重点难点讲透。再利用线上平台（如超星学习通等）的建设，把一些习题、小测试、知识点的视频讲解等放在平台上进行，再补充一些拓展知识（例如相关知识点的新闻、案例分析、慕课或哔哩哔哩的讲解等）。线上线下的融合教学，可以改变课堂讲授的枯燥乏味，提高学生学习的积极性，也丰富了学习方式的多样性。

（四）项目制教学的初探

项目教学法指在学生掌握基本理论知识的基础上，教师选定具体的项目，由学生亲手操作，独立完成项目，最终提升学生专业能力、实践能力和社会能力等综合能力的发展的教学方法。项目可以是设计与制作一件产品，排除一个障碍，提供一项服务，解决一个或一系列问题等。

投资银行学的项目制教学初步思路如下。

1. 确定课程的核心能力

通过对投资银行学课程的学习，要求学生掌握以下5个核心能力：评估企业或资产的价值、设计资产证券化流程、运作股票发行上市、设计兼并收购的流程和设计风险投资流程。

2. 根据核心能力，确定知识结构，安排具体项目

根据上述5个核心能力，确定“现金流折现法”“可比公司法”等13个基本知识模块，由基本知识模块，安排“评估XX企业或资产的价值”等5项具体的项目任务。核心能力、基本知识模块和项目任务安排如表1所示。

表1　核心能力、知识模块与项目任务

核心能力	对应知识模块	项目任务
评估企业或资产的价值	评估方法的使用（现金流量折现法，可比公司法等）	项目1：评估某企业或资产的价值
运作股票发行上市	公司重组原理、股票发行上市的流程	项目2：设计某企业股票发行上市的方案
设计资产证券化流程	资产证券原理与应用	项目3：为某一资产设计资产证券化流程
设计兼并收购的流程	收购策略，收购价格制定，反收购策略	项目4：某公司收购/反收购方案设计
设计风险投资流程	选择风险投资对象，风险公司管理策略，风险投资的退出机制	项目5：风险投资方案的设计

3. 项目的具体实施

项目的具体实施需要学生分组协助完成，收集资料，通过网络、实地考察等方式完成。每个小组需要撰写完成项目报告，内容包括选定公司、资料收集和实际运用中遇到的困难和收获等。完成报告后，需要进行项目成果的展示。各组可以互相交流学习，通过提问和被提问，加深对相关知识点的理解和应用。最后，进行项目评价与反思，包括小组互评和教师评价。教师的评价重点主要在于学生在项目实施中的表现。

引入项目制教学形式希望提高学生的实践运用能力，调动学生的积极性，更好地对理论知识理解透彻。当然，在实施中也存在一定难度，比如项目的选择和资料收集方面等。

综上，在投资银行学课程教授中不断探索教学方式的多样化，尽可能使教学效果更好。

参考文献

[1] 马晓军. 投资银行学：理论与案例 [M]. 3 版. 北京：机械工业出版社，2020.

[2] 王文青，乔立娟. 项目教学法在"投资银行学"教学中的应用与效果 [J]. 河北农业大学学报，2015（4）：45-46.

[3] 张建江. 模拟教学法在《证券投资分析》课程实践教学中的应用 [J]. 教育理论与实践，2015（36）：48-49.

[4] 祝文琴. 崔联合. 项目制教学实施过程研究与探索 [J]. 江西电力职业技术学院学报，2015，28（4）：46-48.

对改进计量经济学教学的思考

▶邓永亮

计量经济学是运用概率统计的方法对经济变量之间的（因果）关系进行定量分析的科学，也是我国教育部规定的经济学类八门核心课程之一。因此，计量经济学课程在本科课程教学中占有重要地位。学习计量经济学至少需要经济学理论（宏观、微观经济学）、高等数学和统计学知识，但由于很多学生在高等数学、统计学这两门学科知识的掌握存在较大的缺漏，因此，对于计量经济学的学习，学生们普遍存在恐惧心理，一提计量经济学，反应基本是三个字“太难了”，在经济学博士阶段学习，计量经济学甚至被博士生们称为“三高”（高级宏观经济学、高级微观经济学和高级计量经济学）之一。计量经济学的难学使得学生学习自信心受到严重的挫伤，对此如果不处理好，会波及学生其他科目的学习。由此，改进计量经济学教学，从而提高学生学习计量经济学的兴趣，进而增强学生学习自信心，具有重要的理论和实践意义。本文尝试立足实际情况，结合笔者实际教学经验，就如何改进计量经济学教学进行一些探讨。

一、一个需要回答的首要问题：讲授计量经济学应走哪种教学路线

目前，对于本科院校如何讲授计量经济学，可分为两条大的路线。一条是侧重计量经济学背后的数学公式推导，让学生知道、理解计量经济学

公式背后的数学理论逻辑，从而让学生知其然，也知其所以然；另一条是侧重于计量经济学基本思路的讲解和应用，淡化计量经济学公式背后的数学理论逻辑推导，并注重案例的讲解。以上两大计量经济学讲授路线实际上可以归纳于“理论计量经济学”和“应用计量经济学”范畴。因此，讲授计量经济学应该要走哪条教学路线是需要讲授计量经济学教师回答的首要问题。显然，选择哪一种教学路线应立足于学校实际情况。

（一）学生对高等数学和统计学知识的掌握不全面且不充分

在笔者讲授计量经济学过程中，明显感受到，一旦涉及高等数学知识，课堂反应就相当平静，这平静的背后则是学生对高等数学、尤其是线性代数知识掌握的匮乏。笔者在课后跟学生的交流中了解到，进入经济学院及管理学院的很多学生在高中阶段学习时选择了文科，而之所以选择读文科，一个很重要的原因就是因为在高中阶段数学学不好。由此，一个连中等数学都没学好的学生，想让他们学习掌握好高等数学将是一件极其困难的事情。

从学生掌握统计学知识方面看，学生对一些统计学基本知识掌握不扎实，概念不清，似是而非。比如，标准差和方差概念的联系和区别、平均值和均值含义辨析等。此外，一些较难理解的概念，学生听了就更为吃力，比如两类错误（弃真错误和取伪错误）的区别和理解。而掌握这些统计学基本概念和知识，对于理解掌握计量经济学是很重要的。

需要强调的是，学生对高等数学和统计学知识的掌握不全面且不充分的原因从学生自身来看，一是学生基础薄弱，二是学生学习积极性、主动性有待提高。

（二）计量经济学课时量问题

目前对相关专业开设计量经济学课程，在课时安排上基本上是只学一学期，共计48个课时。就笔者本人实际授课情况以及与其他院校同行交流来看，在这48节课时内要把经典的计量经济学理论讲完、讲透，是有很大困难的。以李子奈和潘文卿（2020）编著的《计量经济学》为例，要讲授完经典的计量经济学理论，应至少要讲授到第六章时间序列计量经济学模型。简单统计，从该书第一章到第六章共计有25节，每节里又含有若干小节，共计101小节，这意味着每个课时基本要上2个小节，按上一次大课（连堂两节课）计算，则需要每上一次大课需要上4个小节内容，这是有相当大困难的。即便授课教师一次大课能讲授4个小节内容，那么，高等数学和统计学基础如此薄弱的学生能吸收并消化吗？要学习和掌握的重点内容包括t检验、一元线性回归、多元线性回归、F检验、受约束回归、模型的类型和变换、虚拟变量、多重共线性、异方差、内生性、自相关、模型设定偏误等，每个重点内容至少需要2~3节课的讲授，并有一定的时间让学生消化，否则，学生不仅难以理解、吸收，更谈不上运用。而且，以上这些内容每上一次大课至少需要上4个小节内容，没有考虑到每章节课后习题讲解和学生上机实践操作，倘若考虑了这些内容，为了能够腾出时间，则每上一次大课至少需要5个小节以上内容，显然，学生是很难消化、吸收这么多知识的。

（三）合适的教学路线应是以讲授基本思路和应用为主，但需兼顾基础公式推导讲解

根据以上分析，目前的计量经济学教学，一是从学生主体来看，学生普遍存在高等数学和统计学基础知识薄弱现象；二是课时非常紧。因此，在现有课时安排的基础上，课堂授课无法对计量经济学背后公式进行详细的推导和讲解，讲授计量经济学只能侧重于计量经济学基本思路的讲解和应用。但如果这样讲授课程，计量经济学讲授可能就会陷入计量经济学及Eviews使用培训，学生的学习结果可能是对于Eviews统计软件的使用较为熟悉，但对计量经济学背后公式推导和理解基本一无所知，而这显然不是我们所期望的教学结果。所以，必须找出一种教学方法，使得学生既能掌握计量经济学基本概念和基本思路，又能对这些概念和思路背后公式的推导有一定的理解。对此，笔者认为，在当下总计48节课时安排的情况下，讲授计量经济学课堂上可以侧重计量经济学基本思路的讲解和应用，但对一些基本的概念、知识点背后的数学公式推导要兼顾，尽量要让学生“知

其然更知其所以然”，较难的公式推导可以让学生课后自学。例如，《计量经济学》（李子奈和潘文卿，2020）中有关运用普通最小二乘法（ordinary least squares，OLS）对一元线性回归模型的参数进行估计时，我们可以详细地列出如何通过一阶偏导数来求得被解释变量的估计值与实际观测值之差的平方和最小，从而求得待估参数。为节省课堂时间，授课老师可以提前做好 PPT，把整个数学推导过程写详细、写清楚，并提前发给学生，让学生先预习、了解，那么，在课堂上讲授就可以节约很多时间，提高效率，增加讲课内容。对于一些较难的数学公式推导，比如同样是《计量经济学》（李子奈和潘文卿，2020）中有关最小二乘估计量有效性数学证明，在课堂上可以不讲，但必须把详细的数学推导过程发给学生，让学生课后自学，学生遇到不懂推导环节，可以通过微信等通信工具询问授课老师。需要注意的是，授课教师制作的数学推导过程不能原文照搬课本内容，课本上的公式推导基本是简化了的，学生很难看懂，因此，授课老师必须把更详细的数学推导过程发给学生，并配上适当的文字说明，说清楚为什么用这个公式、这个结果是怎样得来的等。这样，学生不但理解了其中的数学逻辑推导，更重要的是，学生在理解掌握了其中的数学逻辑推导过程中也重拾了学习的自信心，学习自信心的重拾和树立不仅对计量经济学的学习有益，对其他课程的学习也有积极的促进作用。

二、讲授计量经济学需兼顾实践动手操作能力的培养

学习计量经济学归根结底还是要应用于实践，因此，计量经济学的学习，除了对计量经济学基本思路进行讲解外，还需加强学生的实践动手能力训练。学生的实践动手能力可以从以下两方面加以训练。

一是加强对统计软件 Eviews 的训练使用。加强对统计软件 Eviews 的训练使用是前提，只有对统计软件 Eviews 熟练使用了，才谈得上后续的回归模型的建立。对于统计软件 Eviews 的训练使用，应包括数据如何导入，数据如何清洗，怎样根据菜单栏相关命令做简单的普通最小二乘法（OLS）

回归等，关键是要学生掌握窗口上各个菜单命令的使用。

二是针对不同情景，加强学生建立模型的能力训练。建立模型的主要步骤包括：理论模型的设计、样本数据的搜集、模型参数的估计和模型的检验（李子奈和潘文卿，2020）。对于回归分析，如果有好的理论模型作为基础，则更具有说服力，回归分析一般只能说明变量之间的相关性，要对变量之间的因果关系做出判断，常常需要依赖于经济理论（陈强，2014）。因此，加强学生建模能力培养，要先提升学生的宏观、微观经济学素养，只有具备扎实的经济学基础知识，才谈得上如何去建立适合的计量模型。样本数据的收集这一环节具有承上启下的作用。无论多么高深的计量方法，如果原始数据的质量有问题，也只能是“垃圾进去，垃圾出来（garbage in，garbage out）”（陈强，2014）。因此，对于样本数据的收集，如果是自己收集的数据，要注意样本应尽可能具有代表性，即尽可能代表总体样本，否则就可能出现样本选择性偏差和样本自选择偏差，从而导致估计参数有偏。对于模型参数的估计，至少要让学生理解掌握好普通最小二乘法（OLS）估计方法，其他的回归方法，比如加权最小二乘法、非线性最小二乘法、向量自回归模型等可以适当展开介绍。对于运用 OLS 估计方法回归得到的结果，要让学生掌握回归系数显著性的判断、理解并解释回归系数正负性含义、根据可决系数大小来增减解释变量或控制变量等。对于模型的检验，主要让学生掌握好解释变量的内生性检验及如何解决，尤其是工具变量法的运用，要让学生理解和掌握多重共线性的含义和判断以及如何克服多重共线性。

三、建议

（一）合理安排计量经济学课程的开设时间

如前文所叙，学习计量经济学至少需要经济学理论（宏观、微观经济学）、高等数学和统计学知识，由此，在专业培养方案上，计量经济学课程的安排应排在这些课程后面，最早也只能排在大三第一学期。目前，有些专业的计量经济学课程与统计学课程安排在同一学期，建议能够错开，否则会加大学生学习计量经济学的难度，从而会诱发学生厌学情绪，进而有可能会影响其他学科的学习，后果较为严重。

（二）增加学习计量经济学课程学时

对于计量经济学课程的教学，如果要让学生掌握经典的计量经济学理论，目前一个学期 48 个学时是远远不够的，建议用两个学期（96 学时）来让学生学习计量经济学课程。只有上课时间有保障，学生才能对经典计量经济学理论体系有一个较为完整的认识，同时，学生也才有一定的时间进行建模上机训练。增加学生上机实践操作还有一个好处，即通过上机实践操作不但可以让学生将计量经济学理论运用于实践，充分发挥学生的主观能动性，更重要的是可以让学生获得成就感，从而调动起学生学习计量经济学的积极性，进而增强学生学习的自信心。

（三）把思政教育融于教学过程，用思政教育激励学生学习

计量经济学难教、难学，但也是一个教育培养学生不畏艰难、知难而上、奋发向上精神的好机会。让学生从最简单的概念开始学起，逐步攻克各个概念、知识点，最终能基本理解经典的计量经济学理论并能简单建模，这无疑会极大地增强学生克服困难的勇气和决心，也极大地锻炼了学生勇于探索的科学精神。

参考文献

[1] 陈强. 高级计量经济学及 Stata 应用 [M]. 北京：高等教育出版社，2014.

[2] 李子奈，潘文卿. 计量经济学 [M]. 北京：高等教育出版社，2020.

高校实施项目制教学的关键成功因素及机制研究

——基于经济类课程教学实践的分析

▶ 齐瑞福

项目式学习（PBL）是指学生通过一段时间内对真实的、复杂的问题进行探究，并从中获得知识和技能的教学方法。“项目制教学”在很多高等职业院校实施并取得了很好的效果。“项目制教学”的核心要点就是“围绕项目主线、发挥教师主导、体现学生主体”。针对项目制教学的探索，在国内，职业院校实施的情况较多，本科教学主要集中在工程、计算机等相关专业。本文根据教学成功实践与失败教训，总结提炼经济类课程如何开展项目式教学，旨在提高经济类学生对课程的理解能力和知识转移能力。

一、项目制教学研究综述

（一）研究背景

高校作为人才培养的主要基地，需要适应社会需求的变化，培养具有较强问题解决能力与创新能力的人才（刘会洪等，2018）。传统的经济学教学模式存在着一定的弊端，如何全面提升经济学的教学水平，颠覆传统的教学理念，变被动式教学为主动式学习，成为当前经济学教学亟待解决的问题之一（彭云艳等，2013）。“项目制教学”模式是经济发展到一定阶段的必然产物，是高校应用型教育教学模式自我完善的需要，也是培养高技能专业人才不可缺少的教学环节。“项目制教学”模式通过项目实践，提高了学生的就业竞争力，为学生毕业后走向工作岗位奠定了坚实的基础。“项目制教学”模式将设计作为一种高度综合性的交叉学科来组织教学，为探索工学结合的人才培养模式提供了一个很好的运行方式，带动了专业建设的整体发展，形成有效的“产学研”一体化教学（张婷，2013）。

（二）研究意义

传统的以知识和教师为本位或中心的培养定位，单纯向学生传授系统学科专业知识的传统教学方法和人才培养模式，已经不能适应时下我国社会经济发展对高校教育人才培养提出的新要求。项目制教学法非常有必要在当前我国高教领域中进行大力推广和广泛使用，实现相关研究从理论到实践、从研究点到研究面的整体突破（袁唯，2018）。作为教学理念不断发展的产物，项目制教学模式理念在一定程度上颠覆了以往的教学形式，更加关注学生在学习过程中的自主性和积极性，学生也不再是被动接受知识的参与者（闫楠，2019）。在 PBL 教学中，教学活动是以专业知识学习为主线展开的，整个学习过程是学生从书本到实践，又从实践到书本的过程，培养了学生灵活掌握书本知识的能力（马真，2011）。PBL 教学模式作为一种开放式的教学模式，以理论知识体系为依托，结合了实践教学、探究性教学、启发式教学（范晓男，2015）。著名心理学家皮亚杰提出，“项目教学法”的本质内涵是建立在建构主义教学理论基础上的一种教学方法，是符合学习主体认知规律的教学模式（蔡佩玲等，2015）。项目制教学的实施按照设计工作的过程和各阶段的任务展开，调动学生的学习积极性，培养学生基于职业的创新、沟通、协调、就业等能力（宫蓉蓉，2019）。实践证明，在课程中项目教学法的使用较传统教学法能够更加有效地提升学生的学习效果和满意度，能够有效提升学生的实践操作能力和职业素养（袁唯，2018）。在我国，经济类课程也开始尝试进行 PBL 教学，如基于情景平台的经济管理类 PBL 教学模式的实践探索（黄永斌等，

2007）、基于 PBL 的经济管理实验教学变革研究（黄杰等，2010）、对国际金融课程进行 PBL 教学研究（孙伍琴，2012）、对经济博弈论课程基于 PBL 教学模式研究（梁姗姗，2013）。项目教学法以项目作为教学载体，把工作任务作为教学的中心，将行为导向作为教学方法，促使学生在项目进行的过程中掌握教学知识与技能（赵斌，2016）。PBL 教学模式的实施有利于提升应用型本科人才解决实际问题的能力，有利于引导应用型本科人才自主学习增强发展后劲（鲁朝云，2018）。目前，关于 PBL 教学方法应用于经济学课程中的研究还很少。因此，研究 PBL 教学方法在经济学课程的应用，具有非常重要的理论和实践意义。

（三）国外实施情况

关于项目制教学的起源有不同的论述。1969 年美国教授霍华德·巴罗斯（Howard Barrows）提出 PBL 的教学模式，又称基于问题式教学、研究性教学或问题导向教学，并广泛运用于医学、法律、社会学等领域，成功架起了理论和实践沟通的桥梁（聂勇，2011）；也有文献提出，项目制教学由英国曼彻斯特大学商学院所创，它把学生分成不同小组，以讨论的形式对大量商业咨询案例进行研究，该项目制教学与哈佛商学院的“案例教学法”同享盛名（燕静，2018）；另外有文献表明，项目制教学是德国职业教育在 20 世纪 80 年代开始大力推行的一种“行为引导式的教学形式”，这种以“项目”为主体以职业行业为引导的教学方式是一种通过组织学生真实地参加项目设计、履行和管理，完全在项目实施过程中完成教学任务的过程（虞建利，2008）。不管 PBL 教学模式起源于何时何地，目前该模式已经被广泛运用于各个领域，主要体现在理论探索研究和实践生产研究。在理论探索方面侧重于采用问题式学习（Problem-based Learning），在实践生产方面侧重于采用项目式学习（Project-based Learning）（付国秋，2019）。PBL 模式在丹麦奥尔堡大学、澳大利亚维多利亚大学和英国曼彻斯特大学各个专业领域的教学中均有应用，在特拉华大学、斯坦福大学、范德堡大学等大学的官方网站上对 PBL 模式在该校各学科的具体实施都有详细介绍（王文胜，2014）。奥尔堡大学从 1974 年建校至今一直实施独特的 PBL 教学理念和模式。有证据表明，奥尔堡大学培养毕业生尤其在项目设计以及人力资源管理、创新、沟通和生活知识等方面都比其他学校具有更优秀的表现（廖洁丹，2018）。国外一些高校如荷兰马斯特里赫特大学和英国普利茅斯大学、阿尔斯特大学等已开始在经济学课程中采用 PBL 教学，积累了一些有益的经验。

（四）国内实施情况

国内已经有许多一线教师关注到了 PBL 教学法应用在经济学课程教学的重要性并进行了积极的尝试。欧阳勤等（2017）对 PBL 教学法在经济学教学中的实践进行了研究；周子元（2017）对 PBL 教学法在西方经济学课堂教学中的应用进行了研究；彭云艳等（2019）对应用型高校经济学课程 PBL 教学法进行了有益尝试与反思。胡良益等（2012）以公司治理学课程教学为例，分析该门理论课程在当前教学中所存在的不足，并在此基础之上，运用欧美国家普遍采用的项目学习模式，探讨课程教学改革与创新的思路。范晓男（2015）以计量经济学课程为例，研究了 PBL 教学模式在经管类专业创新型人才培养中的应用。石立哲（2017）对 PBL 教学法在区域经济学教学中的应用进行了思考。聂勇（2011）对 PBL 教学法应用在金融学教学中进行了实践与思考，认为金融学是一门综合性和关联性较强，内容丰富并且更新速度快的课程，在传统填灌式的教学模式下，理论联系实际差，学生主动获取知识的积极性不强；梁丽丽（2019）研究了 PBL 教学法在金融学课程中的应用，并根据自己的教学实践，证明 PBL 教学法在金融学课程中的应用成效显著。梅淑元（2016）对 PBL 教学法在本科微观经济学教学中的应用进行了研究；高国辉（2016）探讨了 PBL 在微观经济学课堂教学中的应用。王瑞鹏（2013）研究了 PBL 教学模式在公共经济学教学中的应用；刘雅佳（2014）以公共经济学课程教学为例，对基于 PBL 教学模式下的案例分析法应用进行了研究。李繁荣等（2017）研究了 PBL 教学法在政治经济学课程教学中的应用。范晓男（2011）探讨了计量经济学课程引入 PBL 教学方法的必要性，分析了 PBL 教学方法在计量经济学课程教学过程中的应用及效果；余许友（2016）以经济学专业部分班级为样本作为考察对象，实施了 PBL 教学法在计量经济学中的应用，并利用单因素方差分析方法检验 PBL 教学在计量经济学应用的效果；刘新华等（2019）提出了计量经济学应用 PBL 法的课程教学评价方法；叶霖莉（2014）阐述了在计量经济学教学中采用 PBL 教学模式的可行性，并对 PBL 教学模式在计量经济学教学过程中的具体应用过程及其优势进行了研究。

二、教学的成功实践

笔者从 2016 年开始尝试项目制教学法，已经在公司治理学、证券投资基金管理学、公司兼并与重组、创业管理学四门课程进行了成功实施。

（一）公司治理学

公司治理学是一门理论性与实践性较强的课程。通过情景模拟和角色互换体验，营造身临其境的学习环境，有效增强学生的感悟能力，加深学生对公司治理的理解，使学生在探索学习的过程中更好地发现和理解知识点，提高解决实际问题的能力，学会换位思考，体会如何经营、管理公司，并体验激励员工的过程。

（1）设立问题情境。公司治理学是一个双语班的专业选修课，其课程内容涉及董事会、监事会和高管的激励等问题。学生没有在上市公司工作的经验，而一般中小企业没有完备的公司治理体系，导致学生对课程内容的理解和把握存在偏差。为了提高教学质量，必须把学生置于上市公司的场景中，并让学生担任不同的角色。

（2）设计项目。每组设定 6 ~7 名学生，一起组建公司。全部共分 4 组，成立了 4 家公司。小组成员共同推选董事长、总经理和高管等。各位成员明确各自分工，模拟公司运营。在教学过程中，按照章节对学生进行引导，根据自己的角色进行分析，同时，借助抢答问题的方式获得收入，维持公司经营。

（3）期末总结。每个公司利用 PPT 介绍自己的业务情况，并展示公司的财务报表情况。在实施过程中，公司之间可以相互收购。

（二）证券投资基金管理学

本课程是专业选修课，每周只有1次课。证券投资基金管理学涉及的内容比较抽象，不同于证券投资学可以让学生模拟炒股。本课程涉及证券基金的发行、上市与交易以及终止与清算方面的内容，同时还涉及业绩评价、监管、国际比较、世界主要国家和地区证券投资基金的发展趋势等内容。若仅仅讲授理论知识，学生的体会不深，所以本课程就尝试了采用项目制教学方式，提高学生的参与度，增强学生对证券投资基金管理的理解。

（1）任务情景设定。引导学生了解真实的投资世界，对市场上存在的证券投资基金进行研究，特别关注国有投资基金情况，分析其成立过程和投资情况。

（2）任务分工。为了了解基金情况，让学生按省份收集各省的证券投资基金公司。通过收集公司信息，了解公司用人、投资情况，对理解课本知识和未来就业都有很大帮助。每个学生都分配任务，将4~6名学生分为一个小组，每组选出1名学生作负责人，每周收集本组学生的成果。

（3）总结提炼。每周上课前，小组组长收集资料。课堂上，老师对照课程进度对收集的资料进行分析，并对小组的成果进行评价打分，引导下一次收集时注意的事项。

（三）公司兼并与重组

本课程为3个班级的专业选修课，教材涉及范围非常广，包括并购的市场环境、并购重组法律法规、常用并购策略、反收购防御及公司治理、业务发展和并购计划、从寻找到交易达成、收购兼并、商业联盟、并购现金流估值、相对估值、资产导向估值、实物期权估值基础、并购估值、交易结构、谈判中的财务模型应用、非上市企业的分析和估值、交易结构的支付和法律考量、交易结构设计的税务和会计考量、私募股权、对冲基金、高杠杆率交易、剥离、分拆、股权剥离、拆分和库存股票、破产重组和清算、跨境并购分析和估值等各个方面。书中案例较多，但每个案例不完整，只对应本章节的内容，没有连贯性。

（1）结合项目。结合“新形势下国企长效激励机制研究”的项目。项目中涉及国有企业混合制改革、国有资产运营平台和国企重组等内容，与本课程中的收购、兼并与重组的内容关联大。

（2）任务分工。将学生分成三大组，分别收集跨境收购或兼并、国有企业涉及的收购或兼并、民营企业涉及的收购或兼并。每个大组再按 4 ~ 6 人分成小组。分组收集数据，促使学生通过大量的市场调研、资料汇总等工作，对各类并购行为的分析总结，及时把握市场脉搏。

（3）总结提炼。每周上课前，小组组长收集资料。课堂上，老师对照课程进度对收集的资料从数量和质量两个方面进行评价，各个小组形成竞争，引导下一次收集时如何与教材中的内容结合，使学生从被动学习转为主动学习。

（四）创业管理学

本课程面向 4 个班级，为专业选修课，主要围绕创业者在创业过程的不同阶段所遇到的实际问题，涵盖了创业管理中的核心内容，主要包括商业计划、创业融资、新创企业战略等。因为大多数学生毕业后不会创业，所以课程的内容难以吸引学生学习。为了提高学生的兴趣，尝试采用项目教学法，促进学生参与创业的情景。

（1）结合项目。结合“广州地区高校创客教育发展模式、路径选择、智库平台研究”项目。项目与高校大学生创新创业密切相关，可以与本课程较好结合。

（2）任务分工。项目教学分为三大部分：创客空间的收集、投资人的收集和新创企业的收集。5 ~ 6 人一组，分组收集以上三大部分内容。创客空间的收集主要集中在北上广深四个城市，学生通过参观广州地区比较典型的创客空间加深对创业的理解；投资人的收集面向全国范围，并列出投资的相关项目；新创企业的收集过程比较复杂，从天使轮到上市的整个过程，包括每次融资的额度和估值情况。

（3）总结提炼。每周上课前，小组组长先收集资料发给老师。老师在课前先进行消化，然后在课堂上对收集的资料进行综合评价，促进各个小组形成竞争机制，指出下一次收集资料时注意的事项。实际了解创业过程，能够让学生感受创业过程的艰辛、风险和惊喜，体会创业者的酸甜苦辣，引导学生理性创业，珍惜毕业后的工作机会，感恩经过风雨、创业成功、为社会提供工作岗位的企业家们。

三、实践中的失败案例

项目制教学需要“天时、地利、人和”才能成功，才能起到预定的效果。在具体实践项目教学中也存在失败的案例，例如，计量经济学课程的项目制教学。总结其失败的原因，有助于提高项目制教学水平。

（1）设计计量经济学课程项目制教学。根据金融、统计、税收、投资四个不同专业，分别设立问题的现实情境，虚拟研究项目，引导学生通过计量经济学的知识进行研究。在分组之前，先统计学生英语、概率论的成绩，对学生进行优化分组，方便收集数据、处理数据。完成一个计量模型的分析，涉及较多的内容，包括问题选择、文献检索、资料收集、理论模型设计，并检验模型是否存在多重共线性、内生性、异方差等问题。引导学生从不同的角度去看待以及解决现实问题，鼓励小组的合作协作。四个班级一共分成了29组，主要围绕计量经济学在结构分析、政策评价、经济预测、理论验证四大方面的应用展开研究。

（2）实施计量经济学课程项目制教学。从问题出发，引导学生基于自己的专业在现实中寻找问题。金融学专业学生从科技金融、金融科技、金融人才未来发展等方面选题；统计学专业学生从产业升级、消费金融、微信使用、手机使用等方面选题；投资学专业学生从股权投资、科技投资、量化投资等方面选题；税收学专业学生从税收对创业的影响、税收对科技创新的影响等方面选题。

（3）计量经济学课程项目制教学实施过程中的阻力。提出问题后，学生没有动力实施，也不收集资料，更不知道如何查找数据以及设计调查问卷，完全依赖老师去推动每一个环节。作者讲授问卷调查的知识时，学生感觉与课程无关；笔者介绍 84 名诺贝尔经济学奖得主中与计量经济学相关的资料时，学生也感觉与课程无关；笔者计划采用 2019 年诺贝尔经济学奖得主为巴纳吉随机对照实验的方法开展手机如何影响上课效果的研究，可以与计量经济学课程很好地结合，但最终还是因学生不感兴趣而遗憾放弃。因无法继续按设定的项目制教学，只能采用传统的授课方式，并要求学生在期末读 3 篇与本专业相关、采用计量经济学方法研究的论文。

（4）计量经济学课程项目制教学实施失败的原因。通过反思，在计量经济学实施失败的原因来自老师、学生和课程三个方面：老师没有实际的项目，涉及虚拟的项目太多，没有精力单一辅导，同时没有动力对虚拟的项目进行全程跟踪；学生压力大，忙于各类考试和活动，对较难的课程存在排斥感，难以放松参与项目研究，即使老师单独拿出时间给个别小组进行辅导，但因学生的精力有限，也无法进展下去；从课程上讲，计量经济学的价值主要体现在以后的工作和研究活动中，而当前大多数本科学生很难体会出其中的价值。从当前的情况看，对大多数学生来说，计量经济学属于应付考试拿学分的课程。

四、项目制教学存在的问题

项目制教学在实施过程中必然存在很多问题，很多一线老师在具体实施过程中总结了很好的经验。马真（2011）提出项目教学存在学习初期的抵触情绪、学生课业负担过重、学生理论储备不足等问题。梁丽丽（2019）提出学生参与的积极性不高和学生创新意识不强的问题。付国秋（2019）较为全面地提出对老师的要求更高、学生能力参差不齐、课前准备重点把握不准等问题。

以上研究成果基本上包括了在项目制教学中面临的普遍性问题。除此之外，笔者在实施过程中还有以下六个方面的体会。

（1）老师参与度较难把握。在 PBL 学习中，老师成为学生自主学习的指导者，适当地讲评可以对学生的学习起到促进和点睛的作用，但讲到什么程度难以把握。程度过深，变成了老师在做、学生在看的局面；程度过浅，学生感觉无所适从，对老师有意见。

（2）课堂时间有限。在讲正式课程之前的 10 分钟，老师对每个小组的指导和点评略显不足，对学生的进一步提升帮助有限。

（3）学生的兴趣点不一致。因每个小组都需要在课堂上展示，不同的项目对不同学生的吸引力不同，往往导致有些学生排斥自己不感兴趣的内容，感觉浪费时间。

（4）影响课程的正常进度。PBL 是一种跨学科的学习方式，要求学生掌握全面的知识。因学生学习能力的限制，满足项目需要的同时，难以自学课程，对书本中的理论知识掌握不够。

（5）学生焦虑感较强。学生对必修课产生焦虑，对选修课比较放松。课程的性质也影响了学生对 PBL 的参与积极性。

（6）学生的时间和精力不够。学生忙于考取包括大学英语四级、六级在内的各类证书，或是参加各类社团活动，占据了大部分课余时间。

五、实施项目制教学的关键成功因素及机制

项目制教学成功实施必然有其存在的关键因素。通过分析和总结其关键成功因素，有利于项目制教学的落地。文献显示，从哈佛大学、斯坦福大学等一流大学到普通职业院校都可以实施项目制教学，与学校的水平没有关系；从医学、计算机等理工科到经济管理类社会科学也都可以实施项目制教学，与学科、课程等没有关系。作者通过文献研究及实践经验，提炼出以下四个项目制教学的关键成功因素。

（一）根据课程的不同设计对应的项目

创新创业、投资类、公司运营、营销、电子商务等经济管理类课程，实用性强，在设计项目制教学时难度较小，容易引起学生的兴趣；而在设计统计学、计量经济学、国际金融、宏观经济学等课程的项目制教学时，因其课程本身的特点导致难度较大，在设计项目时，需要根据课程情况，

适当增加对学生的激励。

（二）根据学生层次不同设计不同难度的项目

根据不同学校学院的学生情况对项目进行设计，例如行为经济学、计量经济学、博弈论、宏观经济学等课程在名牌重点大学可以尝试开展项目制教学，而具有操作性质的课程则更适合在一般应用型院校开展项目制教学。

（三）根据老师具体情况设计不同的项目

老师需要选择自己比较熟悉的领域或实际的项目开展项目制教学，例如作者非常熟悉上市公司治理情况，并有实际项目，所以在开展相关课程的项目制教学时比较容易。学校也要鼓励老师多参与实际的项目，才能让老师有信心和动力开展项目制教学。例如，1924 年哈佛大学教授们共同成立了美国开放式公司型共同基金的鼻祖“马萨诸塞投资信托基金”；斯坦福大学的物理系终身教授张首晟对创业投资有非常浓厚的兴趣，非常看好金融科技创新，同时对区块链、人工智能、VR 有浓厚兴趣，带头投资很多项目，其中仅区块链项目就有 30 多个。

（四）学校为项目制教学提供配套的体制机制

学校的体制机制是项目制教学成功的关键，也是促进老师和学生参与创新创业的关键。老师和学生都处于学校大环境中，其行为受学校管理模式的影响。从某种意义上讲，学校的体制机制决定了老师和学生的行为方式。

（1）学校的校风。学校的校风就是学校的文化，一个学校的校风主要来自最终决策者的行为偏好。例如，哈佛大学、斯坦福大学等一流大学的成功实践来自决策者带头示范效应，不断激励、唤醒、鼓励学生创业创新。Google 母公司的董事长、有“硅谷教父”之称的斯坦福前校长亨尼斯是美国计算机科学家、MIPS 公司创始人。斯坦福大学培养了众多高科技公司的领导者，包括谷歌、惠普、雅虎、罗技、特斯拉、思科及 eBay 等公司的创始人。斯坦福大学开展项目制教学就有非常坚厚的校风，从校长到教授，都乐于开公司、做项目、带领学生开展社会实践。

（2）学校的教风。有些学校在老师选课方面鼓励课时尽量多，不鼓励老师在校外兼职，怕老师分散精力。另外，在教材使用、课件制作、考试形式、课程大纲等方面的诸多限制，都会影响老师开展项目制教学的积极性。在排课方面也有很多限制。例如，有些学校规定在晚上和周末尽量不安排课，导致老师无法积累项目经验，对学生的教学只能聚集到课本知识。学校层面应该加强试点，如同国家建立各种特区、开发区、保税区、示范区、自贸区等形式一样，加大顶层设计突破。没有良好的配套措施，项目制教学只能停留在表面，难以调动教师积极性。

（3）学校的学风。部分高校的学风仅限于课堂上传授知识，同时，学生又不愿意参与跟课程考试无关的事情，认为参与老师设定的项目制教学是浪费自己的时间。在此情况下，强行推行项目制教学可能影响正常的师生关系。学校层面需加强这方面的引导，让学生充分认识到理论与实践结合的重要性，逐步形成尊师重教、积极向上、奋发图强的良好学风。

六、结论

项目制教学是大势所趋，具有很好的教学效果。经济类课程开展项目制教学大有可为，为培养创新型人才提供了有效途径。项目制教学有成功也有失败，需要从课程、学生、老师、学校体制机制等不同方面进行有效设计。为推动项目制教学的成功实施，学校层面必须进行顶层设计，破除影响创新的机制，厚植教学创新的土壤，激发教师创新的动力，提高学生创新的能力。

参考文献

［1］白雪. PBL 教学法在区域经济学教学中的应用［J］. 教育教学论坛，2015(50)：149－151.

［2］蔡佩玲，王婷，部硕，等. 从新西兰怀卡托理工学院看以学生为中心的课堂反转［J］. 解剖学研究，2015，37（4）：309－310.

［3］范晓男，鲍晓娜，孙晓程. PBL教学模式在经管类专业创新型人才培养中的应用研究——以《计量经济学》课程为例［J］. 人力资源管理，2015（1）：208－209.

［4］付国秋. PBL教学法介评［J］. 现代交际，2019（21）：220，219.

［5］高国辉. 基于问题导向（PBL）的《微观经济学》课堂教学［J］. 邢台学院学报，2016，31（3）：182－183.

［6］宫蓉蓉. 新西兰项目制教学的实践及启示［J］. 长沙民政职业技术学院学报，2019，26（2）：115－117.

［7］胡良益，辛政华. 基于项目学习模式的西方经济学教学改革研究［J］. 赤峰学院学报（自然科学版），2012，28（13）：236－237.

［8］黄杰，熊轩. 基于PBL的经济管理实验教学变革研究［J］. 福建商业高等专科学校学报，2010（5）：43－46.

［9］黄永斌，谭福和，鞠芳辉. 基于情景平台的经济管理类PBL教学模式的实践探索［J］. 实验技术与管理，2007（6）：98－103，134.

［10］李繁荣，张改枝. PBL教学法在《政治经济学》课程教学中的应用分析［J］. 教育现代化，2017，4（49）：325－327.

［11］梁丽丽. PBL教学法在金融学课程中的应用研究［J］. 知识经济，2019（18）：131－132.

［12］梁姗姗. 经济博弈论课程教学探索——基于PBL教学模式［J］. 现代商贸工业，2013，25（8）：131－132.

［13］廖洁丹. 丹麦奥尔堡大学PBL教学模式中教师角色反思［J］. 教育现代化，2018，5（46）：14－15.

［14］刘会洪，石华军. PBL教学法在西方经济学教学中的应用探究［J］. 大学教育，2018（2）：118－120.

［15］刘新华，向凌慧，何李红. 应用PBL法的课程教学评价——以计量经济学为例［J］. 教书育人（高教论坛），2019（33）：88－90.

［16］刘雅佳. 基于PBL教学模式下的案例分析法应用——以公共经济学课程为例［J］. 大学教育，2014（4）：62－63.

［17］鲁朝云. 应用型本科经济学课程PBL教学模式思考［J］. 产业与科技论坛，2018，17（13）：197－198.

［18］马真．美国 PBL 教学模式及在我国高校研究生教学中的应用研究［D］．济南：山东师范大学，2011.

［19］梅淑元．PBL 教学法在本科“微观经济学”教学中的应用［J］．河北农业大学学报（农林教育版），2016，18（5）：58－61.

［20］聂勇．PBL 教学法在金融学教学中的实践与思考［J］．中国证券期货，2011（11）：220－221.

［21］欧阳勤，刘秀光，何鹏飞．PBL 教学法在经济学教学中的实践研究［J］．文山学院学报，2017，30（3）：86－89.

［22］彭云艳，赵淑英，韩巍．PBL 理念下微观经济学课程培养模式研究［J］．价值工程，2018，37（13）：254－255.

［23］石立哲．PBL 教学法在区域经济学教学中的应用思考［J］．山西农经，2017（5）：137.

［24］孙伍琴．《国际金融》PBL 教学法探索［J］．经济视角，2012（3）：127－128.

［25］王瑞鹏．浅析 PBL 教学模式在《公共经济学》教学中的应用［J］．牡丹江教育学院学报，2013（1）：144，160.

［26］王文胜．对经济学课程应用 PBL 教学法的探讨［J］．湖北经济学院学报（人文社会科学版），2014，11（7）：171－172，178.

［27］闫楠．我国高校广告学项目制教学模式的现状及思考［J］．卫星电视与宽带多媒体，2019（18）：65－66.

［28］燕静．项目制教学与工程教育人才培养模式改革［J］．长江大学学报（社会科学版），2018，41（4）：120－124.

［29］叶霖莉．PBL 教学模式在计量经济学教学中的应用［J］．湖北经济学院学报（人文社会科学版），2014，11（7）：173－175.

［30］余许友．PBL 教学法在计量经济学中的应用［J］．时代经贸，2016（9）：68－70.

［31］虞建利．“课程制教学”与“项目制教学”之差异［J］．职业，2008（3）：65－66.

［32］袁唯．项目制教学法对提高高校课堂效率的作用分析［C］//《教师教学能力发展研究》科研成果集（第十七卷）．《教师教学能力发展研究》总课题组，2018：1932－1934.

［33］张婷．项目制教学方法与传统教学方法的差异性——以艺术设计专业为例［J］．重庆工商大学学报（自然科学版），2013，30（5）：106－110.

［34］赵斌．浅谈高职院校项目制教学改革［J］．亚太教育，2016（16）：143.

［35］周子元．PBL 教学法在西方经济学课堂教学中的应用［J］．科技经济导刊，2017（8）：177－178.

［36］朱思文．“项目制”实践教学在创新人才培养中的探索［J］．湖南科技学院学报，2015，36（11）：91－93.

关于金融学课程教学方法的总结与思考

▶蒙　亮

改善大学课堂的教育是一个具有挑战性的问题，并且这个问题已成为教育政策制定者、改革者长时间的关键思路所在。他们呼吁制定更复杂和雄心勃勃的目标，以使大学生为适应新的需求做好准备。弥合学习经验与现实世界之间的鸿沟一直是一个挑战。但是，有一种观点认为，真正的学习体验应该与下面的思路完全相关：将现实世界与教室联系起来。这些经验使学生能够将正规教育中的概念和理论相结合，并将其应用于现实世界中（Borthwick，2007）。

本文描述了金融专业学生接受更好教育的愿景。在当今瞬息万变的经济环境中，金融业已经取得了长足的发展，需要具备金融知识能力的年轻人来填补该行业所保留的职位。

金融学课程介绍了公司金融学的理论和应用，被认为是商业课程中最量化和理论化的学科之一。金融的动态性和复杂性要求不断发展新的理论。在过去的几年中，整个金融专业不断地被引入新的模型、理论和经验结果中，并且这种趋势是持续的。金融的迅速变化对商业教育有着深远的影响。特别是，如此广泛而严格的理论发展，在最近的几年，使大学教室中的金融教学越来越具有挑战性（Chang，2005）。

即使对于有经验的讲师来说，教授入门金融学也是一个挑战。金融学的教学之所以独特，是因为金融学是一个值得商榷的话题，需要反复研究。一般而言，入门金融学的目标是使本科生在毕业后进入金融专业界，成为一名从业者或专业人士，以使其具有竞争力。为了使学生做好准备，需要告诉他们什么是金融学、金融领域的职业机会以及管理财务的基本角色和职责，例如财务分析、预测和计划；投资和融资决策；财务协调与控制；与金融市场打交道和风险管理。这些金融学主题根据教师使用的课程大纲分为几个子主题。

为了适应知识与技能之间互动的需求，柯恩等（Cohen et al.，2003）在一个名为“教学三角形”的波纹管图中对此进行了描述（见图 1）。他们认为，教学实践是双向箭头所代表的工作，它利用专业知识和技能来使这些互动最有效地促进学生的学习。

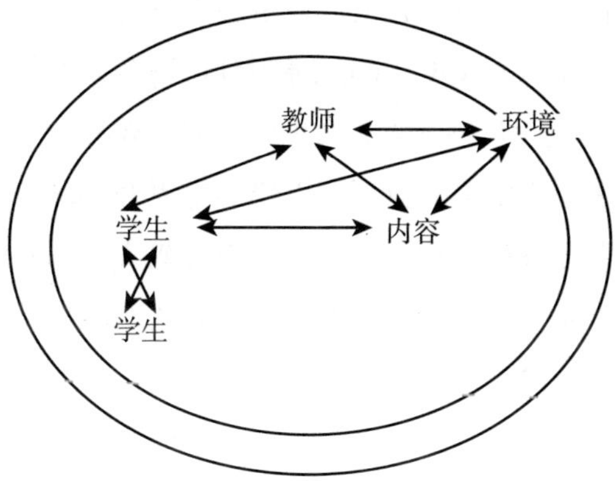

图 1　教学三角形

本文的目的是描述最适合学生的最佳教学方式和方法。本文回顾了一些挑战，这些挑战会使金融教学过程变得更加有趣，富有挑战性并且易于理解。

一、金融学课程应该涵盖的知识

在金融学课程中，学生将学习如何理解公司金融的理论和实践。通过强调财务管理的原理、概念和工具的实际应用，学生们拓宽了他们对金融意义的看法。作为专业教师，我们有责任培养金融专业的学生，让学生一旦毕业后进入该行业，便有能力成为一名金融经理。公司的财务经理在公司的目标、政策和财务成功方面发挥着重要作用。财务经理的职责包括财务分析和计划、投资决策、融资和资本结构决策、财务资源管理和风险管理。

回顾行业中金融理论和实践的最新发展，我们意识到，对于将成为专业人士的教师和学生而言，知识和技能得到了更新，因此，为了更深入地了解这一快速变化领域的最新发展，管理人员和研究人员都必须不断学习金融。

作为金融教师，在金融学课程中应该定下基本目标：（1）创建一个教学案例，以帮助学生做出更好的财务决策；（2）提供可以在金融学课程中使用的课外阅读材料，并且还必须准备足够完整的教案资料，以在后续案例课程和毕业后用作参考文本；（3）通过证明财务既有趣又有意义来激励学生；（4）使教学过程足够清晰，帮助学生阅读教材。

下文将总结主要教学法的应用，以使学生更好地理解金融材料，包括理论和实践。对财务理论的理解对于任何制定或实施有效财务策略的人都是绝对必要的。但是仅凭理论是不够的，因此我们应该提供大量示例，以说明如何在实践中应用理论。

二、归纳式教学

归纳式教学方法有多种形式，包括基于查询的学习、基于问题的学习、基于项目的学习、基于案例的教学、发现学习和即时教学。传统上，教学通常采用演绎法，老师教给学生相关的理论和数学模型，然后继续进行教科书练习。然而，卡达什和华莱士（Kardash & Wallace，2001）在他们的论文中认为，传统的教学方法显示出将课程内容与现实世界联系起来的失败。

普林斯和费尔德（Prince & Felder，2007）认为，激励学生的更好方法是归纳式教学，其中导师首先向学生提出特定挑战，例如要解释的实验数据，要分析的案例研究或复杂的现实世界要解决的问题。应对这些挑战，学生迅速认识到对事实，技能和概念理解的需求，这时老师会提供指导或帮助学生自行学习。文献还表明，归纳法鼓励学生采用深度学习方法（Ramsden，2003）。归纳法的共同点是，向学生提出挑战，然后学习他们需要知道的知识来应对挑战。这些方法的不同之处在于挑战的性质和范围，以及学生在尝试应对挑战时从其指导老师那里获得的指导数量。

三、探究式教学

在探究驱动式的学习中，学生面临挑战（例如要回答的问题、要解释的观察或数据集或要检验的假设），并在应对挑战的过程中完成所需的学习。与所有归纳方法一样，解决挑战所需要的信息以前不会在讲座或阅读中明确涵盖，尽管通常会以以前已知的材料为基础。

探究式学习为学生提供了体验收集有关信息过程的机会。这要求学生、老师、可用资源和学习环境之间进行高度互动。提问是探究学习的核心（Doner & Grande，2011），多纳和格兰德提供的策略在图 2 中进行了描述。

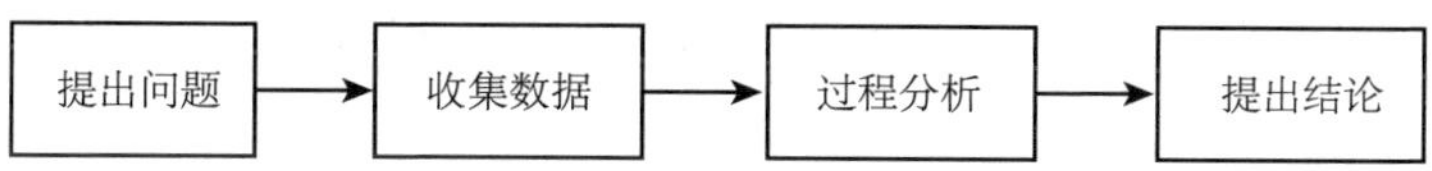

图 2　探究式教学路径

四、发现式教学

发现式学习基于苏格拉底式教学，这是用于培养批判性思维的最古老、也是最强大的教学策略。发现式学习使学生可以利用自己的经验和储备知识来发现要学习的真理。通过精心设计的指导，引导学生从已知的知识到未知的知识，将先前的知识与新的学习联系起来。发现式学习促进了一种以学生为基础的教学方法，在这种哲学中，老师承担着非传统的导师或教练角色，让学生自己寻找解决方案（Mastropeir，2006）。在发现学习中，学生面临挑战，只能自己制定解决方案。

梅耶（Mayer，2004）指出，鼓励主动学习的唯一方法是主动教学，而建构主义学习可以多种教学方式实现，包括传统教学，而不仅仅是无指导地探究。我们认为，鼓励学生的行为是使发现学习成功进行的一种好方法，但是老师的指导也是必要的。

五、问题驱动式教学

在基于问题的课程学习中，学生与老师一起解决复杂而真实的问题，这些问题有助于发展知识以及解决问题、推理、沟通和自我评估的能力。这些问题还有助于保持学生对课程材料的兴趣，因为学生意识到他们正在学习在该领域取得成功所需的技能。

多奇等（Dochy et al.，2003）在他们的研究中试图找出基于问题的学习的有效性。他们的研究结果表明，按常规教学，学生可能会在短期内获得更多知识，但如果进行基于问题的学习，则学生可能会保留更长的知识。在问题式驱动教学方法中，学生对主题的内在兴趣非常重要。教师培养学生的热情，强调学习而不是简单记忆，促进团队合作以及帮助学生成为自主学习者的行为将使这种基于问题的教学按计划进行。

六、项目制教学

项目制教学法的定义包含两个部分，其一是有一个用来组织和推动活动的问题；其二是这些活动产生了一系列的物品或产品，最终归结于一个解决问题的产品。学习活动是围绕实现共同目标而组织，强调学生的独立性、自我指导性、探究性和协作性，提供内容和技能的真实应用，并集中在开放式问题上，同时瞄准发展新的技能。

在项目制教学中，学生主要应用先前获得的知识，而最终产品（项目）是作业的重点。而在基于问题的学习中，学生先前并未获得必要背景材料的正式指导，解决过程比最终产品更重要。项目是复杂的任务，基于具有挑战性的问题，使学生参与设计、问题解决、决策或调查活动，并使学生有机会在较长的时间里相对自主地工作，最终完成现实的产品或演示文稿。基于项目的教学涉及一些作业，这些作业要求学生产出一些东西，例如过程或产品设计、计算机代码或模拟、实验设计以及数据的分析和解释。基于项目的学习面临的挑战是定义项目的范围和难度是否适合班级（Prince & Felder，2007）。

老师在项目制教学中要做什么呢？（1）综合考虑学生知识技能背景，设定项目目标并给出适合的驱动问题；（2）就学生的调研方法、采访技巧、数据分析、知识解惑、专题指导等给予恰当的指导；（3）方案制作过程中给予团队管理、时间管理、专家引进、修正建议等协助；（4）给学生提供展示创造机会并给予反馈、提供评估。

项目制是一个以学生为中心、以探究为基础的过程，只有当学生将全部精力投入项目中时才会成功。以教师为主导的课堂和对内容的过度依赖都是机械教学的产物。作为一名采用项目制教学的老师，必须致力于将内容和技能融合起来，并使用领导手段来激励学生，将他们分成各个高效配合的小组，并教会他们如何管理自己的学习过程。

学生要做什么呢？（1）对问题进行调研、采访、整理数据资源并记录进度，定期阶段报告；（2）与团队成员自主判断、提问思考、头脑风暴、持续探究讨论可行方案；（3）和团队成员在自我管理、自主规划、反思讨论中制作实现方案；（4）学生收集修正建议和反馈评估进行改进，最终向公众或用户展示成品。

对学生来说，项目制教学法有不少好处：首先，它为学生们营造了一个轻松、主动的学习氛围，使其能够自主地、积极地畅所欲言，充分表达自己的观点，同时也可以十分容易地获得来自其他同学和老师的信息；其次，可使有关课程的问题尽可能多地当场暴露，在讨论中可以加深对正确理论的理解，还可以不断发现新问题，解答新问题，使学习过程缩短，印象更加深刻；最后，它不仅对理论学习大有益处，还可锻炼学生们多方面的能力，如文献检索、查阅资料的能力，归纳总结、综合理解的能力，逻辑推理、口头表达的能力，主导学习、终身学习的能力等，这些将对其今后生活工作打下良好基础。

需要注意的是，项目制教学的成功开展，需要学生的主动配合，从准备资料开始，就要结合提纲、问题去查阅大量的文献资料，并积极与其他同学交流沟通，大家同心协力得出最佳结论。这样的学习，花在前期准备工作上的时间精力大大多于普通的课堂学习，因此需要学生们有主动学习的自觉性，否则很难达到预期的教学效果和目标。

由于学生长期接受“填鸭式”教育，对传统教育模式形成一定依赖性，缺乏主动发现问题、解决问题的积极性和能力，部分学生只满足于获取好的“分数”，所以对项目制教学改革形式会觉得太“花费”时间，这也是一种依赖于以往教学理念和学习方法的表现，因此，学生也应从自身出发，完成角色转换，从被动的学习者转变为学习的主人。

七、案例式教学

在基于案例的教学中，学生研究历史或假设案例，这些案例涉及专业实践中可能遇到的场景（Prince & Felder，2007）。在这种基于案例的教学方法中，学生要挑战使用他们现有的知识并将其转变为案例的现实。另外，教师必须提供清晰、现实的案例，并涵盖教师希望探索的所有教学要点。

基于案例的教学相对而言结构更合理，并且具有丰富的上下文细节，并且学生所使用的材料已经比基于问题的学习更为熟悉（Lohman，2002）。研究表明，现实的传统教学方法，案例教学可以显著提高学生的保留率、推理能力和解决问题的能力（Fasko，2003）以及做出客观判断的能力（Dinan，2002）。

八、即时式教学

在即时教学中，学生在每次上课之前都会以电子方式回答概念性问题，而讲师会调整课程以对学生的回答所显示的误解做出反应（Prince & Felder，2007）。研究发现，即时式教学使测试成绩、课程保留、班级准备、课堂互动性和学生学习习惯得到了改善。它还提高了学生的成绩，并提高了他们在普通化学和有机化学课程中的参与度（Marrs & Novak，2004）。

九、结论

学生通过将金融课程中所学的知识与现实世界联系起来，可以更好地理解在应对不断变化的环境时将面临的问题。本文归纳总结了用于金融学课程教学的课堂教学方式，我们认为这种归纳式的教学方法总结将为教师和学生带来好处，包括改善反馈、提高绩效、增加热情，以及有更好的针对性和理解力。

我们建议：（1）通过向学生介绍他们未来的职业选择以及成为金融业金融分析师的吸引力，来培养学生的动力和热情。（2）应该在课程中建立一个互动的情境，以便可以创建分析技能和态度。（3）由于金融是理论与实践的结合，因此必须通过实践来提供学习。练习使用各种多媒体进行授课是向学生介绍现实中财务金融分析的一种好方法。（4）运用最新的真实数据进行练习是创建最新知识和经验的一种方式，可以使用上市公司的最新年度报告进行分析。（5）在老师的指导下，整个过程中必须有文字和监督。如果没有老师的陪伴，学生可能会被误导，并且无法实现有效和高效的教学过程。

参考文献

［1］Borthwick F，Bennett S，Lefoe G，Huber E. Applying Authentic Learning to Social Science：A Learning Design for an Inter-disciplinary Sociology Subject［J］. Journal of Learning Design，2007，2（1）：14－24.

［2］Chang S J. A Theoretical Discussion on Financial Theory：What Should We Teach and How?［J］. Journal of Economics and Finance Education，2005，4（2）.

［3］Felder R M，Brent R. The Intellectual Development of Science and Engineering Students. Pt. 1：Models and Challenges；Pt. 2：Teaching to Promote Growth［J］. Journal of Engineering Education，2004，93（4）：269－277.

［4］French D. Don't Confuse Inquiry and Discovery［J］. Journal of College Science Teaching，2006，35（6）：58－59.

［5］Kardash C，Wallace M. The Perceptions of Science Classes Survey：What Undergraduate Science Reform Efforts Really Need to Address［J］. Journal of Educational Psychology，2001，93（1）：199－210.

［6］Mayer R. Should There be a Three-Strikes Rule against Pure Discovery Learning? The Case for Guided Methods of Instruction［J］. American Psychologist，2004，59：14－19.

［7］Prince M，Felder R. The Many Faces of Inductive Teaching and Learning［J］. Journal of College Science Teaching，2007，36（5）.

［8］Thomas J W，Mergendoller J R，Michaelson A. Project-based Learning：A Handbook for Middle and High School Teachers［M］. Novato，CA：The Buck Institute for Education，1999.

基于 PI 教学法的线上线下混合式教学探讨和实践
——以“金融理财”课程为例

▶徐 浩

PI 教学法是由哈佛大学著名教授埃里克·马祖尔（Eric Mazur）创建的教学方法，也称为“同伴教学法”。该教学方法是一种交互式教学方法，可以将单一讲授的教学活动，通过资源转化逐步转变为学生自主学习、课堂测试和反馈、课堂合作讨论为主的模式，在课程概念教学、激发学生学习兴趣、培养创造性的思维、高水平的推理和批判性思维能力等方面都具有积极作用，同时对提高教学质量和培养学生的创新能力也效果显著。

线上线下混合式教学改革的设计与实践，是一种“互联网 +”的在线课堂与传统课堂的有机融合。线上课堂不受时间和空间的限制，由学生自主安排学习；传统课堂则是规定时间、地点及人物的“现场教学”，将这两种课堂结合在一起是“互联网 +”时代的必然，也将弥补传统课堂的不足。

PI 教学法的线上线下混合式教学，在“金融理财”课程的运用，可以将线上资源和线下资源整合，利用线上和线下各自的优势，实现学生自主学习、合作学习、师生互动、生生互动，以此来改变传统课堂教学手段、教学模式，使课堂的承载力变得更强。

一、PI 教学法基本概述

PI 教学法产生于 1991 年创立的借助计算机投票系统，其早期使用的模式为一种帮助学生发现、改正错误概念的测试题，是一种交互式教学方法。从 PI 教学法的概念来看，该教学法的重点在于可以打造一个或多个教学核心，围绕这些核心形成一个个单元教学，而教师则围绕这些中心制定一个个模式化的框架教学，并不断组合和拆分这些单元知识，以此细化分解并有效重组课堂内容，使课堂教学更具灵活性和多样性。

二、PI 教学法的线上线下混合式教学在金融理财课程中的运用

金融理财课程是高等院校金融学专业开设的一门必修课程，其课程定位是根据财务状况建立合理的金融资产配比及规划，并且参与社会公共的投资活动，大致包括存款、融资、保险、税务、不动产投资等。因此，从学科定义来看，具有比较强的综合性和应用价值。基于此，教师在“金融理财”课程中引用 PI 教学法，其优势可以让学生在课堂学习中由被动转为主动，联系生活实际等，建立健全实操环节，而教师则发挥知识引领和协作作用，为学生提供必要的解答和组织工作，帮助学生在课堂学习中发挥主观能动性，让学生在探究、互动、实践中积极学习，既掌握这门课程的基本原理，又掌握这门课程的技能。

金融理财教师团队以“学习通”在线平台为依托，基于 PI 教学法将整个教学过程分为“课前自主学习—课中导学—课后拓展”三个阶段、六个环节。

（1）课前自主学习阶段：学生按照自主自学任务单，在“学习通”平台，自学“金融理财”课程相关内容，完成知识点测试和作业；

（2）课中导学阶段：教师按照 PI 教学法，将六个环节实施线下面对面课堂授课；

（3）课后拓展阶段：线上线下均可，主要是对课堂内容的讨论升华（见表 1）。

表 1　　PI 教学法的线上线下混合式教学

<table>
<tr><td colspan="3" rowspan="2">教学法</td><td colspan="3">课前自主学习：
重在提出问题</td><td colspan="3">课中导学：
重在参与互动</td><td>课后作业：
重在拓展反思</td></tr>
<tr><td>导入</td><td>目标</td><td>前测</td><td>交互式学习——攻克重难点</td><td>后测</td><td>总结</td><td>总结</td></tr>
<tr><td rowspan="4">PI 教学法的线上线下混合</td><td rowspan="2">线上</td><td>学生</td><td colspan="3">课前自学、在线讨论、课前测试</td><td>签到、选人、抢答、投票、分组、讨论、头脑风暴、评分</td><td>知识测试、学生互动</td><td>思维导图</td><td>生生互评</td></tr>
<tr><td>教师</td><td colspan="3">个性指导、批改反馈、发现问题</td><td>创建小组活动</td><td>教师评价</td><td></td><td>教师评价</td></tr>
<tr><td rowspan="2">线下</td><td>学生</td><td colspan="3">根据教材、资料预习</td><td>讨论/辩论
PBL 案例分析
情景模拟与角色扮演
翻转课堂</td><td></td><td>师生回顾</td><td>工具练习
拓展任务</td></tr>
<tr><td>教师</td><td colspan="3">个性指导、批改反馈、发现问题</td><td>引导：教师引导开展活动；
指导：教师个性指导学生；
总结：教师总结知识要点</td><td>个性指导</td><td></td><td></td></tr>
</table>

三、PI 教学法的线上线下混合式教学在金融理财—投资规划的教学设计

金融理财课程信息资源较为丰富，有大量的视频、案例、作业库、资料库等拓展资源，本文以课程中家庭成熟期理财的“任务 1 投资规划”为例，对 PI 教学法的线上线下混合式教学进行教学设计。

（一）第一阶段：课前自主学习

依托“学习通”平台，将课程讲义 PPT 及视频在课前发布给学生，利用信息化手段，驱动课堂教学开启前的预习，并通过学生反馈的“难点报告”掌握学生的预习情况，从而有针对性地调整面授课堂内容，重点解读难点和重点问题。学生按照《自主学习任务单》（见表 2）要求，预习投资规划相关内容。

表 2 自主学习任务单

【章节】
项目四 家庭成熟期理财——任务 1 投资规划
【学习目标】
1. 了解家庭成熟期的概念及理财重点； 2. 初识不同投资产品的风险收益特点
【学习方法】
自主学习任务单 + “学习通”视频 + 作业
【预习任务】
1. 在“学习通”平台，自学“理财规划”项目四“家庭成熟期理财——任务 1 投资规划”视频； 2. 借助互联网、书本、“学习通”拓展资料等资源，了解投资规划相关理论； 3. 全班分成四个小组，分别扮演银行理财经理、债券投资顾问、基金经理、股票经纪人等角色，要对自身角色的特点、性质全方面了解，可通过教材、在线学习资源、上网搜集资料或者组员交流学习等方式完成。要求完成以下作业： 作业 1：银行理财产品的特点是什么？收益怎么计算？ 作业 2：债券的种类有哪些？ 作业 3：股票与债券的区别是什么？ 作业 4：搜集现实生活中的投资理财工具。
【难点反馈】
在“学习通”平台讨论板块发布预习过程中的难点报告

（二）第二阶段：课中导学

教师的课中导学的教学环节实施线下面对面课堂授课，分为教师和小组学生两个角色设计。

1. 导入

教师：暖场、导入，设计有吸引力的话题引入课程的主要内容。

引入案例：30 年前万元户的 1 万元钱和现在 1 万元钱的购买力发生的变化。物价上涨使许多居民打响“财产保卫战”，更多地寻找“钱生钱”的途径。

思考：有什么投资理财的方式，可以抵御购买力的影响，哪些方式更适宜？

小组学生：思考可以通过什么方式进行投资组合规划，相比之下，怎样选择更适合目标客户的投资组合方式?

2. 目标

小组学生：查阅教学资源中此章节的学习目标；

教师：给学生设置学习目标，明确学生在学习过程中完成的内容，增强学员学习的目的性。本次课的学习目标包括：

第一，熟悉不同投资产品的风险及收益特点；第二，掌握个人家庭投资规划的步骤；第三，根据风险及收益特质进行资产组合。

3. 前测

小组学生：在“学习通”在线平台上完成答题；

教师：实时跟进小组学生对知识点的掌握情况，并对学生的错误答案予以针对性的讲解。

4. 学生参与式学习

由小组的一个学生扮演王女士介绍案例背景：王女士，45 岁，在广州有 3 套住房。前一阵在楼市走高的时候将面积最小的位于番禺区的一处房产卖出，得到 150 万元现金。请学生扮演银行理财经理、债券投资顾问、基金经理和股票经纪人分别帮王女士将这 150 万元做一个合适的投资组合规划。

这部分分为两个教学任务并运用到两种教学方法。

(1) 任务一：情景模拟和角色扮演。

小组学生：已经分好的四个小组学生运用小组讨论法和情景模拟法进行参与式学习。

第一组扮演银行理财经理的学生：建议王女士把钱存进银行购买理财产品，最为稳妥，安心又便捷（建议从理财产品的特点、种类、收益性、风险性及稳健性等方面介绍）；

第二组扮演债券投资顾问的学生：建议王女士购买债券，一券在手，万事无忧，稳健的投资方式非债券莫属（建议从债券的概念和分类，投资回报如何，所承担的风险又如何等方面介绍）；

第三组扮演基金经理的学生：建议王女士购买基金，专业的人做专业的事（建议从基金的概念和分类，投资回报如何，所承担的风险又如何等方面介绍)；

第四组扮演股票经纪人的学生：带王女士去感受牛气冲天的股市风云，建议她买股票，同时也要分析一下投资股票的利与弊（建议从股票的特点、收入来源、收益性、稳定性、风险性等方面介绍）。

教师：进行概括总结，包括银行理财产品的特点、银行理财产品的收益计算，债券的含义、债券的主要类型，基金的特点、基金的分类、基金定投的介绍，股票的含义及股票的基本特征等。

(2) 任务二：小组讨论。

教师：将思政案例引入课堂教学——《“悟空理财”爆雷，涉及资金390亿元，承诺高收益理财基本是否都是坑?》，教育学生注意投资风险，谨防投资陷阱。抛出小组讨论的话题——选择投资方式应坚持哪些原则?

小组学生：各小组学生讨论、展示探究问题的答案，其他学生可以补充和质疑；扮演王女士的学生选择投资方式，并说明理由。

5. 后测

小组学生：在线课程平台上完成测试。

教师：通过后测巩固教学的重、难点，根据学情统计，了解学生的课堂学习效果。

6. 小结

学生：反思本次学习的优缺点；梳理归纳所学到的知识。

教师：总结学习过程中各组的表现；对本次学习的知识内容进行总结。

（三）第三阶段：课后拓展

注重“学习通”在线平台课后作业及讨论板块的设计与互动，发布延展思考与课后作业。要求学生登录各大银行网站、基金公司网站、股票交易软件等，查阅不同投资工具并进行比较，寻找一款适合大学生投资的理财产品。同时，在“学习通”资料库发布课后拓展阅读资料，如文献、视频等，以引导学生在课堂之外自主学习和探索。

四、PI 教学法的线上线下混合式教学反思

在现代信息技术支持下，PI 教学法的线上线下混合式教学，借助“学习通”等在线学习平台，将传统课堂和在线课堂有机结合，使教学活动从课上延伸到课下，从线下延伸到线上，实现了“物理空间（线下课堂）—资源空间（线上资源）—社交空间（互动平台）”的深度融合，有效地解决了传统教学中的诸多问题，切实提高了教学质量。这种模式具备以下优势。

（一）构建基本课堂情景模式，形成完整的学习过程管理

PI 教学法的线上线下混合式教学，其优势重点在于可以营造一个人人参与的课堂学习模式，便于通过概念测试和互动反馈协同发力，改变了传统学生被动接受知识的模式，并且充分给予学生思考和课堂反馈的机会和主动性，营造一种和谐浓郁的课堂氛围，而学生则人人参与、主动学习，形成一种良好的循环教学体系。同时通过“学习通”平时再现了完整的学习过程，课前的自主学习阶段，课中的互动参与式教学，课后的拓展阅读资料，引导学生在课堂之外学习和探索。

（二）小组合作自主学习，丰富了互动参与机制

PI 教学法的线上线下混合式教学，可以称为“同伴互教”的基本模式，教师只需要引导相近或相邻的学生组成一个个的学习小组，建立整体大单元下的空间合作学习小单元，就可以充分发挥小组学习的优势，让学生在合作学习间发挥彼此的优势和长处，形成互学互鉴自主学习的氛围。同时，在线讨论区划分为课堂交流区、综合讨论区和教师答疑区，既便于教师设置讨论主题引导学生思考，也给学生留下了自由发言探讨、相互学习、建立网络社交关系的空间。

（三）制定课堂考评方式，建立教学评价体系

通过 PI 教学法的线上线下混合式教学，教师可以在课上应用评测系统

对学生进行实时评价，其具有效率高、时效强等特点，有利于教师在课堂中及时掌握学生知识点的理解程度，进一步开展后续的教学活动。教学评价体系中的在线视频观看、课堂互动、小组讨论、案例分析和演示、课程前测后测等，形成了过程评价、结果评价和教学效果反馈三个维度，更能准确地评价学生，提高学生的学习质量和学习效率，大大提升人才的培养质量。

参考文献

［1］杜湘瑜，李德鑫，陈长林．基于 BOPPPS 模型的模拟电子技术基础线上线下混合教学研究与实践［J］．高教学刊，2020（13）：8 – 12.

［2］黄丽娜．基于互联网金融背景的《个人理财》课程教改分析［J］．内蒙古煤炭经济，2020（10）：198 – 199.

［3］秦睿玲，李忠浩，赵月平，等．基于学生中心理念的“MOOC + 学习通 + BOPPPS”混合式教学实施策略［J］．黑龙江畜牧兽医，2021（15）：139 – 143.

梯进式教学模式在学术英语课程中的应用探索

▶戴　江

一、双语教学的目的及难点

（一）培养全面发展的复合型人才

有人认为双语教学就是外语强化教学，培养外语尖子，这个观点是错误的。我们认为双语教学是以人为本，培养全面发展的复合型人才。所谓复合型人才是指既懂专业又懂外语，具有创新精神的人才。在科技竞争日趋激烈的今天，这类人才直接影响一个国家的经济发展以及在竞争中的地位。

（二）提供外语学习环境

语言环境对语言的获得与发展是非常重要的，我们可以通过母语的获得和移民掌握第二语言来说明这一点。母语是我们生活中的语言，我们的文化是由它来编码的，我们的认知结构也是由它来编码的，它是我们思维的工具、交往的工具，我们的一切活动都离不开它，我们生活在母语环境中。因此，与其说我们的母语是教会的、学会的，还不如说是在我们的母语环境中自然发展出来的。同样，对于移民（也包括留学生）来说，移民国的语言虽然不是他们的母语，但却是他们生活中的语言，为了生活他们必须掌握它，而他们生活的第二语言环境为他们掌握这种语言提供了有利条件。可见语言环境对语言的掌握是非常重要的，它为语言的实际使用和交际提供了机会。虽然在本国学习外语与上述情况不同，不可能像母语那样在母语环境中不知不觉生成，也不可能有移民所具有的那种自然语言环境，然而它更需要语言环境来实践和运用，否则，只能学到书本语言。因此，实施双语教学，提供外语学习环境，是双语教学的一个重要目的。

（三）提升学科教学

很多人都担心双语教学会影响学科教学，实践证明，双语教学不但不影响学科教学，而且还能使学科教学在外语环境中得到提升。这主要表现在如下几个方面：第一，知识内容新。实施双语教学，教师首先遇到的就是教材问题，为此，很多教师根据学科《课程标准》的要求，对引进的原版教材进行改编或选编，在保证知识的系统性的同时，非常注意吸收国外教材的优点，尤其是注意吸收其最新的教学内容。第二，教学方法新。很多教师在研究原版教材过程中发现，国内教材侧重于演绎基本的概念、原则或从公理出发一步一步地推理，而国外的教材侧重于培养学生提出问题、分析问题、解决问题的能力。为此，很多教师注意吸收国外先进的教学方法，并将其运用到自己的课堂教学中。第三，促进学生对学科知识的理解。很多专业知识通过用英语解释，不但不难理解，反而促进了学生对专业知识的理解。第四，积累专业词汇和术语。专业词汇和术语是英语阅读的拦路虎，如果能在学习专业知识的同时积累一些专业词汇和术语，则能为学生阅读扫清障碍，并为他们今后阅读国外专业文献打下基础。

由于受诸多方面因素的制约，现阶段我国高校双语教学方法与手段仍存在很多不合理之处，例如：有的教师采用英语板书加中文讲述的方法，或者用汉语夹杂着英语讲授几节课，就称之为“双语教学”；有的学校还采用“嘴巴 + 粉笔 + 黑板”的单一的教学形式；也有的学校是采用了多媒体教学，但也只是做了形式上的改变，把粉笔、黑板变成了电脑和幻灯片等。这样的双语教学既不能让学生掌握好专业课知识，又不能提高学生的英语水平，难以实现双语教学的目标。

1. 学生英语水平参差不齐，师生沟通不流畅

就目前情况来看，大学生的英语综合能力参差不齐，不少学生对专业词汇掌握很少，听力和口语练得少，主要是由于目前外语教学仍是以应试教育为主，加之有相当部分高校的生源来自不同地区，学生之间的差异性比较大。此外，由于学校一直忽视向学生提供运用所学外语进行交流的平台，使得学生阅读外语教材，尤其是听、说外语的能力都十分有限。这些都使得教师不得不把重点转移到词汇的讲解上，从而影响了教学的进度，达不到预期的目标。有研究表明：原来用母语教学 10 分钟就能完成的知识点，用“双语”后需要 40 分钟，甚至更多。

2. 教学中教育主体缺失

双语教学应该是学生和教师的主体性都是个谐和统一的过程。但是目前是主体性的发挥不平衡。主要表现为：教师的主体性极度膨胀，学生的主体性没有发挥出来。很多学生受到家庭环境、传媒信息、个性特征、基础知识思维方式的影响，适应双语教学还需要一个过程。

二、学术英语课程特色及教学难点

学术英语不同于大学英语，有它自己特殊的词汇、句法、表达形式和篇章结构。学生如果不通过专门的学习，是无法看懂英文专业文献和专业教材的，更不用说准确翻译和撰写科技论文。通过了大学英语四级、六级的学生在进入自己的专业领域，用英语从事相关机械、化工、建筑等行业时未必会显得游刃有余。

学习学术英语课程的同学大部分是非英语专业的学生，也有一部分是双语班的同学，他们的外语水平参差不齐，因此需要根据学生的不同英语基础，因材施教确定分层次的教学要求。大学英语乃至高中英语都是专业英语的基础。在接触专业英语课程时，如果盲目地采用相同的教学方法和评价方式，会使一部分本来对英语兴趣不大的同学放弃学习学术英语。因此如何针对不同的学习人群确定合理的教学目标，尽量使更多的同学融入专业英语学习中来，是一个很大的教学难点。

在现阶段的学术英语课程设置方案中，有些专业的学术英语与基础英语是并行课程，有些专业的学术英语是基础英语的后续课程，也就是在基础阶段一年级之后的学期进行的。学术英语课程的总学时一般为48学时甚至更少。而英语学习本身是持之以恒才能见效的，因此教授学生专业英语的学习方法、思维模式，帮助他们培养自觉的英语学习习惯，才能够真正地使学生掌握受益终生的专业英语运用技能，这也是课程教学的一大难点。

根据学术英语的教学目标，学生需具备在专业场合或与同行用英语交流的能力，而这种能力无法靠以教师讲授为主导的课堂教学来培养，必须设计合理的实践教学环节使学生在练习和锻炼中逐渐提高。实践教学环节的设计需要有针对性，且需要通过教学效果验证和探索，因此实践教学是另一个教学难点。

三、梯进式教学模式构建

目前正在实施双语教学的学校所采用的教学方式各不相同。双语教学应该是一个循序渐进的过程，其教学方式也应该是相延续的，尤其是对于学术英语这样一门课程。为此，建议借鉴“渗透、整合、思维”梯进式双语教学模式。“渗透、整合、思维”梯进式双语教学模式根据学生的认知发展规律，从汉语教学的整体出发，将双语教学从低到高分为三个阶段，且各个阶段的教学方式也是不同的。

（一）“渗透、整合、思维”梯进式双语教学模式的三个阶段

第一，渗透阶段。这一阶段的双语教学目的主要是为学生提供一些机会接触英语。这一阶段的英语教学一般是以母语为主，适当渗透英语。具体做法是：（1）用英语教材和英语板书，强调并强化书本中的大小标题、关键词及专业术语。（2）重点、难点知识用汉语来分析、讲解，通俗易懂、非难点的专业性不强的知识用英语讲，如课堂组织用语、导言、结束语以及学生熟悉的内容。（3）课堂上鼓励学生用英语提问，教师或其他同

学用英语回答。

以金融学专业的学术英语课程为例，为强化同学们对金融专业词汇的认识和记忆，可把每节课涉及的专业词汇在每一节课的开头或者结尾进行总结，总结的内容包括词汇的拼读、拓展词组、近义词、反义词、例句、文化内涵、不同场合的不同含义等，具体可根据词汇的不同而有所选择。

第二，整合阶段。这一阶段的双语教学目的主要是让学生学会如何用英语来表达中文内容。教师在课堂教学中，将汉语和英语整合起来，不分主次，交替使用，互为主体。老师在讲解主要知识点的时候，首先用英语讲解，之后可以再用汉语解释一遍，对其中的生僻术语可以专门进行解释，然后可以要求同学们进行总结回答，下一堂课的时候也可以提问学生，加以复习巩固。

第三，思维阶段。这一阶段的双语教学目的主要是让学生学会用英语来思考解答问题，使学生在学习使用英语的过程中形成英语思维，能够在英语环境中学习、工作和生活。这一阶段的英语教学一般是以英语为主，汉语为辅。

具体操作老师可以要求同学们提前预习书本的内容，课后准备一些与专业相关的全英文视频，考虑到课时有限，每个视频的时长控制在 3 分钟左右，同时提前准备一些问题，在讲某个内容之前，可以播放此类视频并进行提问。同学们自己已经预习了相关内容，虽然不熟悉，但是在看视频的过程中可以得到复习，在回答问题的时候对相应的专业英语的词汇和表述进行了巩固，老师在之后的讲解过程中又进一步强化了这一部分知识的掌握。

第一阶段是双语教学的初级阶段，一般用于双语教学的初期；第二阶段是汉语教学的中级阶段，一般用于双语教学的中期；第三阶段是双语教学的高级阶段，一般用于双语教学的后期。但是又不限于如此，在整个教学过程中，这三个阶段涉及的一些教学手段可以交替循环叠加使用，三个阶段所花费的时间不是均等的，且“渗透、整合、思维”梯进式双语教学模式主张应尽快由第一阶段、第二阶段向第三阶段过渡，否则停留在前两个阶段时间太长，学生容易形成依赖心理，不利于英语能力的提高。

（二）"渗透、整合、思维"梯进式双语教学模式的教学要求

第一，要求教师要用正确流利的英语进行知识的讲解，但不排除汉语的使用，即使是思维阶段的汉语教学，也应避免由于语言滞后造成学生的思维障碍。

第二，教师讲解学科内容所使用的英语必须符合学生当前的英语理解水平，要避免使用英语中的修辞语言讲解教学内容。

第三，讲解时要注意利用各种直观手段，如实物、标本、模型、挂图、黑板画以及各种电子化教学手段，从而形象、直观地揭示和帮助学生理解教学内容。

第四，要注意扩大学生的词汇量。

参考文献

［1］程国玲，李永峰，肖鹏飞．高校专业课双语教学存在的问题与对策［J］．高教学刊，2016（23）：74－75.

［2］李洁．从《金融学》课程双语教学改革实践浅谈高校双语教学［J］．科教论坛，2020，31（10）：354－355.

［3］唐树良．加拿大沉浸式双语教育与我国双语教学的比较研究［D］．保定：河北大学，2014.

［4］吴芳芳．地方本科院校金融专业双语教学的困境［J］．教育观察，2019，8（23）：116－117.

［5］向琳．地方高校金融学专业双语教学研究［J］．云南社会主义学院学报，2013（4）：232－233.

［6］肖江波．国际经济学双语教学的心得与体会［J］．现代经济信息，2014（23）：425－426.

［7］张婷婷．独立本科院校双语教学问卷调查分析——以国际金融双语教学为例［J］．时代金融，2019（36）：138－139.

学习通成绩对期末考试成绩的影响研究

——基于计量经济学课程的实证分析

▶ 完颜素娟

2020 年新冠疫情暴发以来，越来越多的老师开始使用学习通（超星平台），尝试线上与线下相结合的教学模式。经过几年的实践，效果究竟如何，有待进一步检验。理论上讲，学习通平台提供了线上的教与学渠道，能够促进学生的学习；但也有老师认为只要把线下内容讲清讲透就可以了，不必多此一举去搞学习通。因此，有必要搞清楚学习通平台到底能不能促进学生的学习，以及能够起到多大的促进作用？这关系着学习通平台的进一步推广和不断地优化。

笔者讲授计量经济学课程已经有几年的时间。计量经济学是定量化的经济学，是在经济理论的基础上，用定量化的方式（使用统计学和数学的方法）来研究现实经济问题。由于涉及比较多的数理推导和定量分析，学生因为数理基础相对比较薄弱，很多学生都存在一定的畏难情绪。对此，笔者一直在不断地钻研，希望能够在教学内容和教学方法上有所突破，从而让学生的学习更加高效。之前曾尝试利用公众平台来录制微课视频，但效果并不好，因为无法精确地计量成绩，所以很难逼迫每个学生都去观看。但学习通不同，学习通是一个综合性的学习平台，可以全方位促进学生的学习；最为关键的是，可以非常详细地定量成绩。因此可以把学习通成绩纳入综合考核系统，从而能够对学生的学习起到很好的激励作用。

那么，计量经济学课程学习通平台的使用究竟能不能促进学生的学习，以及在多大程度上促进了学生成绩的提高？本文通过分析学习通成绩对期末考试成绩所产生的影响来加以验证。理论来讲，学习渠道和学习方式的增加能够促进学生的学习；但在实际上，有没有产生效果以及产生多大的效果，还需要进行实证的检验。

一、计量经济学课程的学习通平台实践情况

本文以 2021 ~2022 年第二学期笔者执教三个班级的计量经济学课程成绩为考察对象。为了让学生更好地融入课程，提高学生的学习兴趣，更为了提高学生的学习效率，本人开展了计量经济学课程线上与线下相融合的教学模式。线上教学主要通过腾讯课堂和学习通平台来实现，腾讯课堂主要是针对新冠疫情期间学生或老师不能返校时使用的，而学习通平台主要是作为课前引导和课后复习、练习来使用的。学习通平台的建设非常关键，需要花费很多的时间，因此需要热情，更需要毅力去完成。在前期积累的基础上，计量经济学课程的学习通平台主要建立了课前引导、重难点详细解析、关键内容巩固（视频）、课后练习、章节复习练习、考前分章复习巩固等模块内容。设计的理念是希望通过多方式、全方位的巩固练习，来减少学生对较难课程内容的抗拒，增强学生与课程间的亲和性。因为一周一次或两次的线下课程，很难让学生对所学内容印象深刻，学生在下次上课时往往会遗忘掉上次所学内容。而学习通平台的植入，可以让学生的学习不再中断，而且学习形式更加地多样化。这种无缝衔接式的预习、练习和复习，能够对线下教学起到很好地辅助作用。同时，也能够让学生建立起自主学习和主动学习的知识建构模式。

如果说知识和能力的训练是目标，那么考核无疑是促进目标实现的最重要的手段。因此，成绩的计量非常重要。计量经济学的考核分成了三部分，学习通、实验报告和期末试卷，其中学习通占总成绩的 30%，实验报告占 20%，而期末考试成绩占 50%。学习通成绩按照模块加权求和的方式来计算。具体的模块包括章节任务点、章节测验、作业、签到、课程积

分、讨论、章节学习次数和阅读八个部分，各个部分的权重都不相同，其中：签到占 10%，章节任务点占 10%，阅读占 15%，章节学习次数占 13%，章节测验占 15%，作业占 30% 等。权重有所侧重的目的，在于引导学生自主学习的重点和方向，作业练习所占的比重相对较高，目的是期望通过针对性的练习来加深和巩固所学知识。当然，在以后的实践中，可以探索更丰富、更有趣的模块内容。

从这学期的实践来看，很多学生都能够不间断地进行学习，能够比较及时地完成各个模块的内容，对于不甚理解的内容，还会主动向老师请教。从实践结果来看，很多学生都在学习通上取得了优异的成绩，成绩优良率达到 80% 以上。

二、学习通成绩对期末成绩影响的实证分析

如果把学习通的学习看作是平时的付出，那么期末考试就是这种付出的最终成果的体现。虽然平时的付出不单单表现在学习通成绩上，期末考试成绩也不能够百分之百代表学生的最终学习成果。但不得不说，学习通成绩跟学生平时的付出是成正比的，而期末成绩也能够很好地代表学生学习的最终成果。因此，可以假定，如果学生在学习通上学习的次数比较多，从而在学习通上取得的成绩比较高；那么，该生在期末考试中也应该取得较高的成绩。理论上可以做这个假定，但现实是否成立，还需要进行实证方面的验证。

本文建立了一个基本的计量经济学模型，期末成绩为被解释变量，用 Y 表示，学习通成绩为解释变量，用 X 表示。通过计量模型来研究解释变量 X 对被解释变量 Y 的影响。通常情况下，班级不同，学习氛围也不同，努力程度也会存在显著的差别，从而 X 对 Y 的影响程度也会显著不同。因此，通过分班级实证分析来考察这种差别。

使用班级 1 的成绩数据进行分析发现，学习通成绩与期末成绩的相关系数为 0.45，具有较强的正相关性，计量回归结果为：

$$\ln\hat{Y} = -0.94 + 1.22\ln X \tag{1}$$
$$(1.5334)\ (0.3585)$$
$$N = 33 \quad R^2 = 0.42 \quad F = 22.43$$

班级 2 的学习通成绩与期末成绩的相关系数为 0.55，具有很强的正相关性，计量回归结果为：

$$\ln\hat{Y} = 1.08 + 0.74\ln X \tag{2}$$
$$(0.4012)\ (0.0965)$$
$$N = 33 \quad R^2 = 0.64 \quad F = 52.79$$

班级 3 的学习通成绩与期末成绩的相关系数为 0.49，具有较强的正相关性，计量回归结果为：

$$\ln\hat{Y} = 0.31 + 0.89\ln X \tag{3}$$
$$(1.0587)\ (0.2547)$$
$$N = 43 \quad R^2 = 0.26 \quad F = 14.27$$

通过检验，模型不存在内生解释变量的问题；布罗施-帕甘和怀特检验表明不存在异方差；Chow 预测和 Chow 突变检验，以及 Ramsey 的 RESET 检验均表明模型结构稳定。通过这些检验排除了伪回归可能，模型是可信的。

从式（1）可以看出，班级 1 学习通成绩对期末成绩的影响是显著异于零的，学习通成绩的变化可以解释期末成绩变化的 42%。学习通成绩每提高 1%，期末成绩会提高 1.22%。学习通成绩对期末考试成绩影响的弹性非常大。

从式（2）可以看出，班级 2 学习通成绩对期末成绩的影响是显著异于零的，学习通成绩的变化可以解释期末成绩变化的 64%。学习通成绩每提高 1%，期末成绩会提高 0.74%。学习通成绩对期末考试成绩影响的弹性较大。

从式（3）可以看出，班级 3 学习通成绩对期末成绩的影响是显著的，学习通成绩的变化可以解释期末成绩变化的 26%，解释能力显著。学习通成绩每提高 1%，期末成绩会提高 0.89%。学习通成绩对期末考试成绩影响的弹性很大。

三、结论

通过对三个班级的学习通成绩和期末考试成绩的实证分析发现，学习通成绩和期末考试成绩具有很强的正相关性。通过建立计量模型进行回归发现，学习通成绩对期末考试成绩的影响非常显著，学习通成绩每提高 1%，期末考试成绩可以提高 0.74%~1.22%。具体到不同的班级，结果有所差别，班级 2 的拟合最好，班级 1 次之，班级 3 最差，这跟班级 3 人数比较多、成绩比较分散有关系。除此之外，除了学习通成绩会影响到期末考试成绩之外，其他的因素也会影响期末考试的成绩。比如，少数学生对网络学习的排斥，有些学生宁愿在线下认真学习，也不愿意使用学习通，所以这些学生的学习通成绩一般，但期末成绩很好。另外，学生的听课状态和考试状态等，都会影响到期末考试成绩，从而减弱学习通成绩与期末考试成绩之间的关联性。从影响程度来看，班级 1 的学习通成绩对期末成绩的影响最大，其次是班级 3，最后是班级 2。班级 1 的学生是最认真的，班级 3 的学生也比较认真，但班级 2 的学生学习状态相对不太好。有好几个学生常常处在自我放空的状态，不听劝导，也不回答老师的问题。有的学生学习通成绩和期末成绩都非常差，但也有些学生学习通成绩很好，但期末考试成绩却不太理想。原因可能比较复杂，也不排除在学习通上作弊的嫌疑。这些原因都会影响学习通成绩对期末考试成绩产生的影响。但这些都没有影响回归结果的显著性，从回归结果来看，学习通成绩对期末考试成绩的影响非常显著。

综上所述，从理论、实践和实证分析三个方面来看，学习通对学生的学习起到了很大的作用，学习通成绩会对期末考试成绩产生非常显著的影响。学习通平台的使用有助于学生学习成绩的提高，而且效果非常显著。当然这只是计量经济学这门课程的分析结果，其他的课程还有待进一步的验证。计量经济学线上教学平台有丰富的资料和多样化的习题，对应于每一个重要的知识点，都有相应的实验报告、案例分析和习题等。学生在学习通平台上进行学习，等于是进行一场综合训练，通过不断地浏览、观看和练习，在潜移默化中提高了自主学习的能力，以及分析问题和解决问题的能力。从实践结果也可以看出，虽然期末试卷跟学习通的习题几乎都不一样，但大多数学生都能够做到举一反三，触类旁通，在期末考试中取得出色的成绩。而且，大多数学生都能够学以致用，独立完成综合性的实验报告。由此可见，学习通平台的合理使用，线上与线下教学方式的有效融合，能够取得更好地教学效果。当然，我们也要认识到存在的问题和不足，不断地反思我们的教学实践。在以后的教学实践中，会进一步的优化线上和线下的教学方式，增添更多的模块和内容，丰富教学方法，增强学生学习的趣味性和实用性，以期取得更好的教学效果。

“线上 + 线下”混合式教学方法在投资银行学教学改革中的应用分析

▶陈彦宇

一、“线上 + 线下”混合式教学概述

近几年来，利用超星、慕课等网络教学平台进行线上授课受到很多高校教师的关注。混合式教学，将在线学习和传统教学的优势进行有机结合，把学生的学习由浅到深地引向深度学习。在投资银行学课程的混合式教学改革中，通过课前线上资源的建设、线下的教学实践，全程对学生的学习状态和学习效果进行有效的过程性评价，从而让教学模式从传统的教师讲授为中心转变为以学生自主学习为中心。

二、投资银行学课程特点及教学现状分析

（一）投资银行学课程特点

投资银行学是一门研究投资银行（证券公司）基础知识与一级、二级市场业务实践的一门课程，它向学生详细阐述投资银行（证券公司）的基本概念、发展历程、主要业务，以及各类估值模型，具有较强的针对性、实践性和操作性。通过该课程的学习，要求学生能够了解并熟悉投资银行（证券公司）开展的各项业务和掌握投资银行开展各项业务的操作流程，

如公司估值、证券承销、企业兼并与收购等，因此该课程具有较强的实践性。如何让学生能够掌握投资银行的基本业务和操作流程知识，提高学生的实践能力，是这门课程的核心重点，也非常适合混合式教学的应用。

（二）投资银行学教学现状

1. 日常教学偏理论教学

海外高校，如加拿大麦吉尔大学，会让投资学、金融学等专业的本科学生参与本校的基金管理，本科学生负责基金的交易，硕士研究生负责选股工作，教师承担交易策略的制定。在这一过程中，教师需要全程参与，指出学生的不足并提出建设性的意见，对教师的实践能力要求较高。在澳大利亚迪肯大学，学生选择国际金融、投资组合等相关课程时，需要同时参与相关的模拟操作，比如参与投资组合的构建和投资组合的分析，或参与外汇交易等。同时，海外高校定期会与相关企业开展实践活动，选拔学生进入企业实习，或定期聘请知名企业人士参与课堂教学与讨论。

相比于海外高校偏重于案例分析与讨论，将实践教学贯穿于整个教学环节的教学方式，国内大部分高校在投资银行学课程的教学过程中更加偏重于理论教学。同时，在课程设置、授课内容、教材建设等方面存在一定的不足。在日常的课堂教授中，或由于教师缺乏实践经验，或选择的案例过于陈旧，容易忽略对于学生实践创新能力的培养。此外，近些年民办分高校开始积极推进校企合作，但是在实际应用过程中，校企合作模式与应用型金融类专业的课程内容差距较大。大部分参与校企合作的企业为学生提供的实习岗位普遍较为基础，对专业能力需求较多，如商业银行客户经理助理、大堂经理助理，证券公司客户经理助理、保险公司销售岗等。这些岗位固然能够提升学生的实践能力，但对于专业程度较高的课程实践能力较弱。

2. “生师比”较高

在民办本高校中，普遍存在着“生师比”较高的情况。例如：投资银行学课程的生师比可达 80∶1 左右。对于金融学专业或投资学专业学生，生师比也远远未达到国标规定的标准。这也导致了在投资银行学日常教学过程中，由于学生过多，学生课堂参与度较低，前排学生可能较为积极参与回答问题，但是中、后排学生可能存在着"低头"的普遍现象，削弱学生的学习积极性。另外，由于生师比过高的问题，教师未能充分关注每一个学生，不能做到因材施教，难以实时掌握每一个学生的学习状况和学习效果。

3. 实践教学软硬件匮乏

如投资银行学、商业银行经营与管理等金融类专业必修课程需要学校对教学基础设施投入较高，譬如金融、经济数据终端（Wind 或者 Choice），股票、期货等模拟交易软件等软件需求较高，因此要求学校在进行软件投入的同时，加大对于硬件设施的投入，但是一般民办高校由于资金的问题，难以对金融实验室投入较大资金量，这便导致：首先，金融专业学生一般与各个专业共用普通的计算机房，且部分计算机较为陈旧，难以支撑较大终端、模拟软件的应用。其次，由于部分终端、软件过于昂贵且更新、维护费用较高，民办院校不愿大规模投资，导致学生难以有效掌握主流金融终端的操作和使用，以及进行相应的模拟操作，因此不利于学生实践能力的提升。

三、投资银行学混合式教学设计

混合式教学改革，利用线上 + 线下结合的方式，有利于在教学过程中实现学生从记忆、理解、分析、应用到评价，从而达到创新的教学目的。

（一）线上资源建设

线上资源的建设，是开展混合式教学的基础。借助移动教学平台和网络资源，进行线上课程资源建设。在线上平台的选择方面，超星平台集移动教学、移动社交、移动评价为一体。其包含课中讨论、课后作业评价、线上测试等模块，教师可以跟踪学生的学习进度，统计数据，评价学生的学习效果。在课程资源建设部分，可以利用大学生 Mooc 平台、哔哩哔哩、Tedtalk 等知识共享网站，构建线上视频、语音和文字相结合的学习资源，给予学生充分的课前学习时间，从而将部分传统课堂中由教师讲授的知识点、案例转换为课前学生自主学习，通过视频、语音和文字等资料让学生理解章节中基本的知识点、背景资料或具体案例，让学生带着知识和问题进入课堂。同时利用平台的线上测评功能，对学生的自主学习进度和效果进行跟踪与掌握。此外，可以利用线上教学平台，收集学生在自主学习过程中发现的问题、难点或疑点，鼓励学生带着问题进入课堂。需要注意的是，在线上课程资料建设中，课程资料时间或篇幅不宜过长，因为时间较长，学生的注意力难以持久。可利用思维导图，帮助学生构建知识理论框架，明确课程学习目标。

（二）课堂混合教学

课堂混合教学是混合式教学的主体部分，在整个教学过程中起着举足轻重的作用。投资银行学的课程内容实践性、理论性、综合性较强。学生缺乏相应的实践经验，同时在教学过程中，教师会讲解大量专业词汇、操作流程，难以激发学生学习热情。因此，教师在实际教学过程中需要吸引学生的注意力，激发学生的学习热情。在课堂教学时，需要结合课前线上学习，利用视频、语音等线上教学资源，对课程的重难点进行划分、学习和讲解，从而加深学生对于相关重难点的理解和掌握。同时，利用强制辩论、情景模拟等教学方法，鼓励学生提出问题、思索问题并提出解决方案。在实践教学中，教师可以通过讲解、案例分析或观看视频、辩论、习题练习等方法，对重难点进行讲解，并要求学生思考，画出本节课程的思维导图，从而保持学生的注意力。在课堂教学环节中，保证学生的课堂参与度是非常重要的一个环节。

（三）教学过程需要评价

在混合式教学模式中，教师需要对整个教学环节进行追踪和评价，从而确保对于学生学习状况的了解。超星、慕课、雨课堂等学习平台都可以实现对于学生学习过程的全程追踪。在实践教学过程中，投资银行学教学评价分为过程性评价和终结性评价两个过程。

过程性评价包含课前、课中和课后三个部分，具体可以划分为出勤、课前自主学习、课堂参与、课堂陈述、课后作业和期中测评（或阶段性测评）几大环节。在这一评价环节，学生和教师共同参与，将学生考核从传统的期中、期末分散至日常教学过程中，从而增强学生的自主学习能力和确保评价方式的多元化和公平性。例如：在投资银行学具体教学实践环节，会要求学生通过超星平台完成课前自主学习，然后需要完成相应的练习和提出相应的问题。课堂参与环节借助超星平台发起类似于课堂练习、课堂讨论、分组讨论等活动，让学生积极、主动参与课堂教学中，从而保持学生的注意力。此外，利用线上教学平台可以及时对每个学生的课堂学习状况实时追踪，对学生的线上和线下学习状况给予及时的反馈，让教师的教学活动更加具有针对性。除此之外，创新考核方式，鼓励学生参加各种竞赛活动，比如每年东方财富证券举办的大学生股票交易模拟大赛、CFA 全球投资分析大赛等竞赛，充分利用互联网手段，激发学生的学习兴趣，将所学的理论知识运用到实际操作中，并根据竞赛成绩置换成期末成绩，这样既完成了考核，又提升了学生的实践操作能力。

四、结语

在实践教学中证明，混合式教学方式的应用需要教师和学生的共同参与，也打破了学习时间和空间的界限，能够激发学生的学习兴趣，也有利于促进学生良好学习习惯的形成。因此，为了确保学生在学习过程中的投入量和保证学生强烈的学习动机，不仅需要保证学生的学习资料的质量及其组织方式，也需要给予学生适度的外部压力和及时的评价与反馈。

参考文献

［1］郭丹．应用型高校移动学习教学效果评价——基于“投资银行学”混合式移动学习教学平台的实践［J］．湖北工程学院学报，2020（3）：63－69.

［2］靳晓芸，等．以建构为导向的实效型混合式教学模式初探［J］．化工高等教育，2022，39（3）：79－82.

［3］李佳．投资银行学课程教学中实践能力培养的探讨［J］．市场周刊（理论研究），2016，（12）：186－188.

［4］刘沅雨，许森，刘文英．混合式教学对大学生学习积极性的影响［J］．卫生职业教育，2022，（13）：132－134.

［5］马秀麟，苏幼园，梁静．移动学习环境中注意力保持及学习行为控制模型的研究［J］．远程教育杂志，2018（2）：56－66.

［6］张腾，周肖肖．应用型金融类专业创新性教学模式探讨——以《投资银行学》课程为例［J］．中国多媒体与网络教学学报（上旬刊），2019（11）：162－163.

应用型本科高校中项目制教学模式的应用

——以公司金融课程为例

▶梁少毅

项目制教学相对于以“粉笔板书”“满堂灌”为主的传统教学，以现实世界中的问题为导向，通过解决问题的过程学习掌握理论知识和技能。与此同时，也促进了学生辩证思维分析能力、解决问题的能力和沟通能力。另外，还能培养学生团队协作精神、主动搜集获取信息的积极性以及终身学习的观念。联合国科教文组织对学习的定义由四方面内容构成：第一要学会生存，要善于学习，易于适应环境。只有适应环境、才能生存，只有很好地适应了环境，才能进一步谋求发展。第二要学会沟通，沟通是一门艺术。第三要学会学习，以适应信息化、适应信息大爆炸。学习要抓住重点、掌握方法。学习理论联系实际、举一反三。第四要学会技能、适应职业生涯。项目制教学要求以学生为中心，在给定的问题或项目下，学生发挥自主学习能力，在教师的辅助下独立完成项目，因此项目制教学有利于培养学生以联合国科教文组织定义的以上四方面的能力，包括生存能力、沟通能力、学习能力、职业技能。

《国民经济和社会发展第十三个五年规划纲要》明确提出推动具备条件的普通本科高校向应用型转变。《国家职业教育改革实施方案》进一步提出“一大批普通本科高等学校向应用型转变”的发展目标。广东、河南等20多个省（区、市）出台了引导部分普通本科高校向应用型转变的文件，运用项目建设和试点遴选的方式，从简政放权、专业设置、招生计划、教师聘任等方面对试点高校给予支持，激发高校向应用型发展的内生动力与活力。300 所地方本科高校参与改革试点，大多数是学校整体转型，部分高校通过二级学院开展试点，在校地合作、校企合作、教师队伍建设、人才培养方案和课程体系改革、学校治理结构等方面积极改革探索。一批高校办学定位更清晰，特色更凸显，应用型人才培养模式更符合产业需求，受到学生与用人单位好评。这一系列的举措体现了国家对本科高等教育培养应用型、技术技能型人才而非理论型人才的转变，推动高校面向社会需求办学、深化产教融合校企合作，切实把办学真正落实到服务地方经济社会发展上来。因此，传统的教学模式在应用型本科高校中不再适用，而项目制教学以实际问题为导向，强调培养学生自主解决问题的能力，能更好地满足用人单位对应用型人才的要求。综上，本文基于前人的研究，提出项目制教学模式的实践流程，最后以公司金融课程为例阐述项目制教学在课程中的实际应用。

一、文献综述

项目制教学不仅要求学生掌握理论知识，还要求学生以团队协作的方式在现实中实际操作。德维（Dewi，2015）指出，项目制教学是一个创新性教学方法，由四大要素构成。首先，项目制教学要制定一个清晰的目标，在项目结束的时候学生要掌握什么样的技能；其次，教师在应用项目前要设定驱动问题，项目是围绕该问题而开展；再次，教师要在项目开始前就制定好明确的研究流程和评价体系，以保证学生在项目既定方向下推进；最后，教师要对项目过程进行全程跟踪管理，以保证项目有条不紊地向既定目标前进。彼得罗西诺（Petrosino，2007）指出项目制教学中可以有多种多样的目标，包括建立学生正确的学习态度、发展辩证思维分析能力、团队协作能力和自主学习能力等，以期学生通过项目制学习，能综合运用所学知识，掌握在未来能发挥作用的生活技能。德维（Dewi，2015）也指出项目制教学不仅能让学生掌握各自所需的技能，还能让学生学习如何构建高效团队，这在其日后的工作中也是同样重要的技能。项目制教学强调以学生为重心，以教师为引导者，学生以团队形式完成项目的过程中，在与团队成员互相学习的同时，也能加深自我对知识的理解。全（Jeon，2005）认为项目制教学可以让学生参与人际互动与协作，这是在教室以外的现实生活中具有深远意义的经验，从而强化了学生在解决问题时维持团队互助的积极性。

国内关于项目制教学的探讨更多的是基于某个专业或课程而开展，李姣姣和李懿琦（2017）基于财务本科专业，探讨了财务报告分析课程项目制教学的改革，提出了模块式的项目制教学方案，增强学生的自主学习能力和提高探索问题的兴趣。金立群（2019）提出了广告策划课程项目制教学和考试改革方案，以企业为甲方提出项目、提出问题，学生作为乙方完成甲方提出的项目，并接受其评价和考核，以真实项目代替案例教学，以甲方评价取代教师评价。邵燕斐等（2018）对 W 大学在行政管理专业人才培养中的项目制教学改革进行连续跟踪研究，表明项目制教学能够优化行政管理人才能力结构、提升就业核心竞争力、丰富实践成果，有益于课程教学设计系统化、专业建设发展机制长效化、师资队伍“双师”化。

二、项目制教学模式的实践流程

整个项目制教学的实践流程可分为前期、中期和后期三个阶段（见图 1），在前期，项目制教学主要由教师推动，寻找合作企业，与其洽谈合作框架，教师继而向学生展示项目的背景，让学生对项目有初步认识和激发他们的兴趣。进入中期阶段，项目制教学以学生为主、教师为辅的形式进行，学生以小组形式对项目开展深入调研。在这个过程中，学生可以向教师寻求帮助，教师也可以适时给出建议引导学生向正确方向前进。在后期阶段，学生将研究成果整合成报告，向教师与合作企业汇报，教师与合作企业对每个学生及小组整体表现进行评价并反馈意见。基于良好的合作表现，教师可与合作企业推进更深入的合作。因此，项目制教学的三个阶段不仅是循环往复，还是螺旋上升的关系。

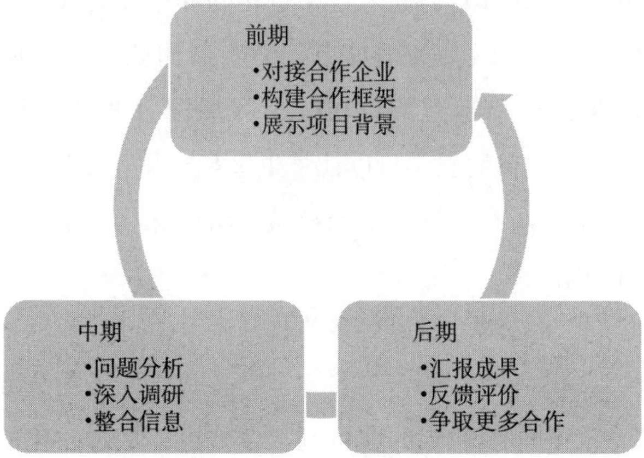

图1 项目制教学实践流程

（一）项目前期：框架构建

项目制教学的最大特点是以实际生活中热点问题为切入点开展项目，因此项目制教学以课程与当地企业对接作为起点，围绕当地企业所提供的项目或需要解决的问题开展。在该阶段，教师与合作企业要评估有哪些理论和技能在企业的工作情景中能得到应用。然后，识别和分析哪些内容是与合作企业需要解决的问题具有相关性。最后，结合以上的分析决定将课程中的某方面内容构建问题情景。

构造问题情景后，合作企业与教师要共同决定学生展示学习成果的形式、评价学生表现的标准和方法；制定企业与学校的合作框架，明确双方的责任与义务以及识别完成项目所需要的资源支持。

教师与合作企业一起向学生以多角度、多维度的方式展示项目的背景，让学生对项目所在的情景有初步的了解。然后，鼓励学生主动提问，加深他们对项目的思考和认识，激发他们的积极能动性。

（二）项目中期：收集信息与调研

在该阶段，项目制教学从教师主导转换为以学生为主、教师为辅的形式开展。学生以小组形式开展对项目的分析，在开始分析之前先要设定假设，通过对假设的检验从而发现情景中存在的问题。在分析的过程中，结合各种分析的工具和调查问卷等方法，与此同时团队成员要协商好各任务间的优先顺序、轻重缓急，制定决策的依据。通过团队协作、反思式学习、共享集体经验，团队成员可以共同探讨相关理论和技能，相互促进以加深掌握。

确定了要解决的问题后，研究小组就要开始通过大量搜集相关信息，包括网络资源、书籍、期刊等，开始围绕问题深入调研。另外，还可以通过对企业员工、行业相关专家进行访问或电话会议等方式获得更实时直接的信息。最后，还要结合各种不同的方法将获得的信息进行整合分析，提取有用信息。

当收集整合相关信息后，学生可以开始着手撰写研究报告。在此之前，学生应寻找处理缺失信息的方法，对已有信息再次确认其准确性和相关性。在研究报告中，除了对存在的问题进行剖析，还要提出相应的解决方案。学生对其提出的解决方案作出最终的决定，在此前必须要验证解决方案所基于的信息的有效性以及检验推导过程的合理性。学生还要筛选、整合相关的材料，理据充实地展现在最终的研究成果中，在分析问题和解决问题的过程中体现出课程相关的理论知识。

（三）项目后期：反馈与评价

教师在期末负责组织一次学习成果汇报会，教师、合作企业还有学生作为与会人员听取各团队小组汇报成果。每个团队小组要展示在研究过程中所发现的问题以及提出解决方案，同时也要解释其背后的原因。在成果汇报会中，鼓励不同小组的同学提问，从而相互促进学习，迸发出更多灵感。

教师与合作企业对各小组提交的研究成果给出必要的修改意见，并且对每个小组及成员的表现给出评价，评价中不仅具有正面鼓励的意义，还应当包含一些改进的建议。最后，教师应当对在研究全过程中与课程相关的知识和技能作出总结。此外，教师与合作企业还可以在学生提交的若干个解决方案中挑选切实可行的方案予以在企业中落实，双方洽谈如何让学生真正地执行其提出的方案，使得整个项目更具有实践意义。基于校企合作的顺畅度和满意度，教师还可能获得更多合作的机会，将项目制教学推上更深入的层次。

三、项目制教学在公司金融课程中的应用

项目制教学模式以教师为起点推动项目合作，后以学生为主、教师为辅的自主探讨模式进行。公司金融是一门具有极强应用性的专业课程，项目制教学模式的应用需要将课程内容分模块嵌入项目，教学模式的改变带来了在教学组织、流程、考核等方面的一系列改革。

（一）与合作企业对接

教师要寻找当地企业获得合作的机会，例如一些中小企业想要获得财务方面的咨询，但又负担不起咨询费用，学校可以此为契机，免费提供咨询服务，帮助学生获得实践机会。还有一些有上市或收购计划的公司也是潜在的合作对象，学校可为他们提供公司估值的服务。这些合作机会对于学生来说都是难能可贵的，可以通过完成合作项目把理论知识落实到实践中，但也一定程度地依赖教师们自身的人际网络。

（二）强调多元协同

课程的设计由多位教师组成课题组完成，将课程内容分割为多个模块，嵌入不同项目中，由专门教师负责进行项目洽谈和开发。与企业的合作框架定立后，项目的进程转由学生主导，教师作为指导角色与学生共同完成，凸显教师协同、师生协同、学生协同、课内外协同以及校企协同。多元协同下设计的课程融合了理论知识和实践经验，具有更强的操作性和时效性。

（三）课程模块化设计

如表 1 所示，将公司金融课程的内容分成若干模块后嵌入不同的项目

中，通过完成实践项目将相关的知识点强化落地，提高学生对学习的积极能动性，而不再是以往的被动学习。

表 1　　公司金融课程模块化设计

项目	课程模块	相关知识点
财务咨询类	财务报表与现金流量	资产负债表
		利润表
		现金流量表
	财务报表分析	杜邦分析法
		偿债能力比率
		资产管理比率
		盈利能力比率
		市场价值比率
公司估值类	折现现金流估值	货币时间价值
		现值与终值
	资本预算	净现值
		经营性现金流估计
		公司自由现金流
	资本成本与估值	资本资产定价模型
		贝塔系数
		股利折价模型
		权益资本成本
		加权平均资本成本
资本结构类	资本结构	MM 定理
		税负影响
		债务成本
	筹资	股利支付
		IPO

（四）充分利用网络资源

对于公司金融这门综合性应用课程来说，传统的“板书式”“满堂灌”

等教学模式已不合时宜。全世界已进入大数据时代，高等教育也应跟上时代的步伐，大学校园早已实现全方位网络覆盖，图书馆系统增添了众多数据库，如国泰安数据库（CSMAR）、万得数据库（Wind）等。教师上课时应随时调用以上数据库，除了展示数据以外，更多地应该向学生展示如何获得数据。在完成项目的过程中，学生必须配合这些收集数据的技能，才能对项目进行更全面、更深入的调研，与此同时提高了学生的综合素质，符合新时代对应用型人才的要求。

（五）培养学生的协作精神

在项目制教学模式下，学生不是单打独斗，而是以团队小组形式开展研究，个人成绩不仅与个人表现相关，还跟团队挂钩。从组建团队、项目分工、搜索信息、深入调研、制作汇报成果都由团队共同完成，培养学生辩证分析能力、团队协作能力。项目的质量取决于团队成员间的互助协调，学生从知识的被动接受者转变为主动索取者。

（六）项目全程跟踪指导

项目的前期主要由课程组教师主动与合作企业接洽，推动项目进行后转由学生主导，教师指导学生完成项目调研，最后学生汇报成果。在此过程中，教师要求学生团队定期汇报研究进度，适时给出指导意见，引导学生在正确的方向上进行，各个团队也借此机会相互交流，相互学习，营造良好的学习氛围。

参考文献

[1] 金立群. 新闻与传播学院“广告策划”课程项目制教学与考试改革综述[J]. 现代商贸工业，2019，40（11）：9-10.

[2] 李姣姣，李懿琦.《财务报告分析》课程项目制教学探讨——基于财务本科大专业[J]. 会计师，2017（5）：73-74.

[3] 邵燕斐，王小斌，吴森忠. 行政管理专业应用型人才培养的项目制探索——以W大学为例[J]. 广西教育学院学报，2018（4）：140-143.

［4］ Dewi F. Proyek Buku Digital：Upaya Peningkatan Keterampilan Abad 21 Calon Guru Sekolah Dasar Melalui Model Pembelajaran Berbasis Proyek ［J］. Journal Metodik Didaktik，2015，9（2）.

［5］ Jeon G，Debski R，Wigglesworth G. Oral Interaction around Computers in the Project Oriented Call Classroom ［J］. Language Learning & Technology，2005，9（3）：121－145.

［6］ Petrosino A. Project Based Learning ［M］. Houghton Mifflin College，2007.

证券投资学教学目标和教学方法的实践探索

▶孙金鹏

证券投资学是金融类专业中有关证券投资的专门课程，是金融学的重要组成部分，也是金融学专业和金融工程等专业的主干专业课程。本课程在金融学证券方向以及金融工程学专业课程中居于承上启下的枢纽位置，以金融市场学、财务管理、西方经济学等前导课程为基础，并作为证券投资技术分析、基金管理、固定收益证券、期货期权、投资银行学等课程的前导知识，是一门综合性实践性比较强的课程。然而，对于这门纯引进的学科，尽管在财经类高校已经有近二十年的教学实践，也培养了一批批专业人才，但证券投资学的基本教学问题依然悬而未决，这当中既有理论本身的问题，也有教学实践中的问题，本文结合笔者十多年的教学实践对证券投资学教学的几个基本问题谈谈自己的观点。

一、教学目标的确定

以某大学设立的教学目标为例：通过本课程的学习，要求学生掌握证券市场的基础知识和基本理论，熟悉证券市场的架构、交易工具、运作机制和运行规律，掌握证券投资的收益、风险之间的关系和有价证券的定价原理，熟悉证券投资的分析方法和管理方法，为未来从事投资工作打下基础。一般地，对实践性有特殊要求的课程，各所大学设定的目标主要有两大目标：知识（理论）和技能两大部分，特别强调理论应用于实践的能力。如果结合市场和投资活动的实际操作，有许多问题须要厘清。一是教学的最高目标到底是什么？既然是实践性强的课程，那就应突出实践性，将实践性放在理论性的前面，让其处于优先的地位。实践性的目标是什么？投资活动的目标是回报，“赚钱才是硬道理”。理论需要实践的检验，只有指导投资者取得回报收益的理论才是有理论意义的。为此，课堂必须直通当下的市场环境，离开了市场，知识能力都是僵硬的，就会是纸上谈兵。由于投资活动是在未来信息不可知的情况下展开的，投资者的选择是否正确，是否能带来回报，有着巨大的不确定性，如何能在一个长期的过程中（10～30年）取得稳定的回报，回避风险，实际上是取决于投资者是否树立了正确的价值观。证券市场似大海风云突变，跌宕起伏，如果没有正确的价值观引导，投资者这艘小船难免随波逐流，甚至有倾覆的危险。所以，证券投资学这门课程的教学目标是在投资实践中逐步确立正确的价值观，正确的价值观指导投资者做出并修正自己的选择，最终取得良好的回报。中国股市三十多年的实践也证明：没有正确价值观的树立，没有按照价值观的取向做出判断与选择，投资可能会取得短期的盈利，但长期中必然失败。所以，确立价值投资为股市投资的主流思想，对中国证券市场的良性发展意义十分巨大，也同样是证券投资理论中最重要的内容和核心。

二、教学方法的选择

在证券投资学的教学中，实践教学主要解决如何培养学生基本操作技能的问题，专业技能实训是实践教学的核心环节，也是提高学生实践动手能力的有效途径。在实践教学中，各高校普遍采用了模拟交易作为主要的实践活动。模拟证券投资竞赛摒弃了传统的以黑板演示为主的学习方法，通过互联网给学生提供了较大的可以自由学习的创新思维空间，学生根据自己的能力和爱好选择喜欢的行业和股票，确定购买的股票种类、数量、买卖时间和投资策略等，并在课余时间查找资料、了解宏观经济发展动态，运用所学知识，把握市场变化的主导因素，形成了教学环路。模拟投资的实践教学取得了一定的效果。但这种做法仍没有达到教学目的。一是短线的交易，造成学生更关注短期行情的波动，为追求短期高收益，往往是追涨杀跌，行情的剧烈波动，导致他们心理失去平衡，不知所措。二是模拟投资以沪深 A 股市场交易为基本数据，中国股市长期低迷，弊端种种，理论与市场的冲突反过来影响对理论的学习，甚至于产生理论无用的看法。三是新鲜感一旦丧失，便难再形成持续的关注度。模拟投资教学达不到预期的效果，其根本的原因是证券投资理论本身的不完备，用这样的理论指导实践投资，必然会遭遇各种各样的矛盾和冲突，特别是面对不成熟的中国股市，理论既不能解释现象，又不能指导投资活动，模拟投资的实践教学反而反噬了正常的教学。个人认为，在证券投资的教学中采用项目式教学方法，效果会更好。项目式教学具有以下特征。

（1）从一个需要解决的问题开始学习，这个问题被称为驱动问题，问题必须是学生在其未来的专业领域可能遭遇的“真实世界”的非结构化的问题，没有固定的解决方法和过程。

（2）学生在一个真实的情境中对驱动问题展开探究，解决问题的过程类似学科专家的研究过程，学生在探究过程中学习及应用学科思想。

（3）教师、学生、社区成员参加协作性的活动，一同寻找问题解决的方法，与专家解决问题所处的社会情形类似；

（4）学习技术给学生提供了脚手架，帮助学生在活动的参与过程中提升能力；

（5）学生要创制出一套能解决问题的可行产品，这些又称制品。

项目式教学让学生进入市场的真实场景，以选择好的市场和好的公司为活动主线和驱动问题，摆脱教材和现有理论的束缚，寻求和积累构建新的知识构架，在市场的波动中逐步认知市场，不断免疫短线市场的波动，长期中坚定价值投资的信念。教学方法服从于前述的教学目标，有很好的兼容性和协调性，克服了理论与实践的冲突和矛盾，把握了证券投资的核心——做人。由于主线清晰，教学的效率大大提高，学生也从跌宕起伏的短期行情造成的心理冲击和情绪波动中超脱出来。

以大数据、云计算为代表的技术革命已经颠覆式改变了人类对知识的存储分析和处理的方式，单纯地传授知识已经不符合时代的要求，因为硬盘的记忆速度和容量已经超过人类多少个数量级，大脑的价值是作为 CPU 的运算能力，而不是硬盘的容量。特别值得一提的是，西方经济学所建立的知识体系是不完备的，只是人们对经济现象的阶段性的粗浅认知和分析，远没有达到马克思经济理论所达到的对人类命运关切的思想高度和人类社会进化的历史纵深。在文化自信的构建中，每一个高等教育的授业者，都应在不断学习的过程中，逐步积累自身的高能量，坚持独立自主的判断和分析，剔除西方理论舶来品中的糟粕，建立自己完整的体系，在教学实践中，通过不断探索，形成有中国特色又能被世界认同的新的一揽子方案。

参考文献

[1]［英］本杰明·格雷厄姆．聪明的投资者［M］．王中华，黄一义，刘建位（审校），译．北京：人民邮电出版社，2016.

[2]［美］彼得·林奇（Peter Lynch）．彼得·林奇的成功投资［M］．刘建位，徐晓杰，译．北京：机械工业出版社，2007.

[3] 陈来．有无之境：王阳明哲学的精神［M］．北京：北京大学出版社，2006.

[4]［美］格林威尔，等．价值投资：从格雷厄姆到巴菲特［M］．李瑶光，张建文，译．北京：机械工业出版社，2002.

[5]［美］罗伯特·哈格斯特朗．巴菲特之道［M］．杨天南，译．北京：机械工业出版社，2015.

[6]（明）王阳明．传习录［M］．北京：中国画报出版社，2012.

[7]（明）王阳明．王阳明全集［M］．北京：线装书局，2012.

[8] 温宪元．继续写好中国特色社会主义这篇大文章：学习习近平总书记系列重要讲话精神［M］．广州：花城出版社，2014.

[9]［美］沃伦·巴菲特，［美］查理·芒格，［美］劳伦斯．巴菲特致股东的信［M］．3 版．北京：北京联合出版公司，2017.

［10］习近平．紧紧围绕坚持和发展中国特色社会主义学习宣传贯彻党的十八大精神：在十八届中共中央政治局第一次集体学习时的讲话［M］．北京：人民出版社，2012.

［11］习近平总书记系列重要讲话读本［M］．北京：学习出版社、人民出版社，2016.

基于经济学思维培养的微观经济学教学改革探索

▶王春福

一、微观经济学的教学效果现状

随着我国市场经济的发展壮大，微观经济学课程在我国高校经管类专业教学课程中的地位越来越突出。尤其是经济类专业，学好微观经济学是学好该专业重点课程的基础，属于专业必修课程。但是微观经济学难学，是学生们的普遍反应。在教学过程中有40%的学生认为，在讲解的知识体系中“各类曲线过于抽象”，很难理解；有29%的学生认为，抽象的经济学思想难以理解；还有22%的学生认为课程信息量太大。每次期末考试90分以上的凤毛麟角，大部分成绩处于60~80分，有时在60分以下的竟然有30%左右，甚至有些学生需要重修多次才能通过。以至于在高校中好多学生认为微观经济学是“杀手”课程。

二、微观经济学在教学中存在的问题及原因

当前微观经济学在应用型高校普遍存在教学效果不理想，补考、重修率高的现象，究其原因主要有以下三点。

（一）课程理论性强，难以感同身受

微观经济学的教学内容是基于理性经济人的假设运用各种模型对其进行剖析论证从而得出相应的结论，理论性强。微观经济学运用的是实证分析，相关经济定理和模型的建立经历了数代经济学家不断的归纳、完善，不同的经济定理、模型的验证着不同朝代的历史事件和经济背景，从而使其在学习理解中思维跨度较大，学生由于缺乏相应系统的历史背景学习，故对老师介绍的模型及经济定理难以构建场景，进而丧失对该课程的学习兴趣，很难真正体会到经济学的奥妙。

（二）教学中重理论轻实践，缺乏实用性

微观经济学在专业知识学习的关键是基础理论课，从教材的内容上主要体现理论性的教学分析内容，缺乏相应的实践内容，如果想理论与实践并重就需要积累大量的现实有影响的经典的资料，归纳梳理分析相对应的经济学知识。这样需要大量增加教师的备课任务，许多老师由于精力问题或惰性问题而达不到，只能采用纯理论的教学方法，久而久之给大家的印象是：教学中重理论轻实践，学生难以将理论用于实践，故认为该课程缺乏实用性。

（三）学生数理思维薄弱，对理论无法理解

微观经济学的开设对象主要是经管专业的学生，经管专业的学生大部分是文科生，数学基础参差不齐。且很多高校将微观经济学与高等数学、微积分等课程并行开设，学习微观经济学时基本的数理思维没有建立，导致在面对微观经济学教学中大量图表、方程式、图形及其推导过程觉得力不从心，只能采用死记硬背方式学习，难以建立系统的知识框架，进而学习兴致不高，效果不好。

三、微观经济学教学改革探索

（一）重视课前任务的布置，提升学生对背景知识的了解

导课就是每节课开始前，首先介绍通过什么样的思路，引导学生了解本节课所学内容的目的进而有所思考。通常通过展示社会现状提出问题，所提问题与本节课所讲的知识点相关，且能用本节课所讲的知识来解答。导课创新的关键点，是所提问题能有效激发学生的兴趣，需要这些问题是学生们经常所思所想、所关心的问题。通过启发引导学生，对其所关心的问题进行思维加工，包含学生每个人的智慧和感情，是帮助学生发挥学习自主性和积极性的开始。对学生所关心的问题进行有效引导，让学生有目的性地深入课堂中。为了解决思维跨度，需要提前布置相应背景内容的经济发展史中相关对应内容，让学生提前阅读，用问题导向让学生主动去思考和收集与本章节有关联的背景材料。通过导课，运用问题导向的方法有效解决微观经济学教学过程中课程理论性强，难以感同身受的问题。

例如，消费者选择是微观经济学的思维转换、逻辑推理较为复杂的一章内容，其中包含了大多数大学生们所关心的问题。教学中就所要讲的内容可以提出两个社会热点问题：第一，中国现在大学生就业方向如何选择？第二，你们将来是先买车还是先买房？一个与上一章知识点相呼应的问题：咱们上一章学习了消费者的需求曲线，大家都知道需求曲线是向右下方倾斜的这一现象，但我们有同学提出来为什么会向右下方倾斜，通过什么样的证明让我们心服口服？前面两个问题不但是学生所关心感兴趣的，而且包含了消费者选择的所有关键知识点，为了解决问题学生必然去学习相应的知识点以及与之相关的时代背景来证明自己选择的正确性。后面的问题让学生带着没有解决的疑问，从而有较强的好奇心深入所学的知识，进一步提高其求知的积极性。

（二）任课教师加强自身学习，增加案例储备

上面也有提到，老师要多举例子学生才能提起兴趣听，但是例子从哪

来？怎样做到信手拈来，收放自如？这就要求老师要多读、多看、多听，使得自己的信息量足够大，更要与时俱进，每天至少花一个小时看看新闻。如果老师的视野都很窄，在讲课的时候怎么能做到举例分析呢？

（三）理论与实践并重，激发学生兴趣

1. 实现激发大学生经济学学习兴趣的教学目标

微观经济学不仅是一门理论科学，更是人们生活中的经济学。社会中的很多现象，都可以通过经济学的原理来解释和验证。培养大学生学习经济学的兴趣，是微观经济学案例教学的首要任务。一般来说，经济学作为专业基础课，大学本科生都是在大学一年级或者二年级开始，在此阶段，作为低年级的大学生，初次系统性地接触经济学，在学习伊始可能会感觉新鲜但略有吃力。通过在课堂教学中，引入生活中实际遇到的经济问题，将理论和实际紧密相联系，让学生通过案例分析理解和感悟身边的经济学，将兴趣和探索统一起来，对激发大学生学习微观经济学理论方法的积极性更有裨益。

2. 实现培养大学生经济学思维的教学目标

微观经济学课程中出现了大量复杂抽象的经济理论和方法，培养学生的经济学思维是课程教学的主要目的之一。通过案例教学法，让学生通过抽丝剥茧的分析掌握经济学概念，熟练运用经济学理论方法，构建经济学模型，变繁为简，化抽象为具体，为大学生在解决和分析和验证现实的经济学问题时提供一定的方法指导和理论支持。这一阶段一方面对学生的培养应侧重于对经济学框架理论结构的学习和应用，同时也通过积极的培养大学生的经济学素养和经济学思维，为今后从事经济管理类的工作奠定基础。

3. 实现提升大学生解决现实问题能力的教学目标

任何一门科学的最终目的都是使学生在今后的工作和生活中学以致用。微观经济学课程通过案例教学，使教学过程灵活生动，学生通过案例能够达到举一反三的效果，不但能够达到传授理论知识的目的，更满足了大学生在走向工作岗位、从事经济管理类工作时学以致用的更高层次的要求。微观经济学的学习初期教学目的以激励学生的学习兴趣为主；学习中期以促进学生掌握系统的经济理论方法体系，培养经济学思维为主；学习

后期以提升学生灵活运用经济学理论水平解决现实问题为主。

4. 复杂问题进行简单化的处理

讲课的时候授课方法要简单适用。老师要尽量用简单的话或者简单易懂的方法来解释知识理论，不要故弄复杂，让学生听得云里雾里，自己还在自我陶醉地讲。当然这里需要强调的是，教学内容具有一定深度并非指一定要用到复杂的数学推理，要善于运用简单的方法讲解复杂的理论，不一定用到难度较高法数学推理，用图形也可直观进行体现。以消费者选择为例，在讲授到为什么无差异曲线的离远点越远效用就越高的特点时，可采用立体三维图像来解决。我们把置于平面的坐标的两轴分别表示两种商品的数量，而把高度作为效用轴，效用越大高度就越高，这样两种商品组合的量越大，根据多比少好的原则就是对应的效用越大，其高度就越高，再对其高度进行水平剖面，然后将水平剖面投射到两商品所在的平面坐标系上所形成的一条曲线就是一条无差异曲线，用不同高度的剖面分别投射，就能很直观地看出离远点越远效用就越高，使学生更容易理解和记忆。并且这种讲解并没有用到高深的数学推理，而只是增加了讲解的知识构造层次，却使讲解的理论和知识对现实问题的解释力大增，学生学习的主体性更强。

经过以上三个方面的教改创新，希望学生们学习的主动性和积极性将会得到较大的提高，让微观经济学在教学实践中取得理想的教学效果。

参考文献

［1］李健．独立学院“微观经济学”课程建设研究［J］．时代金融，2019（9）：215－218.

［2］李晓宇．基于案例视角的微观经济学教学改革研究［J］．时代金融，2016（36）：270.

［3］刘宁，刘晓佳．微观经济学教学、经济学思维培养与课堂实践改革［J］．科教导刊（上旬刊），2020（7）：144－146.

［4］王晨曦．《微观经济学》教学与经济思维培养［J］．课程教育研究，2018（6）：148－149.

［5］张百珍．论如何提高大学生对微观经济学的学习兴趣［J］．商场现代化，2012（18）：103.

论经管类专业经济法课程教学改革

▶周显志

针对经济管理类专业本科开设的经济法课程教学进行改革，改变传统“教师讲，学生听”的授课模式，能够提升学生的学习参与度，取得显著的教学效果。本文结合笔者先后开设的经济法专题（法学研究生学位课）、经济法学（法学本科生核心课）、经济法（非法学本科生选修课）三门课程的教学实践与经验，针对经济管理类本科专业学生开设的专业必修课经济法课程性质与课程内容及特色、经济法课程教学改革的价值取向与目标、经济法课程教学内容的改革与实施、经济法课程教学中的师生关系与角色定位等问题，略述管见，就教方家。

一、经济法课程概述

（一）经济法课程性质

经济法课程是针对经济管理类本科专业学生开设的专业必修课，是一门集理论性与应用性于一体的课程。此经济法课程，与针对法学本科学生开设的专业必修课经济法学不同，不是法学界所界定的部门法意义上的经济法学专业课程。经济法课程是围绕市场主体生产经营活动，选取市场主体经常需要的民法、商法和经济法方面的知识，侧重于“经济法律”的讲授。因此，本课程的“经济法”，实际上是经济方面的法律，而不是部门法意义上的经济法，不受部门法划分的限制，侧重于介绍、阐述有关“经济法律”的内容，讲授经济方面的法律，属于经济管理类本科专业学生的专业必修课。

（二）经济法课程内容

本课程着重讲授的是经济方面的法律，包括规范市场主体方面的法律制度，规范市场行为方面的法律制度，规范市场竞争方面的法律制度。在这些经济方面的法律制度中，从中选取企业法律制度、公司法律制度、合同法律制度、消费者保护法律制度、反不正当竞争法律制度、反垄断法律制度，作为重点进行讲授。

（三）经济法课程特色

本课程特色表现在以下几方面。

一是课程内容新颖。经济法课程，是围绕企业生产经营活动选取的民商法与经济法知识的课程。因此，本课程实际上讲授的是经济方面的法律，而不是部门法意义上的经济法。本课程是在结合市场经济体制改革中各种经济关系出现的新动向和新情况而开设的一门课程，从新的视角观察审视各种新的经济法律关系，给课程注入全新的内容。

二是理论与实务相结合。本课程是一门实践性极强的课程，要求教师理论联系实践，具备相关法律实务知识背景。要求突出教学方案的实践性，并运用多媒体课件图示教学和案例讲解相结合的教学方法，同时注意师生讨论互动的方式，以达到良好的教学效果。课程注重理论阐述与案例分析、课题实操等相结合，辅之以一定量的案例阅读材料，可操作性强。课程系统地介绍企业法、公司法、合同法、消费者保护法、反不正当竞争法、反垄断法等基本法律制度，系统地阐述市场经济方面的法律理论与实务操作问题。

三是注重能力培养。经济法课程是一门理论联系实践、学以致用、既有理论性又有实践性的课程。课程紧密联系当前实际需要，结合实践，旨在通过对经济方面的法律理论及其实际应用的学习和研究，让学生系统掌握经济方面的法律基础理论、基本制度、基本原则，培养学生运用民商法与经济法理论和知识，分析和解决经济生活中的实际法律问题的能力。

二、经济法课程教学改革的价值取向与目标

（一）经济法课程教学改革的价值取向

首先，经济法课程教学改革必须树立法律信仰和法治经济的价值取向，必须把培养学生成为有法律信仰的人放在首位。

法律信仰是作为一个法律人应该有的素养与追求，是对善法良法以及法律实施效果良善的追求。信仰虽然不能决定法律的制定与实施，然而法律却可以在法律信仰助推下不断完善，法律的制定与实施可以在公民利益诉求中不断向前。法律不仅是一种规则、一种秩序和一种治理工具，更重要的是，法律本身隐含着公平正义的价值，代表着一种理想信念。法律是公平、正义、道德、伦理的化身，是人类对理想境界和美好生活向往与追求在行为规范上的具体体现。法律虽然看上去是生硬死板的文字条文，它“生杀予夺、冷酷无情”；但是依法惩罚是为了更好的保护，限制是为了更多的自由。法律是人类精神家园真正的守望者和保护神，人类应当且必须崇尚法律，景仰法律。人们对法律有信仰，法律才能给人们正义、秩序、自由、福利的希望。现在的在校大学生，未来无论是从事经济管理工作，还是从事经济法律事务，有了法律信仰，就能够用法律赋予自己的职权，为社会输送经济公平和正义，化解经济矛盾和纠纷。当公民权利受到法律的保护，社会经济纠纷得到及时合理的解决，法律信仰就会深入人心、扎根心底。

依法治国是我国的基本方略，法治文明是人类在历史进程中经过共同努力和不断摸索所累积的文明成果，也是全人类共同的崇高理想。一个现代化的国家，必然是一个法治国家，市场经济首先是法治经济。我国要建设文明、民主、富强、和谐的社会主义现代化强国，就必须向法治国家和

法治经济的目标迈进。法治国家和法治经济，要求国民对法律具有虔诚的信仰。因此，经济法课程教学改革，要坚持把学生培养成遵守法律、信仰法律的人，作为第一要务。

其次，经济法课程教学改革必须秉持“知行合一、学干一体、培养能力”的教育理念，确立让学生“学会独立思考、学会执法判案”的“法学教学观”，树立教学质量“不只由考分衡量而主要由社会评判”的“人才质量观”。本课程以就业经济管理法律事务岗位为导向，注重对经管类专业所涵盖的法律事务岗位职业能力的培养，以及职业操守的养成。课程设置以市场主体法、市场行为法和市场监管法为主线，根据经济管理类学生的认知特点来展示教学内容。在学习任务引领下以情景模拟、角色互换、课题实操、分组讨论、课外作业等形式，开展教学活动，展示教学过程，使学生真切体悟到经济活动中所需的经济法律职业能力和实操能力。要求学生学干结合、边学边做，以培养学生胜任经济法律业务操作的职业能力，提高学生分析和解决经济法律问题的实际操作能力，满足岗位实际运用需要的适用能力，为学生未来走向就业市场，预先做好经济法律知识的铺垫。

（二）经济法课程教学改革的目标

经济法课程教学改革与建设，应根据经济管理类专业本科教育的任务和学生就业的需求，从构建经济管理类学生复合型知识结构，促进学生就业等方面出发，设计课程目标，优化课程内容和结构，完善实施机制。

经济法课程教学的重点并不在于向学生传授一套完整的经济法学理论，而在于保证学生所学的经济方面的法律知识，在今后的工作和继续学习中能用得上，并能满足学生参加各种经济管理类活动的需要。因此，本课程的内容并不完全局限于经济法学科的体系范围，教学内容需要涉及民商经济法中一些重要的相关制度，如企业法、公司法、合同法、竞争法等。同时避免与其他专业课程在内容上的冲突，如金融法、税收法等都是经济法学体系中的重要内容，基于这些法律制度对经济管理类人员的重要性，经管类专业教学计划均应将其单列为一个教学科目，故经济法课程就不再重复讲授金融法和税收法等法律制度。

经济法课程教学改革要达成的总体目标是，通过本课程的学习，让经济管理类学生了解一定的经济方面的法律基础理论，掌握与经济管理类工作有关的经济方面的法律知识，以适应我国经济建设的需要。让学生掌握经济法律的适用范围、调整对象，以及经济方面的法律法规，包括规范市场主体方面的法律制度，规范市场行为方面的法律制度，规范市场竞争方面的法律制度等主要内容，目的在于使学生适应未来经济管理类的工作岗位，能自觉依法办事，能运用法律武器维护企业、客户及个人的合法经济权益。

经济法课程教学改革要达成的具体目标，可分为知识目标、能力目标、素质目标三类，概述如表 1 所示。

表 1　　经济法课程教学改革目标

具体目标	详细内容
知识目标	1. 了解和掌握经济法律的基本概念、基础知识、基本理论
	2. 熟悉我国现行经济方面的法律法规，加深对我国现行经济方面的法律法规的认识和理解
	3. 了解经济权益受损的救济机制，掌握经济纠纷的解决方法
能力目标	1. 运用企业法知识分析处理个人独资企业与合伙企业法律事务的能力
	2. 运用公司法知识分析处理公司法律事务的能力
	3. 运用合同法知识分析处理合同法律事务的能力
	4. 运用消费者保护法知识处理和解决消费纠纷的能力
	5. 运用反不正当竞争法知识预防和处理不正当竞争法律事务的能力
	6. 运用反垄断法知识处理和解决反垄断法律事务的能力
素质目标	1. 培养学生的经济法治意识、法律思维、法律信仰、法律文化素养
	2. 培养学生良好的工作素质、团队素质，形成处理经济法律事务所需的法律职业技能、职业素养
	3. 培养学生运用市场监管法基本理论和法律法规，预防纠纷和保障权益的职业习惯
	4. 培养学生探索经济法律事实和适用经济法律的法治观念，形成从事经济活动和经济监管法律事务所需要的经济法律方面的职业敏感性

三、关于经济法课程教学内容的改革与实施建议

（一）经济法课程教学内容的改革

关于经济法课程教学内容选取的考量，主要依据是：本课程是针对经济管理类本科专业学生开设的专业必修课，是一门集理论性和应用性于一体的课程。此经济法课程，不是针对法学本科学生开设的专业必修课经济法学，不是法学界所界定的部门法意义上的经济法学专业课程。经济法课程是围绕市场主体生产经营活动，选取市场主体经常需要的民法、商法、经济法方面的知识，侧重于“经济法律”的讲授。因此，本课程的“经济法”，实际上是经济方面的法律，而不是部门法意义上的经济法，不受部门法划分的限制，侧重于介绍、阐述有关“经济法律”的内容，讲授经济方面的法律。本课程着重讲授规范市场主体方面的法律制度，规范市场行为方面的法律制度，规范市场竞争方面的法律制度。在这些经济方面的法律制度中，从中选取企业法律制度、公司法律制度、合同法律制度、消费者保护法律制度、反不正当竞争法律制度、反垄断法律制度等，进行较为详细的讲授。其任务是通过教学，帮助学生掌握经济方面的法律基础知识，学习与将来工作有关的具体法律规范；帮助学生树立牢固的法律意识，维权意识，守法意识，坚持依法办事与依法办案意识。

对课程内容进行改革的突出表现为：围绕经济管理类学生的企业经营管理岗位所“必需”的法律知识，打破学科体系，选取经济方面的法律制度进行讲授。本课程重点讲授经济活动中主要应用的经济法律法规，目的是让学生掌握运用法律手段解决各种经济纠纷的基本方法和基本技能。根据教学的要求和特点，将经济法课程整合为七个课题，即经济法律基础知识课题（6 课时）、企业法课题（6 课时）、公司法课题（6 课时）、合同法课题（12 课时）、消费者保护法课题（6 课时）、反不正当竞争法课题（6 课时）、反垄断法课题（6 课时）。本课程共 3 学分，总计 48 课时。根据不同的课题内容，采取课堂讲解、录像观摩、案例分析、法律咨询、观

摩开庭、网络教学、课题实操等形式多样的教学形式。

（二）关于经济法课程教学改革实施建议

一是运用真实案例进行教学。教学改革中尽量通过引导学生分析真实案例的教学方法，拓展学生的综合分析能力。经济法课程是一门涉及面比较广、难度较大的课程，注重真实案例教学，能够帮助学生理解经济法律理论知识，培养学生在经济法律方面的应用能力，做到学以致用。经济法课程教学程序大致可以分为：课题案例导入、课题任务呈现、课题知识讲解、师生互动、课题实操训练、课堂小结、课外作业等环节。不仅要在课内进行真实案例模拟教学，还积极鼓励学生在课外寻找身边发生的真实案例，拿到课堂上进行分析讨论，从而达到法律条文与学生身边真实案例相结合的教学效果。

二是探索研究性教学。经济法课程的特殊功能在于，培养和增强学生的法律意识和法治经济观念，经济法课程必须充分发挥自身的优势，弘扬法治精神，培养学生具有“有法可依，有法必依，执法必严，违法必究”的法治观念，全面提高学生的经济法律素养。在经济法课程学教学中，引导学生参与到研究性教学活动中去，引发学生自我钻研经济方面的法律理论知识，增强探索解决经济法律事务的兴趣，锻炼学生的法律思维能力。

三是注重启发式教学与情景交融教学。经济管理类学生往往可能缺乏学习法律的积极性和主动性，可能导致学习效果不佳。在教学过程中，通过创设和利用问题情境使学生面临具体问题，以刺激学生思维的积极性，引导学生主动学习，启发他们独立探索。由此，激发学生学习兴趣，引导学生积极主动学习，启发学生思考问题、分析问题。例如在教学过程中设计课堂情景：请同学们以两人为一组搭档，双方协商，签订不同类型的合同。通过情景演练写合同，让学生掌握合同的订立过程和内容要点；再通过对问题合同审查的案例分析，让学生懂得社会经济生活中签订合同的注意事项，从而预防落入合同陷阱，防止上当受骗，学会维护自己的正当权利。

通过对经济方面的法律基础理论的理解与掌握，运用经济法律理论解决经济活动领域的相关法律问题，是达成经济法课程目标体系的途径。在课程基本理论教育方面，要强调突出对重点法律理论与重点知识的讲授。在教学方法上，强调在讲授课程理论知识的基础上，同时培养学生适应社会现实需求的能力，即通过案例教学来培养学生的实际运用经济法律的能力；通过研究性教学方法的使用，锻炼学生的法律思维能力。

四、经济法课程教学过程中师生关系与角色定位的改革

（一）建立教学相长与亦师亦友的师生关系

首先，在经济法课程教学过程中，要建立教学相长的师生关系。“教学相长”一词，出自《礼记·学记》：“是故学然后知不足，教然后知困。知不足然后能自反也，知困然后能自强也。故曰教学相长也。”所谓教学相长，意思是教和学两方面互相影响和促进，彼此都得到提高。人的资质虽然聪颖，不认真学习，就不能提高学识修养。通过学习然后知道自己有不足的地方，通过教然后知道自己有困惑不解的地方。知道自己有不足的地方，然后才能够督促自己进一步学习；知道自己有困惑不解的地方，然后才能够自我奋发进取，教别人也是自己学习的一部分。传授与学习，是互相促进、共同提高的关系。

其次，在经济法课程教学过程中，要建立亦师亦友的师生关系。什么样的师生关系才是我们所追求的最和谐最默契的师生关系呢？亦师亦友是最和谐最默契的师生关系。所谓亦师亦友，意思是既是老师，又是朋友。有益的老师可以是知心的朋友，有长处的朋友在某种意义上就是值得学习其长处的老师。在教学活动中，老师看上去平时与学生关系很亲近，但在课堂上讲课时学生依然非常认真听讲，学生能够做到在课堂上尊敬老师，课后又能够与老师轻松相处。在经济法课程教学过程中，就需要积极建立和努力营造这种亦师亦友的师生关系。经济法课程教学过程中，加强教师和学生之间的互动，营造亦师亦友的氛围，是建立教学相长与亦师亦友师生关系之重要途径。

（二）学生是经济法课程教学中的主体

教学必须以“课题为主线、教师为主导、学生为主体”来进行。只有以学生为主体，才能调动学生学习的积极性，发挥学生学习的主动性，保持学生学习的自觉性。所谓以学生为主体，就是教育要针对学生的需要、愿望、态度等学生自身的特点来进行，教育要因材施教。

首先，以学生为主体，意味着学生是专业教育教学实践的主体。学校的专业教育教学，都必须以学生为中心，尤其是学校的办学理念，教师的课堂教学，学校教育教学活动的开展，教育教学设施的使用，都应该围绕学生这个目标主体展开；而学生既然是目标主体，那么学校专业教育教学实践，当然应以学生的全面发展为出发点和归宿。学生理应成为学校专业教育教学实践的主体，而不仅仅是单纯的客体（被管理者甚至被管教者）。这种主体性，要求面对经济管理类专业学生开设的经济法课程使用的教材，应该是《经济法》，而不应该是教育部统一指定的法学本科专业使用的《经济法学》教材。经济管理类专业学生的知识结构，与法学专业学生的知识结构，显然是不一样的。如果采取行政手段，不论什么专业，只要是开设经济法课，都一律强制指定统一教材，显然就违反了以学生为主体因材施教等原则。

其次，以学生为主体，意味着师生之间要形成“学习共同体”。在经济法教学过程中，只有师生之间形成真正的“学习共同体”，只有师生之间的精诚合作，才可以达成培养目标，实现教学目的。因此，真正的以学生为主体，并不是什么都以学生的意愿办事；以学生为主体，只有在教师、教材、学生、环境的相互关系中，得以生成和发展。

（三）任课老师应成为积极引导学生自主学习并因材施教的主角

教师是教育工作的实施主体，也是高校开展教学中的主导力量。在学生培养的过程中，教师要“导”，要掌握“导”的方法。教师要从积极的方面引导学生进行自主学习并因材施教。

首先，要积极引导学生进行自主学习和因材施教，就必须了解学生的学习动机与各种“材”的具体情况。有的学生毕业后想进政府机构当公务员，有的学生毕业后想进企业从事经济管理类工作，有的学生毕业后想从事法律事务工作，有的学生毕业后想继续深造、要报考法律与经济类的研究生，有的学生毕业后想出国留学，有的学生毕业后想自己创业、开办企业。他们的兴趣爱好和对知识结构的要求各不相同。如果不加以分析，不因材施教，听其自然，他们很有可能会弃其长而扬其短，从而无法实现教师对经济法课程设定的培养目标。教师的作用在于引导学生正视现实，达成课程的既定目标。

其次，要积极引导学生进行自主学习和因材施教，就必须强调传播经济法律学术思想和培养学生发现问题和分析问题的能力。就目前在读的经济管理类专业学生来说，受实用主义思想的影响，难以做到对经济法律作深入的学习和研究。然而，对于学生来说，重要的是培养他们发现问题、认识问题、研究问题、分析问题、解决问题的能力。因而需要通过经济法律理论和实务的教学，教会学生法律思维的方法，教会学生如何运用经济法律知识，分析和解决社会经济生活中的现实经济法律问题。

（四）任课老师应定位为复合型知识结构的法律专家

作为经济法课程任课教师，要指导学生的课程学习和课题研究，最基本的条件是业务知识扎实，有丰厚的法律专业知识储备。老师给学生一碗水，自己就必须储备一桶水。滴水之灌，当以江河为源。而且老师在课程课题指导方向上，要有自己研究的课题、研究的方法和研究的心得，并且对指导方向的最新研究成果和研究动态有比较全面的把握。这就是说，作为任课教师，必须是本课程业务上的专家和学术带头人。

首先，作为一个合格的经济法课程教学任课教师，应该抓住一个或几个问题，自己持之以恒进行研究，同时也要让学生参与课题研究，切实担负起指导学生开展课题学习研究的职责。一个任课教师手头要有问题让自己和学生研究，这样才能不仅使自己，而且也让学生成为专家甚至学术上的带头人。可以说，一个抓不住问题没有问题意识的课题任课教师，是一个不称职的课题任课教师。在实践中，正是因为有些任课教师没有问题意识，或者是不把问题让学生讨论研究，才使得学生在学习过程中感到十分茫然，以致迷失学习方向。

其次，作为一个合格的经济法课程任课教师，必须具备法学与经济学的复合型知识结构，要形成一整套具有自己个性特色的教学方法和研究方法，并毫无保留地把这些具有特色的研究方法传授给学生，让学生全面掌握这一整套研究方法。同样的问题，使用的概念、推理的种类和形式不同，切入的角度不一样，研究的成果质量也会大不相同。同样对相同课程章节的讲授，采用不同的教学方法，会产生不同效果。采用切合时宜教学方法的老师，可以把课程讲得生动活泼，出神入化。采用不合时宜教学方法的老师，可能把课程讲得死气沉沉，味同嚼蜡。经济法课程内容涉及的经济法律法规，很多都是生硬死板冷冰冰的文字条文。要把生硬死板冷冰冰的文字条文讲活，讲得有温度，就必须掌握引人入胜的教学方法和教学技巧，这是经济法课程任课老师必备的基本功。

最后，一个合格的经济法课程任课教师，还要求必须具备参与司法诉讼实务和仲裁等准司法活动的经历和能力。教学任课老师应该把参与诉讼实务、仲裁业务、法律咨询等法律实践中的经验与教训，带进课堂，与学生共享。

参考文献

［1］编写组. 经济法学［M］. 2 版. 北京：高等教育出版社，2019.

［2］李昌麒. 经济法学［M］. 3 版. 北京：法律出版社，2016.

［3］漆多俊. 经济法学［M］. 3 版. 北京：高等教育出版社，2014.

［4］杨紫烜，徐杰. 经济法学［M］. 6 版. 北京：北京大学出版社，2012.

［5］赵威. 经济法［M］. 8 版. 北京：中国人民大学出版社，2021.

关于环境经济学课程教学改革的思考

▶姚晓垠

环境保护的话题是一个社会性的新话题，源自工业革命以来，社会生产力不断地提升，全球环境问题也随之不断爆发，并引起人们的注意。1962 年《寂静的春天》一书的出版引起社会上巨大的轰动，此书警示人们如果不采取适当的措施，地球环境即将遭到严重威胁。从此更多学者开始对环境经济学进行探索与研究，形成一门学科。我国环境经济学起步相对较晚，1978 年我国制定了《环境经济学和环境保护技术经济八年发展规划(1978—1985 年)》，并组织人力开始研究，次年中国环境科学学会成立，进一步推动了环境经济学的研究。由此看来，环境经济学是一门新兴学科，在教学的内容与理念上，更需要不断地探索与创新。

一、课程的主要内容

（一）课程性质

课程关注环境保护与经济发展之间的相互关系，属经济学与环境科学的交叉学科，旨在使学生掌握如何运用主流经济学的理论与研究方法研究环境问题。课程注重从福利经济学、制度经济学、发展经济学、土地和资源经济学等主流经济学各学派中抽取基本理论与规范的分析方法。要求学生掌握并将其应用到环境税费制定、明晰环境产权及其交易，以及其他环境政策的制定等领域的研究之中。

（二）主要教学内容

本课程主体内容由两部分构成。第一部分为环境经济学基础知识，包括四方面内容。（1）导论：介绍环境经济学的研究对象、主要研究内容、研究方法；环境经济学与西方经济学、资源经济学、生态学等学科的关系；简要介绍各国中富有代表性的环境问题对策。（2）与市场失灵相关问题的研究：从物品属性角度分析环境问题产生的原因。主要内容包括公共物品、外部性问题等。（3）市场机制在解决环境问题上的作用：关注于何种程度上能够发挥市场机制在解决环境问题上的作用。所涉及的问题主要包括对科思定理、庇古税等讨论。（4）环境管理政策的简介：简要介绍环境管理政策的理论依据。聚焦命令—控制模式和经济激励模式，引导学生如何展开对实践中的环境政策进行分析与评价。

第二部分是西方经济学补充知识。针对学生在学习环境经济学前大多未学习西方经济学的现状，结合环境经济学部分涉及的西方经济学知识，有针对性地做扼要的介绍。涉及的知识点以微观经济学为主，也包括宏观经济学部分内容。

二、教学方法的探索

（一）基础知识以传统课堂传授为主

环境经济学的基础知识部分涵盖马克思主义理论中的人口、资源与环境经济学思想。此部分内容分为四个部分，包括人口经济思想、资源经济思想、环境经济思想、人口资源与环境协调发展思想。

马克思主义理论中的相关内容，需要有衔接课程的基础知识，例如西方经济学中关于学科流派的发展。需帮助学生复习经济学思想发展的由来，以及马克思主义思想的历史背景与发展。在多次尝试中，实践证明此部分内容以传统课堂讲授为主效果显著。传统的课堂教学模式是一种以老师为中心、书本为中心和课堂为中心的教学模式。传统的课堂教学模式往往形成了老师单向灌输、学生被动接受的局面，不难看出传统教学模式的缺陷是非常明显的。例如在教学过程中，学生情绪会受到压抑，长期单向的输出会造成效率低下、课堂枯燥无味的后果。因此需要适当融入其他教学方法作为辅助。

与现实情况结合，不难发现马克思主义理论在中国的发展，也是诸多学者研究的方向。一部分学者阐述了生态经济协调发展、经济可持续发展以及循环经济等人口、资源与环境协调发展思想，建立了中国可持续发展经济学。另一部分学者在探究人口与经济资源环境问题以及其对社会生活与经济生活的作用。例如中国科学院国情分析小组较早研究了中国人口、经济与资源之间的矛盾，并从多个角度提出解决途径。也有一部分学者在现实生态问题上进行了反思，根据马克思的“两种生产”理论进行拓展。除此之外还有诸多相关研究。在传统课堂讲授中，可将当前不同学者的研究方向及内容与学生进行分享与学习，在活跃课堂的同时，增加学生对当前经济发展问题的了解与认知。

（二）翻转课堂的应用

翻转课堂译自“flipped classroom”或“inverted classroom”，也译为“颠倒课堂”，是指重新调整课堂内外的时间，将学习的决定权从教师转移给学生。在这种教学模式下，课堂内的宝贵时间里，学生能够更专注于主动的基于项目的学习，共同研究解决本地化或全球化的挑战以及其他现实世界面临的问题，从而获得更深层次的理解。

这种教学方法的尝试主要集中在学期中后期，即专题性的课程内容部分，例如灾害经济学的理解与学习、中国城乡一体化中存在的人口、资源与环境问题的探究，以及低碳经济与绿色经济的发展探索。此类教学内容较为前沿，当前对此类问题的研究也较多，参考文献与现实数据可得性较强。从这几个角度考虑，尝试翻转课堂对教师与学生来说，难度相对都比较低。

以下以灾害经济学为例，阐述关于翻转课堂的探索与尝试。灾害经济学是一门研究灾害发生过程即灾害从孕育、潜伏、爆发到持续、衰减、平息全过程所表现的社会经济关系的科学。它介于环境经济学、生态经济学、国土经济学和生产力经济学之间，是一门属于守业经济学范畴的边缘经济学科。它不研究价值形成和价值增殖，只研究已有资源和已创造价值的保护。它着重从经济学角度研究灾害预测、防治、控制和善后处理过程的规律性；探索治理灾害和变害为利的措施及实施的经济效果。在本课程中灾害经济学只是作为一个章节进行介绍，因此可拓展内容较为丰富。具体操作流程分为：首先，课前先给出灾害经济学的话题，并向学生明确提出这部分内容需要以翻转课堂的方式进行教学。其次，将灾害经济学涵盖的内容与前期理论成果进行简单介绍，重点介绍资料与数据的获取渠道与方法。课堂上由教师进行 5 ~ 10 分钟的引言，之后的 60 分钟由学生主导，进行讲授、互动，教师全方位配合学生的讲授。最后，课堂最后 10 分钟由教师进行总结，包括做出客观评价，并对学生讲授内容进行补充。由于是长时间的讲课需要许多勇气，因此课前适当鼓励学生也是必需的工作，可进行口头鼓励与加分鼓励等方式。

对于专题类的教学内容，从多个不同的专题与学习方向，进行多次试探并尝试反转教学，从目前的效果来看，学生的接受程度较传统教学方式明显较高，且积极性也明显得到了提升。

（三）案例教学法

案例教学法是一种以案例为基础的教学法，案例本质上是提出一种教育的两难情境，没有特定的解决之道，而教师于教学中扮演着设计者和激励者的角色，鼓励学生积极参与讨论，不像是传统的教学方法，教师是一位很有学问的人，扮演着传授知识者角色。

鼓励学生独立思考。传统的教学只告诉学生怎么去做，而且其内容在实践中可能不实用，且非常乏味无趣，在一定程度上损害了学生的积极性和学习效果。但案例教学没人会告诉学生应该怎么办，而是要学生自己去思考、去创造，使得枯燥乏味变得生动活泼。而在案例教学的稍后阶段，每位学生都要就自己和他人的方案发表见解。通过这种经验的交流，一是可取长补短、促进人际交流能力的提高，二是起到一种激励的效果。一两次技不如人还情有可原，长期落后者，必有奋发向上、超越他人的内动力，从而积极进取、刻苦学习。

本课程中较多关于中国国内生态经济、可持续发展等方向的研究内容，由于我国幅员辽阔且地区差异较大，各地区的执行方式与政策力度都有较大不同。因此尝试通过案例教学，激发学生积极参与讨论，并能对比不同小组的案例进行主动思考，主动总结，从而更加深刻体验所学内容。以下以农村生态文明建设为例进行阐述案例教学法的探索分析。

1. 讨论前准备

我国生态文明建设在各地区的建设方式与政策安排区别较大，根据学生兴趣将 40 名学生提前分组，4 ~ 5 名同学一个小组。要求主动选取一个地区或者项目作为研究对象，进行调查与研究。提前将相关提问问题发送至小组学生中，例如：该项目的优势体现在哪里？该项目对周边地区的生态文明建设起到哪些促进作用？等等。

2. 集中讨论阶段

课堂中提供 40 ~ 50 分钟进行集中讨论，确保每位学生有 8 分钟左右时间阐述自己的观点、收集到的资料信息与所参考的文献。小组成员要多样化，根据生源地、性别等进行分组，这样他们在准备和讨论时，表达不同意见的机会就多些，学员对案例的理解也就更深刻。在此阶段，教师不做任何干扰，以保证学生进行独立讨论。案例讨论中尽量摒弃主观臆想的成分，教师要掌握会场，引导讨论方向，要十分注意培养能力，不要走过场。

3. 小组总结

在小组和小组集中讨论完成之后，每个小组由一位学生进行总结。这种总结可以是对案例内容的总结，也可以是总结规律和经验。还可以是获取这种知识和经验的方式。老师对每个小组的总结进行补充分析、推荐分享，并鼓励学生将讨论的过程与体会以书面形式表述出来并保存。这样学生的体会可能更深，对案例以及案例所反映出来的各种问题有更加深刻的认识。

以生态文明为例，山西省农村生态文明建设存在水土流失问题突出、土地污染较为严重、农村乡镇企业污染显现、畜禽养殖业污染突出、农村生活垃圾及生活污水污染等问题，其原因在于农民和地方政府生态意识淡薄、乡镇企业粗放型的增长模式、农村环境保护投入资金严重不足、农村环保的法律体系不健全。要解决这些问题，需要强化参与主体的生态文明理念、完善农村生态法制体系、加大对农村生态文明建设的投入、提升农村生态治理水平、发挥政府的主导作用，提高政府责任。

（四）其他部分

除此之外，还有其他形式的探索，有成功有失败，例如组织文献阅读与分享，提供课程内容相关的关键词与研究方法，又如低碳经济与绿色经济的发展，鼓励推荐学生进行文献的阅读与思考，并在课堂进行分析。由于时间有限且此方式耗时耗力，效果并不显著。

三、效果的评估与检验

陶行知说过：“人生天地间，各自有禀赋。”因材施教的主要目的是要根据学生个体的差异来进行区别化的教育。针对不同的学生，准备不同的教学内容，配以不同的教学手段，从而达到既定的教学目标，学生掌握了必要的知识和技能，达到了这样的效果，就是成功的因材施教。这也是教学改革的初衷所在，根据不同的教学内容，不同的课程性质，制定不同的方法，通过共同努力，以期达到教学相长的目标。

（一）从课堂积极性评价

本次试行环境经济学教学改革的班级共 1 个，共 40 名学生。经过一个学期的探索与尝试，整体课堂气氛由学期初课堂极少互动，逐渐改善。至第 16 周结束，人均参与课堂互动 2 次，人均完成课程专题作业 3 次，人均完成课堂展示 1 次。学期结束后对课程授课老师的教学评价超过 90 分。从这两个角度来看，课堂积极性与满意度均有明显提升。

（二）从课程测验成绩评价

课程期末总评成绩分为两部分，其中 50% 是平时成绩，包含课堂互动、课后作业、小组案例教学等方面。另 50% 包含期末测试成绩，测试形式为开卷考试（笔试），题型包含单选题、多选题、简答题、案例分析题四类题型。从总体来看成绩 80 分以上（良好）占比超过 40%。由此可见，教学方式的综合比较分析并探索使用的效果，在成绩上也得到了体现。

四、项目制教学初探

（一）项目制教学的理解

项目教学法就是在老师的指导下，将项目独立交予学生完成，在此过程中，例如信息搜集、方案设计、如何实施、如何评估等，都由学生独立完成。每个环节都有较高的难度，需要学生深度了解学科相关内容，并独立运作项目。

项目教学法最显著的特点是“以项目为主线、教师为引导、学生为主体”。从优点方面来说主要体现在：目标指向的多重性；培训周期短，见效快；可控性好；注重理论与实践相结合，有助于师生共同进步。从缺点方面看，教师要时刻掌握项目的进展与学生的学习动态，有较高难度，难以实时追踪。

（二）项目制教学具体探索

环境问题是关系国计民生的大问题，也是政府和学者们时刻关注的话题，有许多相关的课题与项目可以参与实施项目制教学。环境经济学与时代话题紧密相关，共设置 32 课时，在一学期内完成。因此可尝试讲课时分为不同部分，第 1 ~ 12 课时完成课本理论部分介绍与考核，做出第一阶段总结；第 13 ~ 30 课时作为项目制教学的实践阶段，学生分为科研小队后，选取相关项目独立进行研究，其间教师负责指导与协助，并督促项目的进展；第 31 ~ 32 课时为总结阶段，由每个项目队长与教师完成，主要内容包括对学期第二阶段内容的介绍与展示，并由此作为期末考核依据。

（三）项目制教学的瓶颈

由于新方式引入教学时间较短，教师与学生均会感到迎面而来的阻力。从教师方面，理论部分集中学习会带来加倍的压力与困难，项目的选取与考核也是需要反复的总结与实践才能达到满意效果。从学生角度来说，无疑压力翻倍。一方面接受了双倍的学习内容，另一方面要独立运作项目，对于自身的控制能力与学习能力都将是全新的挑战。

除此之外，如何共同选取合适的项目与课题、如何对所做内容进行客观公正的评价、如何全方位地吸收意见并改善，这些问题在未来都将会一一展现，逐步克服这些难题也成为项目制教学探索过程中的必经之路。

五、总结

环境经济学课程本身是一门新兴学科，内容丰富并且教学难度高。传统的教学方式中常遇到一些问题，例如忽视了学生的课堂主体，教学方法单一、枯燥，容易使学生失去学习兴趣，不利于学生对教学难点的掌握。基于以上问题，本次教学改革的核心是改变原有的单纯接受式的学习方式，建立形成旨在充分调动发挥学生主体性的学习方式。

项目制改革将会成为未来较为常见的一种教学方式，但改革过程中的难题也是巨大的。从合理地安排学期总课时，到项目的选取与学生合理分配工作，再到如何考核与评价，都是亟须解决的问题。在此过程中遇到的主要难题并非来源于学生，而是来源于教师一时难以转变自己的身份，从课堂主导者到课堂管理者或者组织者之间的转换，难以轻松把控适应。因此更需要教师自身素质的提高。教学改革是一个持续的过程，面对不同的学生、教材、方式，甚至不同的教学场地都应当及时调整教学目标，改善创新教学方法，真正做到因地制宜，因材施教，教学相长。

参考文献

［1］李慧明．全球气候治理新变化与中国的气候外交［J］．南京工业大学学报（社会科学版），2017，16（1）：29－39.

［2］人口资源环境经济学编写组．人口资源与环境经济学［M］．北京：高等教育出版社，2019.

［3］孙鹏，张连科，王维大．“新工科”建设背景下环境监测实验教学改革探讨［J］．高教学刊，2019（14）：127－129.

［4］王铁生．试论环境经济学的任务、内容和对象［J］．浙江学刊，1981（2）：13－18.

［5］［英］库拉．环境经济学思想史［M］．上海：上海人民出版社，2007.

［6］张国庆．生态论与经济生态化研究［J］．现代农业科技，2012（10）：28－36.

统计学课程行为导向教学改革探索

▶肖桂姣

随着“互联网+”的发展，社会各行各业积累了大量的数据，以“数据分析为核心，支撑商业决策”成为一种重要的决策方式，数据分析能力也成为一种重要能力。作为数据分析能力培养的关键课程，统计学一直是经管类各专业的核心课程，在整个专业课程体系中起关键支撑作用。随着数据分析能力在各行各业日益重要，经管类专业的统计教学也必然要适应时代发展要求，积极进行课程教学改革。

统计学涉及数据的收集、处理、分析和解释，是一门实用性很强的科学。统计学的学习对数学基础有一定要求，而文科类学生数学基础普遍较薄弱，统计学的教与学一直被视为经管类学院的“老大难”问题。传统的照本宣科、强调理论的教学方式常导致学生学习兴趣偏低，学习效果不好。我们学这个到底有什么用以及到底要怎么用？这个问题时常困扰学生并让学生对是否需要开设统计学课程产生疑问。本文主要探讨如何将行为导向引入统计学课堂，提升学生学习兴趣、改善学生统计学学习效果、强化学生实践分析能力，实现师生的共同进步。

一、行为导向教学是经管类学生的现实需求

（一）传统教学的弊端

传统的统计学教学存在诸多弊端。首先，在教学内容上，通常以理论

讲授为主，辅以一定的习题加深理解。这种教学设计的出发点是夯实学生的基础，“授人以鱼不如授人以渔”。然而，这种做法更适合数学基础较好的理工科专业，对经管类学生而言，往往由于教学的深度让学生兴趣索然。部分认真的学生也往往付出大量的学习时间，但仍无法深刻理解统计学的思想，对其应用更是无从着手，极大地限制和压抑了学生的学习积极性和创造性。其次，为了改变统计学教学现状，强调统计学的应用特性，许多统计学的教学改革往往引入小型案例，结合计算机和相关软件的上机实验，提高学生的动手能力和学习兴趣。这种教学改革有一定的成效，往往能激发部分喜欢实践的学生的学习热情，但一方面由于案例多为针对各章理论特意设计的小型实践案例，往往内容相对零散，缺乏循序渐进的统一规划和整体的获得感，不利于学生实际解决问题的能力的提高；另一方面，上机实践需要学习额外的计算机软件，这对部分计算机基础较差的学生提出了更多的学习要求。对这类学生而言，最终的学习效果往往是，软件的操作没掌握好，教学内容也没掌握好。最后，学生缺乏综合项目训练的经历，往往让学生在就业中缺乏竞争力。一方面，因为项目经验的缺乏在面试中难有出色表现；另一方面，在面临实际工作时往往需要再次培训，无法实现真正的零距离就业。

（二）行为导向教学的概念

行为导向教学是一种教学的指导思想和方法，它提出在教学中注重学生个体行为能力的培养，而个体行为能力包括：专业能力、社会交往能力、伦理道德反应能力、思维能力、学习能力等。这种指导思想旨在培养学生将来成为具有自我判断能力、懂行、可持续性学习本领强的应用型劳动者。

（三）行为导向教学的作用

将行为导向引入统计学课程的教学可打破现有的教学评价机制，激发师生的能动性与创造性，取得更好的教学效果；激发学生的学习热情，改变学习态度，变被动为主动；破除统计学以往分割、僵化的教学方式，把分散的教学内容整合进综合性的项目实践之中，有利于促进学生综合能力的全面提高。当然，推行行为导向也需要注意其存在的问题。一方面，行为导向强调问题的解决，可能很难保证学生理论知识的完整性，影响其对知识的完整理解与掌握，为了弥补这一缺陷，教师需要投入更多的精力以确保学生理论知识的掌握；另一方面，行为导向强调学生的自主性，对学生的自我管理提出了更高的要求，导致部分学生可能不适应这种学习的方式，需要教师更多的引导和制定相应的过程质量控制措施。

二、行为导向教学的特点

（一）学生的主体性

在行为导向中，学生是教学活动的主体，教师的作用是参与学生的讨论，把握学习的方向，起到引领学习的作用。教师要脱离原来教学活动中教师单纯传授知识、学生被动记忆的传统教学模式，发挥学生在学习活动中的主动性，激励学生在课堂上积极思考，培养学生参与讨论的习惯和热情。学生的主体性要求还体现在独立性上。在学习的过程中，不能单纯依靠教师来进行知识点的讲解，应该鼓励学生独立的思考，鼓励学生对问题进行分解，并自行解决问题。在解决问题的过程中，教师作为旁观者，不做对错的评价，由学生体验完成不断试错和修正的全过程。当问题得到解决之后，教师对学生在实际研究过程中的各种做法进行综合评价，并依据不同学生的表现制定相应的教学方法，提出不同的学习要求，巩固和完善学生对知识的理解。行为导向提高了教学的效率，激发了学生学习的积极性，提高了学生主动思考的能力。

（二）任务的合作性

行为导向通常面临较大的课题，学生需要以小组合作的形式完成项目的解决。教师需要结合项目的特点和任务要求，对学生的项目研究开展进行分组。分组需要考虑不同学生的特点和优势，力求让所有的学生都能参与项目的活动，有具体的任务。在具体的项目开展过程中，教师需要起到良好的辅助作用，指导学生应对课题开展过程中碰到的各类难度，关注小组项目进展，适时纠正学生项目执行中碰到的方向问题。此外，教师需适时组织学生对问题进行讨论，引导学生对碰到的问题畅所欲言，发表自己的看法，及时总结项目中学会的知识，发现自己欠缺的知识和技能，鼓励学生合作解决实践中碰到的问题和分歧，在讨论和合作中提高自身的职业能力。

（三）教师的辅助性

行为导向强调学生为主，教师为辅。这并不意味着教师作用的削弱。相反，在行为导向下，教师的辅助功能至关重要。一方面，教师作为整个项目的主导者，需要事先对项目进行合理的问题分解，指导学生实施项目的具体研究。另一方面，由于行为导向需要学生自主完成项目解决方案，而学生的基础不同，问题解决能力不同，部分学生极有可能因碰到困难，找不到解决方案，而放弃学习；或在错误的道路上前进太多，导致付出了时间但收效甚微。此时，作为项目实施过程的观察者，教师需要及时介入，指导学生寻找突破方法，适时纠正错误，回到正确的道路上。

三、行为导向教学在统计学教学中的应用

统计学是通过搜索、整理、分析、描述数据等手段，以达到推断所测对象的本质，甚至预测对象未来的一门综合性科学。因而教师可以依据实际生活中存在的问题进行相关的行为导向。在教学资源的选择过程中，教师需要基于学生的实际情况，确保相关资源在可获得的范围内，研究问题既有一定的难度，又在课程的理论范围内能够较好地解决。

（一）教学项目的构建

行为导向目标是通过将教学大纲的教学内容整合为一个一个合适的教学项目，以实现学生在解决项目的过程中培养职业能力。相对于传统教学

法，行为导向对教师的综合能力提出了更高的要求。教师需要吃透课程大纲的内容和要求，以方便对项目数量和内容的设计。在数量和内容上，需要考虑不同教学内容的特色和实际工作过程的步骤。比如数据的搜集和整理，设计项目不宜过多，而数据的分析则可能需要根据不同的方法设计多个项目。在项目内容的选择上，最好是贴近学生的日常生活，比如对食堂满意度的调查分析。教师需要给学生明确项目的任务和目的，基本统计工作的方法等。在项目开始之前，教师最好进行先导案例教学，帮助学生建立分析问题、分解问题、解决问题等的思路，在学生头脑中建立起面对实际项目时的过程性认知。学生可以通过模仿案例对新项目进行深入实践，达到举一反三的效果。

（二）项目的实施

学生在实施项目的过程中，需要对项目进行充分的讨论，发挥团队的力量制定完整的项目实施方案，教师应该让学生聚集在一起对学习的知识点进行研究，发挥学生群体的思考力量，并在学生进行思考的过程中进行一定的引导。这既有利于学生对理论知识的深入理解和对统计工作方法的实践感知，也有利于锻炼学生的团队合作能力。以实施食堂满意度调查为例，学生需要确定合理的样本，设计合理的调查问卷并深入学生群体搜集数据，继而需要对搜集的数据进行整理、审核，最后根据相应的数据分析学生对食堂的满意度情况。在项目实施的整个过程中，学生需要对抽样调查方法、问卷设计方法、数据搜集方法和数据审核、分析方法等有充分的学习和探讨，才能出色地完成项目的目标。在项目实施过程中，当学生碰到问题时，教师需要适时地指出问题涉及的理论知识，并鼓励学生通过学习提出解决的方案。

（三）项目的评价

项目实施完毕后，学生需撰写完成项目研究报告。教师根据学生的项目完成情况、项目报告，结合小组评定，客观公正地对项目实施过程进行评价，并给出实践项目成绩。项目评价并非学习的终点，而是通过项目过程的评价，让学生了解自己在项目实施过程中存在的问题，发现自己的知识盲点和工作能力的差距，及时纠正可能存在的错误，从而获得真正的成长。

四、相关建议

（一）加强教师队伍建设

行为导向对教师各方面提出了更高的要求，尤其是教师自身的项目经验将直接影响行为导向的成败。为提高行为导向的效果，一方面，应创造机会让在职教师到行业、企业参加相应的技能学习，积累项目开发经验，先实现教师与企业的零距离接触；另一方面，可以聘请行业项目经验丰富的行业专家到校任教，开展行为导向，或协助专职教师完成行为导向内容的制定等。

（二）打造丰富的教学项目资源

通过与企业实际课题的结合，将所有教学内容融入一个大的教学项目中，同一门课程的多个教师通力合作，将项目按教学内容模块化，不同模块组织多个教学案例，让学生充分了解项目背景，循序渐进地积累做项目的经验。项目与实际需求对接，避免项目本身的脱节。

（三）恰当应用工具软件

在项目实施过程中，难免会涉及如何方便地获取调查数据，以及如何快速地处理大量的数据等。在获取数据方面，传统的发放纸质调查问卷的方式在一定条件下是有效的，但面对需要大量样本的情况下，既浪费又不高效。通过使用互联网提供的各种问卷工具既可以低成本地将调查问卷发放到调查对象的手中，又可以直接获得电子版调查数据，省去数据录入工作和可能造成的错误。在数据处理方面，SPSS 和 Excel 等软件使用方便并且功能强大，不仅可以提供回归分析、方差分析等统计分析方法，又能方便地对数据进行可视化，生动地展现数据的特性，直接从图形结果中直观地得出相应的分析结论。

五、结语

行为导向将教学任务分解为一个一个的项目，通过项目的实施培养学生解决实际问题的能力，解决统计学教学中长期存在的“有什么用”和“怎么用”的问题，提高学生的学习热情，变被动记忆为主动学习。行为导向不是对传统教学方法的否定，而是对传统教学方法的有力补充。教师需要根据实际教学内容的需要灵活采用不同的教学方法，最终让学生在充满热情的学习过程中，体会问题解决的获得感、强化统计分析的工作能力和培养团队合作能力。

参考文献

[1] 黄立强. 产教深度融合背景下高职经济管理类统计学教改探索 [J]. 现代商贸工业，2021，42 (7)：123 – 125.

[2] 黄立强.《统计学》融入思政元素的 SWOT 分析及对策建议——基于“大思政”格局 [J]. 现代商贸工业，2022，43 (19)：172 – 174.

[3] 刘荣多，刘学华. 以提升学生科研能力促进统计学实践能力的提高——基于对统计学教改实践的思考 [J]. 教育教学论坛，2019 (31)：182 – 183.

[4] 王路，王茜茜. 大数据及互联网时代统计学课程教学改革新思路及新方法 [J]. 高教学刊，2019 (10)：130 – 132.

[5] 王砚羽，钟聪颖. 以学术和实践能力培养为导向的经管类应用统计学教改探索 [J]. 教育教学论坛，2020 (21)：179 – 180.

本科院校双语教学问题研究及解决对策

——以学术英语（经济）为例

▶王蕴翠

根据《教育部 财政部关于实施高等学校本科教学质量与教学改革工程的意见》《教育部关于进一步深化本科教学改革全面提高教学质量的若干意见》《高等学校本科教学质量与教学改革工程实施方案》相关文件精神，全国各地本科院校均在努力营造双语教学环境，推动双语教学课程建设，探索有效的教学方法和模式，提高大学生的专业英语水平和直接使用英语从事科研的能力。虽然近些年来国内不少高校陆续开设了一批双语课程，但是，通过调查发现，这些高校普遍存在教学效果不理想、学生参与双语学习的积极性不高以及双语氛围不浓等诸多问题。现结合本科学术英语（经济）课程教学实践，对其难点与解决对策进行分析，以期为众多本科院校开展双语课程提供借鉴。

一、学术英语课程教学存在的主要问题

目前国内本科院校学术英语课程教学普遍存在教学定位不清、专业双语教材建设滞后、学生英语水平良莠不齐、教学评价机制不合理等问题。

（一）学术英语课程教学定位不清

不少人认为，学术英语的特定教学目标是为学生学习全英语专业课程提供语言支撑的，由于开设的全英语专业课程不多，专业课程几乎都是用汉语讲授，因此，对大多数学校来说学术英语需求并不迫切。更多的学者和教师认为，学术英语适合于“985”“211”这种研究型大学，而二本、三本高校或高职高专更适合教授职场英语。

（二）学生双语学习兴趣不浓

经济类双语学习，对学生英语词汇的掌握要求比理工类课程的更多；同时对听说能力也是很大的挑战。目前，本科学生学习英语的主要动力是通过 CET－4、CET－6 等英语等级考试，而这与双语教学的要求还有较大差距。学生英语学习兴趣不足，限制了其通过双语学习获取知识的有效性，进而影响了学生学习的积极性。因此，许多学生把双语课当作了英语课的补充。

（三）教材选择困难

国内学者出版的学术英语（经济）教材较少，而且英语表达有时不够完善。而英文原版教材因为地域与文化差异，所讲述的理论多是站在英美等发达国家的视角，对经济理论的概括较少顾及发展中国家的情况；其中的案例和资料，也多数来自发达国家。对我国学生来说，这样的教材针对性不强，看不到本国的情况，甚至有可能引致认知偏差，这与我国的学术英语理论和实践都是不相适应的。

二、对学术英语课程定位的思考

作为量大面广的公共基础课，大学英语在我国高等教育课程体系中举足轻重。2020 年，教育部正式发布了《大学英语教学指南》（以下简称《指南》）。这个指导我国高校重要课程的教学大纲第一次把学术英语列入了大学英语教学的内容。《指南》中明确了大学英语教学课程的总体框架设置。大学英语教学的主要内容可分为通用英语、专门用途英语和跨文化交际三个部分，由此形成相应的三大类课程（见图1）。大学英语课程由必修课、限定选修课和任意选修课组成。

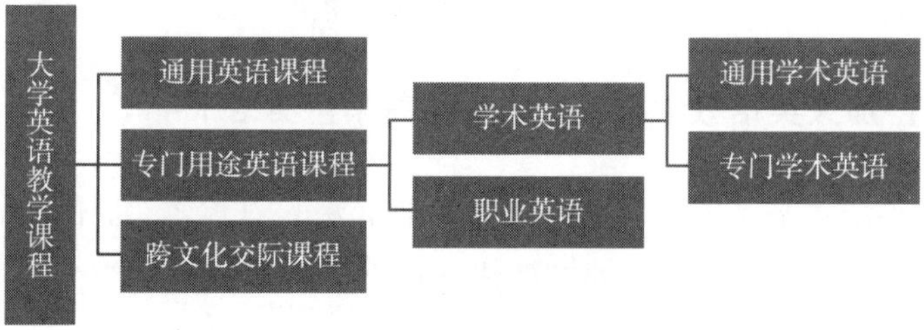

图1　大学英语教学分类

学术英语和通用英语的区别不是难度而是目的：前者是基于专业需求驱动的，后者是基于语言学习驱动的。学术英语的教学目的不应再是单纯学习语言或提高人文素质，而必须转向为专业服务，培养学生用英语从事专业学习和研究的学术能力。学术英语培养的不仅是学术英语技能，更重要的是以批判性思维能力为核心的学术素养。作为经济类专业师生，不仅要学习成熟的市场经济理论和分析方法，且要熟悉发达国家思维模式和文化习俗。同时，也要了解各国成功的经验和失败的教训，并能积极同国外同行交流。而英语无论是在经济理论，还是在经济和社会交流中都是使用范围最广的语言。

三、解决学术英语课程教学主要问题的对策

（一）加强课程教材建设

鼓励多元化专家团队的共同参与课程教材的撰写。多方专家的共同努力有助于打造优秀的学术英语教材。一方面，学术英语本身的跨学科性质决定了外语教师的知识背景有不可避免的局限性，他们对于学术英语的经典性、重要性和流行度等方面的把握明显不足。学习者与教材的深度互动

离不开语言专家和学科专家的紧密合作。另一方面，学术英语教学具有自身的规律，对于课程设置、教学方法和测试评估等教学环节提出了与通用英语不同的要求，教材编写团队的语言专家应由多个方向的人才组成，从而对教学的关键环节尤其是测评工作做出准确指导。教材编写多元化的专家团队也将成为学术英语教师职业发展的强劲推动力。

（二）加大英语教学改革，切实提高学生英语水平

学生英语水平是影响双语授课质量最重要的因素之一。因此，在新生中，应实行英语分级教学，对英语成绩好和有双语兴趣的学生，强化学生的听说能力，加大学生的阅读量，使学生打下良好的基础。同时，学校可多举办英语活动，如英语沙龙、英语角、英语演讲比赛、英语配音等各类丰富多彩的活动，激发学生学与用英语的积极性。

（三）加强多种形式的对外合作办学和师资交流

通过与国外高校开展合作办学，鼓励学生海外求学，带动学生加强双语课程学习的积极性。同时，增加与海外高校合作的机会，多为校内双语课程教师提供赴海外高校交流学习的机会，帮助双语课程教师拓展国际视野，提升教学水平，使校内教师的双语教学能力逐步提高。

四、结语

学术英语（经济）是经济、金融、国际贸易等经济类专业的核心课程，在国际化、全球化的时代背景下，实施双语教学非常重要。本科院校学术英语课程教学水平的提高，不仅需要学生和授课教师的全身心投入，更需要各级教学管理部门进行制度创新，以创造一个相对宽松的、有利于双语教学发展的环境。

参考文献

［1］蔡基刚．再论我国大学英语教学发展方向：通用英语和学术英语［J］．浙江

大学学报（人文社会科学版），2014，45（4）：85－92.

［2］高原，于华．国内出版的学术英语教材的现状与前景探究［J］．中国 ESP 研究，2022（1）：111－126.

［3］李从政，陈晓华，李春华．地方院校经济类专业课程对分课时双语教学研究——以《国际金融》为例［J］．黑龙江教师发展学院学报，2020，39（4）：127－129.

［4］田洪刚，汤伶俐．经济类专业双语教学难点及其对策——以重庆理工大学为例［J］．科技文汇，2017，6（389）：43－44.

发展经济学课程教学方法应用探析

▶刘小芳

目前，我国沿用研究型大学教育模式的地方本科院校在发展中遇到了很大的困难。早在2015年，教育部、国家发展改革委、财政部颁布《关于引导部分地方普通本科高校向应用型转变的指导意见》，就要求此类高校把办学思路转移到“培养应用型技术技能型人才”上来，从而“全面提高学校服务区域经济社会发展和创新驱动发展的能力”，应用型本科转型成为我国高等教育改革的一项重要工作。要以“应用”为导向，将“应用”的办学定位落到实处，贯穿于专业培养目标、课程目标等各个环节，培养理论与实践相结合，具有自主学习能力、实践创新能力、团队合作能力，能在生产和管理岗位上解决实际问题的应用型人才。体现“以应用为‘本’”。要真正体现“应用”，教学方法与教学模式的改革是其中的重要部分。必须将传统教育中以“教”为主的教学模式变革为真正的以“学”为主。教育部2018年发布的《关于加快建设高水平本科教育全面提高人才培养能力的意见》（即“新时代高教40条”）也强调以学生发展为中心，推动课堂教学改革。要以学生为本，围绕学生职业能力、自主学习能力、实践创新能力和团队合作能力等综合能力的提高来改革教学方法。

发展经济学课程是专门研究发展中国家经济发展问题的学科。我国是世界上最大的发展中国家，因此，发展经济学理论和政策对我国制定经济发展战略和政策有很强的参考价值和借鉴意义。在众多经济学分支学科中，只有发展经济学是专门研究发展中国家经济发展问题的，因此发展经济学成为我国高等院校财经类专业学生的专业必修课之一。但发展经济学理论博大精深，如何能使博大精深的理论在课堂上朝应用方向教学，始终是教师在教学中反复思考的问题。因此，本文针对上述问题就发展经济学这门课程提出了项目制教学法在该课程中的应用。

一、项目制教学法内涵及特点

（一）项目制教学内涵

项目制教学（project-based learning，PBL）这一理念是德国职业教育在20世纪80年代开始大力推行的一种行为引导式的教学形式，其通过组织学生积极参加项目设计、履行和管理，让学生在教学实施中积极发挥主观能动性，较好完成任务，这种教学模式有利于学生综合能力的全面培养。项目制教学与传统教学的区别如表1所示。

表1　项目制教学与传统教学的区别

比较项目	传统教学	项目制教学
教学目标	传授知识和技能	运用已有技能和知识
教学形式	以教师教为主，学生被动学习	学生在教师的指导下主动学习
交流方式	单方面，虽有互动，也是被动的	双向
参与程度	学生听从教师的指挥“要我学”	学生可以根据自己的兴趣做出选择“我要学”
激励手段	外在动力十分重要，不可能持久	内在动力得以充分调动，能持久
特色	教师挖掘学生的不足点以补充授课内容	教师利用学生的优点开展活动

（二）项目制教学法的特点

（1）实践性：项目的主题与真实世界密切联系，学生的学习更加具有针对性和实用性。

（2）自主性：提供学生根据自己的兴趣选择内容和展示形式的决策机会，学生能够自主自由地进行学习，从而有效地促进学生创造能力的发展。

（3）发展性：长期项目与阶段项目相结合，构成为实现教育目标的认知过程。

（4）综合性：具有学科交叉性和综合能力运用的特点。

（5）开放性：体现在学生围绕主题所探索的方式、方法和展示、评价具有多样性和选择性。

（6）评价特点：项目制教学的评价注重学生在项目活动中能力发展的过程，测评内容包括学生参与活动各环节的表现以及作业质量。

二、发展经济学课程特点分析

作为专业必修课的发展经济学，虽然对问题的基本分析方法与主流经济学的微观经济学和宏观经济学相同，但仍有其自身独特的方面：发展经济学的研究对象主要是发展中国家，因此研究出发点更多定位于不完善市场和次优理论，以及非正式制度的作用等，这与宏观经济学更多从发达国家的成熟经济情况出发研究问题截然不同。因此，针对仍然处于发展中国家的学生来说，对于发展经济学问题的深入探讨就显得非常重要。根据发展经济学课程的研究对象和学科性质，发展经济学课程主要包括以下内容：对发展中国家的认识；发展经济学这一学科的形成与发展；经济发展及其衡量；经济增长与分配；发展要素研究，包括资本形成、人口与发展、人力资源、技术进步、资源环境与可持续发展；结构转变，包括农业的发展、工业化与信息化、人口流动与城市化；对外经济，包括国际贸易、外资利用；制度与政府，包括制度与发展、市场与政府等。因此，对于发展经济学的学习，除了要掌握基本的分析工具和理论基础，还需要进一步地深入进行实践性的研究。但一些学生在学习的过程中有一定的畏难情绪。

三、项目制教学模式在发展经济学课堂中实施的可行性分析

基于上述发展经济学的课程特点以及教学难点，传统教学效果显得有些乏力。

发展经济学为经济学专业必修课，一般开设在经济学专业大三阶段，因此学生经过了两年的基础专业知识的学习，有了一定的分析和动手能力，对于项目制教学法的开展有了一定的实行可能性。在这样的教学模式下教学以引导和探究为主，不仅能够调度学生有效的课下时间，而且能够合理应用教学时间，能够规避灌输型的传统教学的缺陷，在一定程度上激发学生的主动参与性，使理论知识不再枯燥、难懂。

四、项目制教学模式在发展经济学课堂中实施操作

笔者讲授发展经济学课程所使用的教材为《发展经济学教程》，主编为彭刚、黄卫平。主要教辅为《发展经济学》，编著为郭熙保；以及《发展经济学》，编著为姚洋。

课程项目的模块分为导论模块、增长与分配模块、发展要素模块、结构转变模块、对外经济模块及制度与政府模块（见表2）。

表2　发展经济学课程模块

项目模块	子模块	关键点
导论模块	发展中国家的分类与基本特征	发展经济学的研究对象；发展经济学的演变过程；千年发展目标的主要内容及实施情况
	发展经济学的研究对象与产生的时代背景	
	发展经济学的演变过程以及经济发展的含义与度量	
增长与分配模块	经济增长理论	哈罗德—多马模型、新古典增长模型、新增长理论；后发优势与中国经济发展；库兹涅茨倒“U”型假说及其检验；中国农村的贫困状况与减贫成就及减贫的探讨
	收入分配与贫困对经济的影响	

续表

项目模块	子模块	关键点
发展要素模块	资本、劳动力、人力资源、技术进步对经济增长的作用	发展中国家调动投资资源所存在的问题；人口增长对经济发展的影响与人口政策；人力资源发展战略与政策；技术引进；循环经济；低碳经济
	资源、环境与经济的可持续发展问题	
结构转变模块	农业的发展	发展中国家农业发展及存在的问题；新型工业化道路；发展中国家城市化存在的问题
	工业化与信息化	
	人口流动与城市化	
对外经济模块	国际贸易理论、战略与政策	中国外贸发展战略与政策；中国外资利用历程、规模与结构及外资对中国经济发展的贡献
	中国外贸发展战略与政策	
	外资利用	
制度与政府模块	制度及其在经济发展中的作用	产权、契约与企业制度；有效的制度难以产生的原因；不发达经济的市场失灵；弥补市场机制的缺陷和不足；政府有效发挥作用的能力与条件；政府与市场作用的动态转换；中国的渐进式改革模式
	发展中国家的制度问题	
	制度后发优势	
	市场机制的作用与市场失灵	
	政府在经济发展中的主要职能	
	政府失灵与政府效率的提升	
	经济发展中市场与政府关系研究及经济转轨的理论与实践	

项目制教学法是以任务为导向，将课程内容分为项目模块制，以教学模块为单位，以教师为主导，学生自主探究为目的教学模式。在这种模式下，需要在学生成绩考核方式、教学组织、教学流程等方面进行一系列的改革。

学生成绩考核方式需改变以往终结性考核方式，学生的学习效果过多侧重于甚至单纯体现为期末考试成绩。过多依赖终结性考核方式无法体现学生的学习过程，也无法动态地反映学生的学习效果，因此，为了形成学生自主探究行为导向为目的的项目制教学方式，需要先改变的就是对学生的考核方式，要以学习过程中的参与度和展现度加期末表现来体现这门课程的综合评分。就发展经济学本门课程的性质而言，项目制教学需与学生通过课堂知识进而对实际经济问题的探讨紧密联系起来。

对于实行项目制教学，教师的角色有所变换，所以教学组织也较以往组织形式有所改变。对于本课程而言，是以课程模块为项目来进行组织。教学组织环节主要包括教师课前准备和学生预习环节、课中教学互动环节及学生课后知识内化环节。

（一）教师课前准备和学生预习环节

在实行项目制教学的教师课前准备环节类似于传统课堂的备课环节，在此环节教师就模块学习目标，整理出教学知识点，并于课前一周分享给学生，以利于学生做好学习准备及学生自我学习能力的培养。在这个课前分享中，教师可以配合一定量的辅助习题，以帮助学生理解知识点。

以“结构转变”项目模块为例，教师课前可以提炼本项目模块的知识点，列出一个任务单。例如：

（1）发展中国家的土地制度主要有哪几种？这些土地制度对农业发展的影响如何？

（2）中国农村家庭联产承包责任制的历史贡献和目前农村发展存在哪些问题？

（3）根据工业化的定义，中国的工业化目前已经发展到什么程度？

（4）为什么说工业化是经济发展的必然趋势？

（5）信息化在经济发展中的作用是什么？如何把信息化与工业化密切结合起来？

（6）什么是新型工业化道路？新型工业化是在什么背景下提出来的？

（7）刘易斯模型、拉尼斯－费模型以及托达罗模型的理论贡献以及政策含义？

（8）工业化为什么必然会导致城市化？

（9）中国的城市化为什么滞后于工业化？

（10）“民工潮”与“民工荒”现象说明了什么？试用人口流动模型加以分析？

（11）中国乡—城劳动力转移有哪些特点？

以上内容构成了本项目模块的课前导读任务单，并且教师可以就本项目模块的重点、难点录制一定量的微视频。学生可以带着任务单，观看微视频，以此为纲导入学习，完成课前准备。这个环节也体现了教师的知识传递与学生的知识获取过程，使学生对即将学习到的知识模块有了一定的了解掌握，通过师生间的互动，学生间的互动，来激发学生的学习兴趣，甚至对任务单中问题进行进一步深入探讨研究。在这个课前准备的环节，老师需要借助网络平台进行监督，比如微信小程序的打卡程序，以体现学生的课前参与程度和展现度。

（二）课中教学互动环节

课中教学互动环节主要是教师不再只是简单陈述罗列微视频中的教学内容，而是根据学生课前的预习中出现的重点、难点着重讲解和探讨。在项目制教学中，学生成了学习的核心点，教师是一个指导者、组织者和协调者，这样，教师和学生的学习角色就有了一定的变换。

学生经过课堂学习这个环节，达到了知识进一步的内化，学生对本项目模块的基础知识有了比较深刻的了解。所以建立在项目制教学的基础上，要进行应用型本科教学，针对本门课程的特点，我们的教学目的不仅只是让学生理解书面的知识，更重要的是培养学生的思维模式，对于现实经济发展中存在问题的思考，特别是对作为发展中国家的中国的经济发展中出现的问题的研究思考。因此，教学中还有一个重要的教学目的就是要积极引导学生的研究兴趣点，并巩固这种兴趣点，培养学生探索研究的精神。以“结构转变”项目模块为例，引导学生学习农业的发展、中国农村土地制度的变革，以及工业化的发展，对目前中国农村土地制度中土地流转问题的思考探讨，对于乡村振兴、美丽乡村建设等系列问题的观察、研究等。

（三）学生课后知识内化环节

学生课后的学习状态，是影响学生知识进一步内化的重要环节。对学生的自主学习状态及效果要予以及时的评估，评估方法可以通过下次上课前的分组检验，或者下次上课前小测验。这对学生的自主学习也是一种督促，也有利于最终对这门课程的总评分数的形成。因此，对于本门课程的最终成绩评定，不再单纯依赖期末试卷考试分数，还需要更多考量学生平时课下环境和课上环境的参与、学习状态；对于本门课程而言，项目制教学要更重视学生的目光不再唯一聚焦于书本理论上，而是要更多地将理论与实际经济发展现实紧密联系起来，所以以学生个人或 2～3 位同学形成的小组提交的课程论文就显得必不可少，还可以让学生就自己思考的主要问题及闪光点进行展示。

五、结语

项目制教学法充分体现了“教师主导、学生主体”的思想，有利于学生从被动学习到主动学习的转变，使学生从中得到更大的收获。根据笔者的教学实践，学生课下课上学习氛围更浓厚，期末课程论文也体现了一定的学术素养和对经济发展的敏感度。因此，发展经济学课程的项目制教学改革是可行且合适的教学改革模式。

参考文献

[1] 林家立．新文科背景下高校设计类基础教学“项目制”教学改革实践与研究[J]．创新创业理论研究与实践，2021（11）：62－64.

[2] 乔睿．基于项目制教学的混合式教学实践——以“国际结算”课程为例[J]．北京财贸职业学院学报，2021（9）：55－61.

[3] 王晨菡．设计思维视角下基于混合学习的教学设计探讨[J]．教育教学论坛，2020（7）：263－264.

[4] 邬庆儿．基于移动端混合式教学的应用分析[J]．中国教育现代化，2020（6）：61－63.

[5] 赵慧，张巍．管理信息系统课程项目制教学评价研究[J]．中国管理现代化，2022（4）：218－220.

专题四
实践教学

国际贸易本科人才实践能力培养

▶夏海霞

大学生实践能力是一种综合素质能力，不仅包含实操能力或者实训能力、实践经验，更重要的是学习能力、运用理论知识能创造性的分析和解决实际问题的能力，以及数字化时代所需要的数字素养。

一、国际贸易本科人才实践能力培养现状

就业市场存在一种现象：一方面学生找不到工作，就业压力大；另一方面，企业抱怨招不到合适的人才。其中很重要的原因就是学生在学校学的知识和能力与企业的需求相差甚远。这种脱节现象说明学校在培养人才上亟须改革。可喜的是，目前各应用型高校已经充分意识到这一失常现象，在人才培养中越来越注重学生实践能力培养，开始打造实践教学平台，探索实践教学体系。很多学校围绕应用型商务人才的培养目标，将知识传授、能力培养和素质提高融为一体。

目前，各高校国际贸易专业普遍采用以下实践教学模式。（1）课内实践：主要有案例教学、实验室实训、论文写作、毕业设计、PPT 展示、辩论与分析报告等。（2）校内实践：包括社团活动、专业知识比赛、创新创业训练、校内兼职、讲座和学术交流活动及竞赛项目等。（3）校外实践：寒假暑期实践、工作实习、社会调查、校企联合培养基地及横向产学研项

目的参与。

尽管各高校下功夫花力气，强调实践教学，努力提高培养水平，但是由于种种原因，学生的实践能力并没有得到显著提高，培养效果并不明显。主要问题有以下方面。

第一，缺乏高素质的专业理论扎实、实践能力强的师资。

国际贸易专业本身是应用性很强的专业，随着经济全球化进程的加快，新的经济环境对商务专业实践性教学提出了更高的要求。要想上好应用型强的课程，需要既有扎实理论专业知识又有企业工作经验的“双师型”教师。现实却是优秀的“双师型”教师很少。不论是年轻教师还是德高望重的老教授，大部分教师都没有进过企业，虽具有较高的学历，但对企业运作缺乏真正的认识，对社会缺乏全面客观的了解，在教学中不可避免地存在着理论脱离实际的倾向。对于实践性课程只能望洋兴叹，流于理论层面，应用层面无法展开，严重影响教学的效果。学生学习流于表面，不知道如何应用理论知识解决实际问题，无法很好地提升实践能力和创新能力。

第二，基础研究不够，没有规范科学的实践教学体系。

实践教学体系是由目标、课程、教师、学生、实验室、平台、教学评价等要素构成的有机联系的整体，包括实践教学的目标体系、内容体系、保障体系和评价体系四个部分。实践教学体系建立要从独立学院实际出发，着眼学生就业和发展需要，围绕综合素质和实践能力培养的要求，科学设计与构建。通过实践教学，达到培养学生分析与解决问题能力，能快速、有效、创造性地解决实际工作中的问题，能提升专业技能与素养，使学生具有较强的创新意识和综合能力。

目前在规范教学体系方面的人力物力投入不够，对如何构建适合应用型高校培养目标的实践教学体系研究不够，特别是保障体系和教学评价体系方面要多研究，早日建立一套科学合理的实践教学体系。

第三，实践性教学环节流于形式，没有真正落到实处。

按照人才培养方案的要求，需要有一定的实践学分比例，相应的实践学分分摊到各门实践性课程。在进行实践学分分配时，基本上没有经过专业教师的研究分析，直接凭对课程的表面了解确定学分数量。专业老师在授课时，没有规范的实践教学大纲，也不清楚如何通过实践教学，提升学生的实践能力，仅凭个人能力和习惯进行所谓的实践教学，甚至是为了完成提交实践学分资料而被迫伪造一些实践环节。这种应付式的实践教学，对提升学生实践能力意义不大。

第四，对数字素养构建研究不够，大学生数字素养构建和数字素养提升与经济社会发展滞后。

数字时代需要“数字素养”。农业经济和工业经济，对多数消费者的文化素养基本没有要求。数字经济时代，数字素养成为劳动者和消费者都应具备的重要能力。根据美国新媒体联盟（New Media Consortium，NMC）高等教育数字素养框架，高等教育领域的数字素养既应涵盖专业技能素养（如网页搜索、数字制作工具、编码与硬件技能等），又应具备社会文化素养（如批判性思维、人际交往能力、版权知识与数字公民等）。国内较少研究大学生数字素养，基本框架主要借鉴国外的研究成果。

二、国际贸易本科人才实践能力培养体系构建

提升学生实践能力，在有清晰的实践教学目的基础上，建立比较可行完善的实践教学体系。

（一）实践教学目的

实践能力不等于动手能力。实践能力主要包括：专业能力，学习能力，发现、分析和解决问题能力，创新创业能力，社会活动能力。实践能力本质上是一种服务社会、实现自我价值的能力，用经济学语言来说，是为社会提供尽可能高质量的服务，展现自我价值，实现利益最大化的能力。因此，实践能力的高低并不在于动手能力的高低，而关键在于是否具有良好的公德与责任意识；是否具有战略眼光，系统性思维，敏锐的观察力和判断力，以及较强的组织力和创新意识。实践教学的目的就是培养学生发现、分析和解决问题的能力。

（二）一体化、多层次、开放式的实践教学体系

实践能力是多方面能力的综合体，实践教学也必然是多元素、多层次的集合体。因此，商科人才的培养，应遵循教学认知规律和商科教学特点，建立一个一体化、多层次、开放式的实践教学体系。对商科实践教学来说，重要的是在设计各实践教学环节时，要紧密围绕实践教学目标统筹考虑，相互贯通，环环相扣，相得益彰。实践能力划分为三个层次，对应实践教学体系也包括三个层次（见图1）。

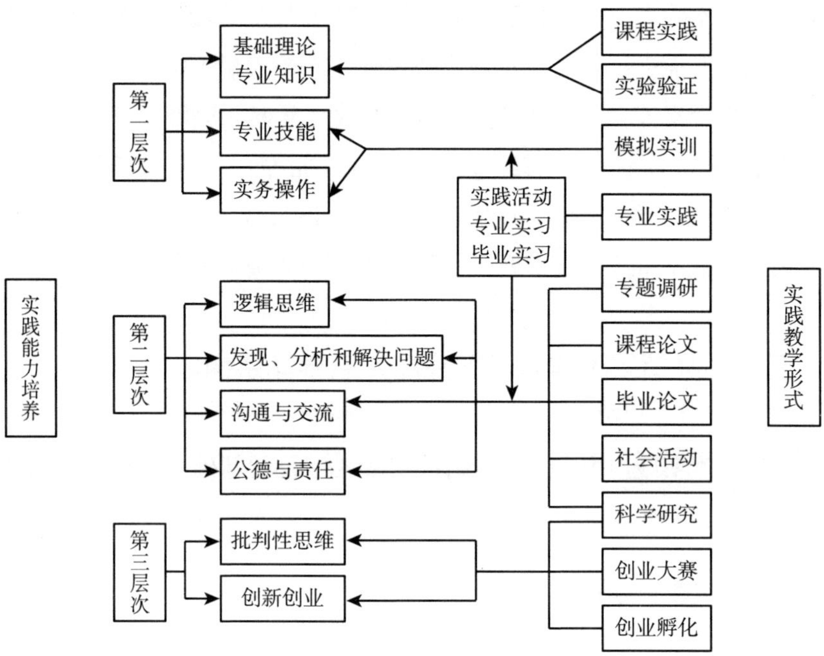

图1 实践教学体系构成

（三）实践教学体系的三个层次

第一层次重在培养学生的专业能力和学习能力。这一层次中，专业技能素养就是数字素养的内涵之一。除专业实践活动和实习外，主要是通过课堂、实验室、实训室的课内教学完成的，对商科学生来说，主要是专项技能、综合技能的学习和掌握。

第二、第三层次重在培养学生的研究能力、社会活动能力和创新创业能力。公德责任意识等社会素养也是数字素养培养。培养学生的研究能力，主要是培养学生如何观察社会经济活动中各种现象，学会推理和论证，提高发现、分析和解决问题能力。培养学生的社会活动能力，主要是提高学生人际沟通能力、组织协调能力和团队协作精神，树立社会公德和责任意识。培养学生的创新创业能力，主要是使学生养成批判性思维，具备创新意识和企业家精神。

上述实践教学体系，是从传统的“以知识传授为中心”的封闭式教学模式向“以能力培养为中心”的开放式教学模式过渡，即充分利用各种资源，通过现代互联网手段，实现“课内与课外、校内校外、教学与科研、实践与创业”有机结合，建立理论教学、实验教学、课外实践等多维互补、师生互动、整体提升的长效机制。

三、实践能力培养建议思路

（一）激发教师与学生的实践动机，在思想上接纳实践

调动教师的积极性，认清楚实践教学对培养人才的重要意义，主动花时间下功夫研究如何提高学生的实践能力，落实课程实践学分。学生是参与的主体，应激发学生参与实践环节的热情。首先，要提供实践方案，适当的给予一定的压力，使学生开始能在教师的引导下参与相应的实践活动，比如参与课堂讨论、案例分析、商业实战等。其次，在激发学生的实践热情同时，还要保护好学生的求知欲和好奇心，并给予即时的奖励和鼓励。

（二）培养和引进实践能力较强的师资力量

实践能力培养应该是应用型本科商科学校教学中的重点和难点，应用型本科教育侧重应用型人才培养，更注重对学生实践能力培养。要真正搞好实践教学工作，使这个重要的教学环节取得应有的效果，师资队伍建设尤为关键。一方面要重视和培养现有的师资力量，另一方面要引进实践能

力较强的师资力量。

要切实加强对实践师资队伍建设的重视。给予进行实践教学的老师应有的待遇，鼓励教师多花精力和时间在实践教学上，更重要的是有计划地安排教师到企业进修学习，提高实践教学师资队伍的业务素质。例如，可以通过省级的实践基地项目，输送老师去合作基地进行培训与学习。另外，可以引进部分难以通过目前师资完成实践教学领域的师资，补充师资不足的现状。更好的一种做法是，实践性课程配备一名在校老师和一名企业导师，通过长期聘请校外的专家或工程师担任课程实践部分导师，与校内的老师合作完成教学任务。既帮助学生提高理论联系实际、解决问题的能力，也帮助在校老师提高实践教学水平。

（三）构建科学的课程体系，夯实实践教学体系和实践评价体系

高素质应用型专业人才的培养，需要完整的课程体系和评价体系。实践能力的培养也是如此，不是单一的动手能力，而是包括动手能力在内的一系列能力。不同的课程可以提高学生不同的实践能力，关键是如何构建，并进行科学的评价。

根据专业培养的要求，理顺实践教学，构建科学的课程体系，夯实实践教学体系基座。理论性较强的基础课程可以提高理论修养水平，训练逻辑思维，提高学习能力。教师可以采用多种教学方法和手段，引导学生学会分析并解决问题。实务性课程需要制定完整的实践教学大纲、教案和课件，根据实践大纲，开展实践活动，提高学生实际操作能力。

（四）搭建校企桥梁，成立校企合作委员会

既要利用好目前已经建立的实习地点，同时要开发建立更多高质量对口的实习基地。一是从校级层面成立校企合作管理机构，邀请企业行业高级管理人才组成机构人员，为人才培养建言献策。二是建立实践教学专项经费，保证教学计划中各个实践教学环节的完整执行。三是采取班级集中实习形式，在保证实习教学质量的前提下，采取灵活多样的实习方式，注重实习的实效性。四是毕业论文设计环节可以多元化，可以是学术论文，

也可以是高质量的调查报告。鼓励学生多做实地调查研究，秉着服务地方企业的目的，有针对性地写一些企业调查报告，为企业提供参考，把实习成果转化为企业生产力。

（五）加强数字素养能力的理论研究

党的二十大报告中首次提出“推进教育数字化”，强调以数字技术为教育注入新的活力，谋求教育数字化发展与数字公民的培养。大学生的数字素养提升尤为重要，要站在全球竞争的角度，加强对数字素养能力的理论研究，构建大学生数字素养框架。从数字社会生活和技术与产业发展需求出发，建立数字素养和数字能力体系。从数字能力、数字技术和数字知识三个层面，构建适合我国大学生的数字素养教育框架。从数字素养的支撑技术、方法和理论出发，构建数字素养域、具体素养及其知识体系。将知识体系细化为知识单元，构建出可裁剪、积木式的知识模块。基于大数据、人工智能等先进数字技术，构建数字素养的可量化指标体系，设计和开发数据驱动的数字素养评测评估系统。

参考文献

[1] 范志勇，刘宇桐．国外大学生实践能力培养模式思考与借鉴［J］．商业经济，2017（1）：173－175.

[2] 方晨，何亚丽．大学生数字素养框架构建研究［J］．文献与数据学报，2022，4（2）：53－65.

[3] 龚曦．大学生数字素养培育路径探究［J］．新闻研究导刊，2022（6）：47－49.

[4] 何万国，漆新贵．大学生实践能力的形成及其培养机制［J］．高等教育研究，2010（10）：62－66.

[5] 李相然，王宪杰．独立学院实践教学改革与实践教学模式探索［J］．扬州大学学报（高教研究版），2010（4）：81－84.

[6] 刘德宇．大学生实践能力建设与高校人才培养［J］．黑龙江高教研究，2012（4）：15－17.

[7] 刘磊，傅维利．实践能力：含义、结构及培养对策［J］．教育科学，2005（4）：1－5.

［8］时伟．论大学实践教学体系［J］．高等教育研究，2013（7）：61－64.

［9］孙智昌．论学生的实践能力及其培养［J］．教育研究，2016（2）：110－118.

［10］汤佳乐，程放．素质教育模式下大学生实践能力与创新能力培养［J］．实验室研究与探索，2013（1）：88－89.

［11］Alexander B，Adams B S，Cummins M，et al. Digital Literacy in Higher Education，Part II：An NMC Horizon Project Strategic Brief［R/OL］. Austin，Texas：The New Media Consortium，2017［2020－09－30］. https：//www. nmc. org/publication/digital-literacy-part-ii-an-nmc-horizon-projectstrategic-brief/.

实战型跨境电子商务人才培养路径探索

▶刘　远

随着我国经济社会发展到新阶段，产业调整和产业升级同时发展，新业态、新技术和新职业层出叠现，行业对专业人才的需求量越来越大，同时对高校人才培养方式的反思和探讨不断加深。受新冠疫情影响，相比外贸发展，跨境电商表现出强劲的增长动力。自2020年国家加快支持进一步扩大跨境电商零售进口试点范围，到2021年《“十四五”电子商务发展规划》等一系列政策全面推动跨境电商从B2C到B2B退换货管理便捷化，保证跨境电商产业链供应链及其配套服务稳定化，推动外贸向跨境电商转型升级、打造新经济增长点。截至2022年全球近25.6亿人在线购买商品和服务，全球在线销售额占零售总额的19.7%。[①] 且在新冠疫情的冲击下，电商特有的“免接触”模式进一步受到全球广大消费者的喜爱。电子商务产业发展潜力的不断爆发，伴随着人才供给的矛盾，从电商就业整体上看，目前跨境行业的从业者多为新手或传统互联网从业人员组成，而市场对跨境人才的需求偏向多样化和专业化，因此人才供求关系存在错位化。

从学历来看，现阶段开设跨境电商专业的院校主要为2B类本科学校和职业院校，2020年教育部在《普通高等学校本科专业目录》正式开设跨境电商专业，随着跨境电商专业的普及，“985”“211”等重点院校纷纷开

---

① 根据eMarketer公开数据整理。

设跨境电商专业，与重本院校相比，若职业院校和2B类本科院校仍以原始的培养模式培养跨境电商人才，其毕业生毕业后毫无竞争优势，相反，社会对跨境电商实用性人才的需求和重视大大增加，及时修订培养计划，培养市场需要的实用型人才才能提高非重点类院校毕业生竞争力，因此加快培养实用型、实战型人才意义重大。从专业性质来看，高校跨境电商专业作为一个应用性极强的专业，实践教学是其教学活动的核心部分。而当前高校跨境电商专业的实践环节主要是利用跨境电商模拟软件进行全过程的模拟，以帮助学生巩固跨境电商基本理论知识、了解跨境电商的基本流程和操作。但是，随着跨境电商的发展，仅依靠模拟、沙盘等教学方式无法展示跨境电商的全过程，并且模拟系统存在基础数据与真实数据差异较大的问题，对学生能力的培养和提高效果并不理想。因此要解决传统跨境电商实验教学存在的这些问题，必须积极制定新的教学理念、探索新的教学方法，而实用型、实战型的教学理念和方法对跨境电商的实验教学具有重要的指导意义，利用实战操作经验可以让学生更好的适应新工作，为学生提供创业思想，对促进跨境电商持续发展有重要意义。

一、跨境电商实践教学现状

当前，高校为了帮助跨境电商专业学生了解跨境电商整体流程，其实验环节主要借助仿真模拟软件进行模拟操作，但随着跨境电商的飞速发展，模拟软件无法呈现跨境电商整体流程。笔者已经教授8个学期的跨境电商课程，通过对电子商务班级、国际贸易班级学生上课情况的调查和用人单位对跨境电商人才的了解，总结出实战型跨境电商人才培养实践教学环节存在以下三方面问题。

（一）仿真模拟平台操作过于简单

一方面，从仿真软件看，市场主要有两类软件：一类软件以案例形式提供企业相关信息，学生只需按照平台设计流程和步骤去填写即可完成跨境电商整体流程；另一类软件仅提供平台，类似营业执照、许可证、信用卡等信息学生无法提供，因此学生主要依靠老师提供的几套信息模板完成平台操作，且平台对内容对错系统无严格识别能力，复制粘贴式的操作致使学生兴趣不高。另一方面，从仿真模拟平台内容看，市场上跨境电商软件主要注重平台注册和产品上传，物流供应链管理、过境通关、客服服务等操作无法实现，同时只重视流程的完成度不重视整个流程的质量，而跨境电商交易模式、管理方式、网络营销等流程层出不穷，仿真模拟平台过于简单的设计，整体处于静态化的功能，无法从根本上锻炼、提升学生实践能力，培养适应跨境电商发展的人才。

（二）缺乏真实的商务交易环境

目前，市场上现有的跨境电商模拟软件中信息数据较少，依托老师和学生填写的产品数据和企业数据与真实的商业数据有较大的差异，无法体现跨境电商真正的商业环境（乔宪遐等，2015）。同时在系统采购过程中，学生角色难以区分，学生既是产品销售者又是产品消费者，在模拟仿真的环境下，学生无法体会市场买卖双方交流过程、市场价格变化过程、产品供应链的转换等跨境电商动态的运营环境。此外，仿真模拟软件缺乏稳定的后台管理者和有效的说明书，学生遇到卖家和买家不能同时登录、不能发货等问题无法得到有效指引。

（三）学生对实操练习不够重视

跨境电商实践教学属于创新型教学模式，每一位学生可以结合自己情况创建不同店铺，但在教学过程中发现：一方面，学生思维方式过度依赖书本，能依据书本完成的实操内容就照本宣科，对于店铺设计、产品设计等创新思维的实操就依赖网络图片或者教师提供资料，不把实操练习转换成自己的店铺来进行设计。另一方面，不重视实验操作理论讲解。关于实验操作理论课程无论是实验操作基本要求，还是实操注意事项内容，学生兴趣均不高，但在实操过程中错误百出，同时，通过实操进行反思的课程内容的学生更是寥寥无几。以练手、完成任务的心态对待实验操作，学生在虚拟环境下无法顺利完成实操，更难适应变幻多端的跨境电商真实市场。

二、跨境电商人才培养改革思路

跨境电商实战团队建设需要学生有持续的毅力和吃苦耐劳的精神，因此需要单独组建跨境电商创新班，制定实战教学方案，自二年级以实战教学为主，建立“2+3”实践教学体系：一方面实战能力培养和习惯建设阶段，以团队为主借助仿真平台实验、各类跨境电商平台竞赛培养学生实战思维、能力和习惯；另一方面真实平台实际运营阶段，学校出资入驻跨境电商第三方平台，通过师生共建搭建属于学校自己的营销账号。此外，鼓励学生创新创业，通过实操建立属于自己的跨境电商平台。

（一）实战型跨境电商团队建设

自大一第二学期结束，在电子商务专业、国际贸易专业和商务英语专业，通过考试选拔自愿参加跨境电创新班的学生，组建两个以跨境电商实战教学为主的班级，为培养社会所需的实用性人才奠定基础。人才培养方案方面，创新班学生大二第一学期需完成70%大学理论课程，自第二学期开始，80%时间投入实战教学学习中。实战培训体系方面，依次按照模拟仿真实验、大型平台竞赛、真实平台运营到创新创业进行训练，从零基础到创业开店盈利的跨越式训练，实现毕业人才为社会所用，毕业人才适合社会所需，“毕业即上岗，上岗即合格”的无缝对接。

（二）配合实践教学建立专业竞赛体系

为培养实战型跨境电商人才的素养和基本能力，实践教学内容应伴随理论教学共同进行。跨境电商创新班级大二期间，搭建以仿真模拟为主，各类跨境电商竞赛为辅的实践教学体系。一方面，结合理论教学内容，创新班学生借助模拟仿真软件练习亚马逊、速卖通、eBay、敦煌网、Wish 五大主流跨境电商平台注册流程，产品上传、店铺装修、产品刊登等店铺运营基本流程。通过模拟仿真实验对比平台特色，总结制定多套产品运营推广方案，形成属于自己的运营思维。另一方面，通过组织学生参加仿真模拟实践教学相配套的平台竞赛和资格认证竞赛，增强学生学习动力，提升学习主动性，激发学习潜能，达到学即能练习，学即可以用的（云芳，2021）。由专业教师担任指导教师，组织学生参加亚马逊、速卖通、eBay、Shopee 等全国各级各类跨境电商竞赛，通过自愿方式将跨境电商创新班分组，共同参加每场比赛，利用大赛中团队名次比拼和对战模式打造竞争性学习环境，思考运营方案存在的问题。同时积极鼓励学生参加全国跨境电子商务技能竞赛，全国大学生创新创业大赛（跨境电商赛道）、阿里巴巴 GDT 全球商业挑战赛等高水平全国性专业竞赛，实现以赛促学、以赛促教，使学生经过两个阶段的实训，能够初步具备在真实环境下的跨境电商实战能力（张华等，2022）。

（三）建立以学校为经营主体的跨境电商运营平台

以学院为主体申请建立跨境电商平台专项资金，在学校商业街搭建跨境平台运营中心，依托学生实训习惯的养成和实训能力的锻炼，将跨境电商创新班分为 3 组，每个小组分为采购团队、运营团队、供应链团队和客服团队，由教师带领学生以学校为经营主体，分别在速卖通、亚马逊和虾皮三个平台进行注册。平台运营前期，运用专项资金邀请三个平台专业导师为团队进行培训，一对一指导平台前期建设，完成店铺装修、产品上传等过程。平台运营中期，借助导师培训，有教师带领团队结合平台特色共同制定运营方案，并借助平台营销推广活动推广店铺主推产品，吸引人气提高店铺曝光率，供应链团队做好产品选品，在控制成本情况下把握产品质量。平台运营后期，客服团队通过邮件等方式做好到货提醒、产品回访，活动推广和福利发放等服务，切实把顾客要求放在第一位，做好抓稳老客户，吸引新客户。同时，教师和学生团队每周做好店铺运营总结，反复推演运营过程中的每一个细节，总结运营过程中遇到的问题和成功的经验（童红斌，2013）。此外，建立奖惩制度，平台运营初期，所有费用由专项资金支付，给教师和学生充足时间和空间搭建平台，平台运营相对成熟后，营业利润按比例 2∶3∶5 分给学生、教师和学校，激励学生劳有所得。平台运营成熟后，若发现运营犯错，按照错误对平台影响度罚款 0～1

万元不等，若故意违反平台规则导致平台关闭的，直接追究法律责任。以真实运营为主，由真实平台运营团队和老师共同经营，实现“平台为校建立，平台为学用”，实现理论与实践相结合的教学理念。

（四）打造创业空间，提升学生创业动力

响应国家“大众创业、万众创新”号召，在跨境电商运营中心旁设置众创空间，营造创业氛围，引导有意向创业的学生和参加真实平台运营的学生开启创业之旅。由经济学院外贸商务协会负责，为创业学生或团队提供一站式服务，包括前期培训和店铺运营相关问题，学校跨境电商运营中心和学校可为学生提供资金支持，减少学生创业前期阻碍。毕业前，对于能正常盈利，平台运营正规合理的学生和团队给予1000~10000元的奖励，激发学生创业动力，营造全校创业氛围。通过跨境电商创业，可促进学生职业素养的提升，让学生在相互协助中感受到责任心和团队合作的重要性，有助于提升跨境电商人才的综合质量，培养实战型适应性人才。

参考文献

［1］乔宪遐，熊丽．以实战为导向的电子商务实践教学改革探讨［J］．实验技术与管理，2015，32（11）：174-176.

［2］童红斌．TF-POPBL高职电子商务课程教学模式研究——以示范建设中网络营销课程教学改革为例［J］．现代教育技术，2013，23（3）：118-121.

［3］云芳．双循环新发展格局下的高职跨境电商人才培养探索［J］．教育与职业，2021（24）：107-112.

［4］张华，柯丽菲，陈红军．1+X证书制度下高职院校跨境电商专业人才培养模式构建与实践［J］．职业技术教育，2022，43（11）：17-21.

跨境电子商务创新创业的研究与实践

——以广东外语外贸大学南国商学院为例

▶钟晓凤

我国社会发展步入新常态，经济发展注入新动能，技术创新呈现新格局，商业模式显现新态势，教育发展实施新战略，电子商务专业面临前所未有的发展机遇，也遭遇前所未有的挑战。地方本科院校的办学定位为培养应用型人才，其电子商务专业综合改革势在必行。随着“互联网＋”背景下，物联网、大数据、云计算等技术的发展以及商业模式的更新，地方高校电子商务专业毕业生已无法满足企业需求。“互联网＋”行动计划实施以来，电子商务行业进入了高速发展期，与之对应的是急需大量的电子商务专业人才。如何培养出符合市场需求的电子商务人才是需要解决的重要问题。基于此背景，本文结合广东外语外贸大学南国商学院经济学院电子商务专业的实际情况，探索跨境电子商务创新创业的教育改革方向与实践方案，以达到提升地方本科院校电子商务专业应用型人才的培养质量、推动电子商务专业学生创新创业能力的提升、应对社会对新型电子商务专业人才的需求缺口、培养一批符合信息化社会现实需求的电子商务专业人才的目的。

一、跨境电子商务的人才需求现状

2014 年李克强总理在达沃斯论坛上提出了“大众创业、万众创新”的全新就业理念，受“双创”政策和经济全球化的影响，我国跨境电子商务加速进入高质量发展阶段，截至2019年底，跨境电子商务综合试验区达到59个，2020年我国跨境电商交易规模达12万亿元。《中国电子商务报告（2018）》显示，未来3年，我国跨境电商及相关领域人才缺口将高达450万，并以每年30%的速度增长。“双创”政策和经济全球化的影响为跨境电商的发展带来机遇的同时，也带来了新的挑战，跨境电商人才数量尤其是人才质量上的短缺是目前跨境电商发展需要面临的一项重大挑战。

尽管高校培养有跨境电商专业人才，但与企业实际岗位的需求存在差距。具体而言，主要表现在以下几方面。一是人才需求缺口大。根据《2019年度中国电子商务人才状况调查报告》，八成的电商企业存在人才缺口。前程无忧、智联招聘网站数据显示，新冠疫情下很多电商企业也逆势大举招聘。2015年我国跨境电商人才缺口逐步呈现，2017年跨境电商人才缺口急剧增长，2018年我国跨境电商人才缺口已逾1600万，招聘增长率在200%以上。虽然高校每年都有大量的毕业生涌入市场，但高校培养的跨境电商人才与企业的实际需求存在着一定的差距，跨境电商人才紧缺的现状没有得到缓解，出现了企业招聘难、招聘符合企业需求的高质量人才更难的现象。二是跨境电商专业复合型人才需求增加。通过在前程无忧、智联招聘网站调查了20家佛山中小跨境电商企业近一个月发布的招聘岗位发现，目前这些企业主要招聘营销策划、产品推广、店铺运营等商务类人才，IT、美工、视频拍摄剪辑等技术类人才，以及采购、质检、仓储物流等管理类人才。葛志财和张艳楠（2019）研究双创背景下高校跨境电商人才培育路径显示电商企业发展速度非常快，新思维、新技术、新形态不断涌现，要求员工对行业有较强的敏锐度和强大的执行能力，能把学习到的知识和技术快速落地。跨境电商是典型的综合性行业，跨境电商学科主要体现在管理学、经济学、计算机科学、营销学、国际贸易、现代物流、外语等学科的交叉整合，这就要求跨境电商从业人员不仅要熟练操作跨境电商平台、了解平台运营、熟悉外贸流程，也要具有互联网思维与语言基础等综合性能力。三是创新创业型人才需求凸显。具备较强的创新能力及良好的创业素养，既是跨境电商创业人才素养的重要组成部分，也是“双创”的基本要求。自2014年“双创”全新就业理念提出以来，社会上对大学生自主创业的呼声越来越强烈，大学生创业是解决就业问题的重要途径之一（江银菊，2020）。全国各地的“双创”平台呈爆发式增长之势，对创新创业的渴求强烈，市场对具有跨境电商创新创业能力人才的需求愈加强烈，如何在迫切需求跨境电商人才的背景下创新校企协同育人机制，增强创新意识，提高创新能力，激发创业热情，是推动和创新跨境电子商务人才培养模式的关键（石思文和余泽远，2020）。四是人才实操能力与企业需求脱节。“双创”政策和经济全球化环境下，跨境电商企业对相关从业人员的实操能力提出了新的标准和要求。实践性操作培训是创新创业型跨境电商人才培养的必要环节，虽然部分高校在陆续购买跨境电商软件模拟跨境业务流程，但是大部分高校仍以理论课为主，校企合作和跨境电商产业学院逐渐出现，学生很少有机会接触到企业真实的项目，实战环节薄弱，实践效果不理想。

二、跨境电子商务的人才培养痛点

跨境电商的创新创业是我国目前政策的重点扶持对象和市场新趋势。协同培育新时代下具有创新创业能力、实践操作能力、复合型能力的跨境电商人才是目前高校面临的重大问题。具体而言，创新创业型跨境电商人才培育过程中面临的问题包括以下几方面：（1）高校的专业师资力量匮乏。目前，高校对于双师型教师队伍的建设重视程度不够，大部分高校的教师理论教学经验和教学方法丰富，但是实践教学经验缺乏。经验丰富的跨境电商从业人员从企业到高校的流动存在很多壁垒，而且虽然实践教学经验丰富，但是理论教学经验和教学方法不足。高校跨境电商教师想到跨境电商企业学习，但高校没有提供相应的跨境电商企业资源。（2）高校的教学资源单一。大部分高校的跨境电商课程只有电子商务专业、国际贸易专业、信息技术类专业开设的专业必修课或选修课，跨境电商课程以理论教学为主，教学方式大多采用面授法和演示操作法，实践操作环节匮乏。虽然部分高校采购了跨境电商实训软件，也有少数高校尝试与企业共同成立跨境电商产业学院，但目前采用模拟软件进行实训与企业的真实项目实战存在差距。(3) 培养的学生缺乏实践能力。基于校企合作、产教融合的创新创业型人才培养模式覆盖面不够广，校企合作的深度不够，未能充分形成以就业为导向的创新创业型人才培养机制。跨境电商企业在培养新人的意愿程度和培养力度上较弱，没有系统的岗前培训机制、职位晋升机制，企业往往要求毕业生在极短的时间内或一入职就能上手工作，毕业生时常面临顶岗实习，沦为廉价劳动力，达不到人才培养目的（杨静，2020）。(4) 高校教学实践缺乏平台支撑。"双创"平台是跨境电商创新创业的实践交流平台，是为创业团队提供培训的空间，但部分高校尚未对"双创"平台有充分的认识，未能充分发挥"双创"平台的优势资源。跨境电商行业的发展日新月异，高校跨境电商创新创业型人才的培养需要与"双创"平台进行充分的衔接和资源整合，"双创"平台的孵化机制、团队的评价机制、创业导师及配套服务等方面也需要完善。

因此，本文将以广东外语外贸大学南国商学院经济学院电子商务专业为例，探索基于校企共建环境下跨境电子商务创新创业的教育改革方向与实践方案。

三、案例分析

广东外语外贸大学南国商学院作为地方性本科高校，地处粤港澳大湾区，区位优势明显，相关专业基础扎实，肩负着培养区域迫切所需的国际化经贸人才的重任。广东外语外贸大学南国商学院在特色专业建设过程中开展了一系列行之有效的专业改革措施，目前在对接特色地方产业、社会多方共同参与国际化经贸人才培养方面，已经开始从粗放式发展逐步转变为内涵式发展，并朝着增强其国际竞争力及专业影响力的方向努力。近年来学校经济学院国贸系下的电子商务专业及国际经济与贸易专业建设力度加大，建立了省级"跨境电商产业学院"，获批了国际经济与贸易省级综合改革试点专业，设立了"国际贸易学"省级特色重点学科，成果丰硕。但是，如何克服地方性本科院校禀赋上的缺陷，发挥自身的优势、彰显专业建设特色，培养具有较强实践能力的创新型高素质复合型人才，是近年来广东外语外贸大学南国商学院国贸系在电子商务专业与国际经济与贸易专业建设上遇到的瓶颈问题，也是当前本科创新创业型跨境电子商务人才培养推进过程中亟须解决的关键性问题。

广东外语外贸大学南国商学院一直以培养应用型人才为目标，以实现“课政结合、课赛结合、课时结合、课训结合”四个结合为重点。电子商务专业的学生更加培养和锻炼学生的实操和应用能力，为此学校先后组织了大学生直播创业比赛、跨境电商高阶实战训练营培训、eBay 全国跨境电商创新创业大赛、速卖通全国行业大赛、“Shopee 杯”跨境电商创新创业公益大赛、全国大学生“创新、创意及创业”挑战赛——跨境电商实战赛、镇校企关于乡村振兴助农活动战略合作等活动。这些学科竞赛、培训及校企合作项目，得到了学生的积极响应和广泛参与，为学生提供了很好的实践机会，对于提升学生的综合实践能力和社会适应能力具有重要意义，满足学校打造办学鲜明的实践特色和实施“一体两翼”的人才培养模式的现实需要。

广东外语外贸大学南国商学院深入开展与推进校企合作，积极开展实践教学及实验平台建设。2021 年 3 月八方喜窝 · 南国商学院电商直播基地建成，这既是产教融合与校企合作深化的重要成果，也有利于加强师资队伍建设和专业建设，提高人才培养质量。电商直播基地将为合作企业、乃至区域经济发展培养和输送高素质的电商直播人才，还将为周边政府、周边乡村、周边企业和周边高校服务。学校将大力推进“八方喜窝”平台的功能模块建设，计划将其打造成为可落地的校企合作项目孵化转化平台，希望推动平台孵化出成千上万的电商“凤凰”。总体来看，学校积极开展与跨境电子商务相关的学科竞赛，并大力推进实践教学及实验平台的建设。现已建立了省级“跨境电商产业学院”和八方喜窝 · 南国商学院电商直播基地，为进一步开展跨境电子商务创新创业的实践活动提供了强有力的支撑和平台依托。但是要进一步推进电子商务创新创业的人才培养效果，还需要更加一体化的成熟的配套方案和可行的实践路径。为此，下文将从跨境电子商务创新创业的实践方案与实现路径两个方面进行设计，以便为地方性本科高校的跨境电子商务人才培养提供思路参考。

四、跨境电子商务创新创业的实践方案

（一）校企共建创新创业教育课程体系

校企双方需要根据社会需求与职业标准要求，以及电子商务学科前沿及新产业、新业态、新技术发展的需要，从“知识、能力、素质”来确定专业人才培养目标。课程体系可以分为理论教学、实践教学和第二课堂教学活动三个层次，建立适应电子商务运营管理、电子商务技术、跨境电子商务应用型人才培养要求的通识教育核心课程群和特色人才培养核心课程群，采用大类打通、兼顾特色的方式，组建符合电子商务专业人才培养要求与反映跨境电子商务特色人才培养的课程体系。

（二）校企共建实践训练体系

校企双方按“四年不断线、两个相结合”的原则，并根据生产、服务的真实技术和流程构建由“创意、创新、创业”组成协调递进的专业实践训练体系；加强实验、实训、实习环节，增设综合性、设计性、创新性实验；增加创业教育与实践等教学环节（如增加网上创业与创业实践等课程和学科竞赛获奖学分等），将学生创新精神、批判性思维能力、社会适应力、就业竞争力的培养和训练融入专业人才培养全过程和实践教学各环节，全面推进创新创业教育改革。

（三）校企共建教学资源平台

教学、实验与实践等基础设施投资，教学资源平台构建是保证专业人才培养目标实现、保证专业综合改革顺利开展的关键。校企教学资源平台建设主要包括：（1）电子商务校内实验教学中心建设，主要包括：电子商务平台（模拟）实验室、企业经营沙盘模拟实验室、ERP 实验室、百度互联网营销实验室、电子商务物流配送（含供应链管理）实验室、跨境电子

商务实验室、国际贸易实验室等。（2）电子商务专业校外实践教学基地建设，以满足课程实训与专业实习、创业就业、双师型教师培养的需要，同时，校企共建实践教学基地，有助于充分发挥学校的人力资本优势和企业的社会资源优势，实现互利共赢。（3）专业课程教学资源建设。依据行业企业相关职业岗位标准要求，优化电子商务专业课程体系，以校企共建共享的原则，以电子商务专业为核心的专业群建设方式，充分发挥企业、其他相关专业的优势，依托财务管理专业建设会计学原理、财务管理等资金流类课程教学资源，依托信息技术类专业建设计算机网络、数据库技术、Web 程序设计等信息流类课程教学资源，依托物流管理专业建设电子商务物流管理、供应链管理等物流类课程教学资源，依托市场营销类专业实现市场营销、营销策划等商流类课程教学资源建设，依托企业资源建立专业案例教学资源库和生产性实训项目资源库等。

（四）校企共建创新创业平台

校企合作，共同建设诸如“大学生创业孵化基地”类的创新创业平台，以构建完善的大学生创新与创业平台，系统设计各类创新创业实验项目，激励全体学生参与创新创业训练活动，以推动电子商务专业学生创新与创业能力的大幅提升。

（五）校企共建赛学互促平台

学校一直以培养应用型人才为目标，以实现“课政结合、课赛结合、课时结合、课训结合”四个结合为重点。校企共建赛学互促平台，是课赛结合的具体体现，可以为学生提供良好的实践机会和渠道，深化学生对于专业知识的理解，提高学生走向社会的能力；是学生全方面发展的良好的锻炼机会，有助于提高同学们的就业水平和能力；是在新业态发展趋势下锻炼学生、提高学生自身职业素养，积极适应社会需求的良好平台与试验场；对于提升学生的综合实践能力和社会适应能力具有重要意义。同时，校企共建赛学互促平台满足民办本科学校打造实践特色鲜明的办学理念和实施“一体两翼”的人才培养模式的现实需要。

五、跨境电子商务创新创业的实施路径

（一）多维培养大学生创新创业训练体系

大学生创新创业能力是制约大学生竞争力的关键因素，创新创业训练体系建设关系到人才培养的质量。以电子商务这一典型创新创业教育载体专业为例，重点关注跨境电子商务课程创新创业的实践训练体系，从全员参与视角构建涵盖创新意识、创新素质、创新欲望、创新能力等多维的大学生创新创业训练体系。

（二）深入推进高校创新创业实践教学模式改革

《2019 年中国大学生就业报告》显示，2018 届大学毕业生自主创业比例达 5. 4%。在这样的新形势下，加强大学生创新创业教育，提升高校毕业生创新创业能力的呼声日益高涨。高校课程是创业教育的核心环节，而实践教学作为创新创业人才培养的重要环节，是提高学生综合业务能力的关键所在。因此，在跨境电商人才紧缺的背景下，以开展创新创业教育为切入点，探索相应的跨境电商创新创业实践教学模式显得尤为迫切。近几年，高校逐步设立跨境电商课程，由于缺乏对跨境电商课程的研究，传统实践教学模式存在的问题日益暴露，比如教学体系不合理、教学内容单一、缺乏具有实操经验的师资力量、跨境电商平台门槛高、缺乏稳定有效的实践保障基地等。在创新创业视角下重建跨境电子商务实践教学模式，具体构建思路包括：（1）立足于创新创业人才的核心能力需求，重塑跨境电商实践教学体系。（2）建立由“专业基础实践、专项模拟实训、综合创业实践、创新创业实战”构成的实践教学内容体系。（3）建立集“实训 + 实战”有机统一的跨境电商综合实训平台。（4）建立校企资源协同育人机制，增强跨境电商创新创业师资力量。

（三）“走出去”与“引进来”的人才培养模式相结合

在跨境电商快速发展的今天，人才培养方案要与时俱进，以适应市场

对人才的需求变化。根据市场对人才素质的要求设置跨境电子商务课程和实践教学环节，重点是突破原有的人才培养模式的束缚，调整课程体系的规划和设置，改革实践教学环节。高校要根据市场需求创新培养方法，即要提倡“开门办学，产教对接”，充分利用一切社会资源，特别是企业资源，实现“资源共享，相互开放，相互融合，形成利益共同体”。学校是人才的生产者，企业是人才的需求者，供求之间形成天然的密切联系，是产销无缝对接的基础。近年来，很多企业已经将企业发展与人才需求紧密联系起来，意识到企业的竞争归根结底是人才的竞争。因此，针对跨境电子商务创新创业的教育改革实践方案强调实践教学既要“走出去”，也要“引进来”，既要建立众多校外实训基地，又要将实训基地“引进来”。通过校企共建，通力合作，实现互利共赢。

参考文献

［1］葛志财，张艳楠．“双创”背景下高校跨境电商创新创业人才培育路径研究［J］．科技创业月刊，2019，32（2）：71－73.

［2］江银菊．创新驱动发展战略下跨境电商人才培养模式研究［J］．湖北开放职业学院学报，2020，33（6）：7－8.

［3］石思文，余泽远．我国双创平台发展现状与模式探索［J］．经济研究导刊，2020（2）：63－64，81.

图书在版编目（CIP）数据

新时代经济学教学改革问题研究 / 高洁主编. --北京：经济科学出版社，2023.6

ISBN 978-7-5218-4864-9

Ⅰ.①新… Ⅱ.①高… Ⅲ.①经济学-教学改革-研究-高等学校 Ⅳ.①F0-42

中国国家版本馆 CIP 数据核字（2023）第 112566 号

责任编辑：初少磊 尹雪晶
责任校对：杨 海
责任印制：范 艳

新时代经济学教学改革问题研究
主 编 高 洁
副主编 姚晓根 夏海霞 党 雪
经济科学出版社出版、发行 新华书店经销
社址：北京市海淀区阜成路甲 28 号 邮编：100142
总编部电话：010-88191217 发行部电话：010-88191522
网址：www.esp.com.cn
电子邮箱：esp@esp.com.cn
天猫网店：经济科学出版社旗舰店
网址：http://jjkxcbs.tmall.com
北京季蜂印刷有限公司印装
710×1000 16 开 17.75 印张 270000 字
2023 年 6 月第 1 版 2023 年 6 月第 1 次印刷
ISBN 978-7-5218-4864-9 定价：75.00 元